Je n'y arrive plus

DONATELLA CAPRIOGLIO

JE N'Y ARRIVE PLUS

Réponses aux parents dépassés

Fayard

© Hachette Littératures, 2005
© Librairie Arthème Fayard, 2013.

À Patrick

Préface

Écouter nos enfants peut sembler évident, pourtant, le plus souvent, nous n'entendons ce qu'ils nous disent qu'à travers nos exigences d'adultes.

Les enfants nous envoient des messages très clairs et cela jusqu'à ce qu'ils soient entendus. C'est un langage qui commence dès la naissance. Un nouveau-né qui ne dort pas ou qui refuse de manger exprime son mal-être physiquement. Il ne connaît aucun autre moyen pour être entendu. Par manque d'assurance, nous continuons à « agir » plutôt qu'à réfléchir sur ce qui se passe, confiant aux autres, et en particulier aux « spécialistes », la fonction de comprendre les messages qui nous sont adressés. Ainsi, nous perdons de précieux indices, en oubliant nos histoires, sur ce que nous sommes en train de vivre au moment où notre enfant essaye de nous dire quelque chose par sa souffrance physique ou morale.

Très souvent, nous pensons qu'il est inutile de parler à un nouveau-né de ce que nous ressentons, de nos émotions. Les enfants, au contraire, ont besoin de sentir que nous sommes en empathie avec eux : une proximité physique ne suffit pas, ils doivent avant tout se sentir compris. Certes, ce n'est pas facile, mais ce n'est pas non plus si compliqué, nous devons avoir confiance en notre intuition, en notre ressenti et nous familiariser peu à peu avec leur langage.

C'est dans cet esprit que je me suis adressée au directeur d'un grand quotidien, en lui proposant d'animer une rubrique hebdomadaire destinée à nouer un dialogue avec des parents en difficulté. J'ai souhaité que cette rubrique paraisse le lundi, jour consacré d'ordinaire aux informations sportives, comptant un faible lectorat féminin. Un défi qui fut aussitôt relevé par mon interlocuteur, et qui devait inaugurer une aventure passionnante qui a duré plus de cinq ans. L'objectif était d'ouvrir un espace d'écoute aux parents et à tous ceux qui s'occupent d'enfants, afin d'analyser certaines tensions ou certains problèmes. Il s'agissait pour moi de faire saisir aux parents qu'un symptôme ne doit pas être nié et qu'il constitue un message dont il importe de comprendre le sens.

Ce livre rassemble plus de deux cents questions posées par des mères, des pères, des grands-parents, des enseignants et parfois même des adolescents, qui abordent de petits et de grands problèmes quotidiens et auxquelles j'ai tenté de répondre de mon mieux. Une réflexion pour partager ensemble des difficultés que, la plupart du temps, nous nous croyons obligés d'assumer ou d'affronter tout seuls.

La grossesse

Je veux accoucher chez moi

Je vais bientôt donner naissance à mon enfant et j'ai décidé d'accoucher chez moi. Je ne comprends pas pour quelle raison, dès que l'on décide de sortir des sentiers battus, on se retrouve fatalement livré à soi-même.

Un couple a le droit de choisir où et comment doit naître son enfant. À la maison ou à l'hôpital, peu importe, pourvu que la vie de la mère et celle du bébé ne soient pas mises en danger et qu'ils bénéficient d'un encadrement humain de qualité.

En ce sens, la plupart des hôpitaux garantissent la première condition mais peut-être pas encore totalement la seconde. Aussi, il convient d'informer les futurs parents et les spécialistes de l'enfance de l'importance de la toute première relation entre la mère et l'enfant, afin de mieux répondre à leurs besoins. Séparer à sa naissance, pendant plusieurs heures, un nouveau-né de sa mère constitue par exemple un geste dont je ne parviens pas à comprendre l'utilité, de même que pour quantité d'autres mesures d'hygiène, qui répondent à des critères sanitaires bien plus qu'à un réel souci du couple mère-enfant. Je crois qu'il reste encore beaucoup à faire pour que ce milieu hautement technicisé qu'est devenu l'hôpital parvienne à conjuguer progrès technique et dimension humaine.

Une grossesse angoissante

J'ai longtemps désiré avoir un enfant mais, en raison d'une malformation congénitale, les médecins ne m'avaient guère donné d'espoir. J'ai tout fait pour me convaincre que c'était mieux ainsi et que, si je souffrais d'une malformation, cela signifiait probablement que je ne devais pas être mère. Tout allait bien jusqu'à ce que, récemment, j'apprenne que j'étais enceinte. Un vrai drame. Je ne veux rien savoir de cet enfant (je rentre dans mon cinquième mois de grossesse). Je pleure tous les jours et la vie avec mon mari est devenue un enfer. Je ne sais plus quoi faire, je me sens angoissée, pour ne pas dire un peu folle...

Peut-être êtes-vous seulement effrayée à l'idée de pouvoir enfin donner naissance à un enfant et de ne pas être affligée d'une malformation, comme vous le pensiez. La sérénité à laquelle vous étiez parvenue était due au fait que vous aviez accepté vos problèmes et que vous aviez converti des sentiments dépressifs en une attitude active et volontaire. Pourtant, une part enfouie de vous a continué à adhérer à votre désir de maternité, c'est ce qui explique votre grossesse actuelle.

En ce qui concerne vos états d'âme, il ne s'agit pas de folie mais plutôt de confusion. Vous êtes passée d'un désir obstiné d'enfant à un déni tout aussi obstiné, en refusant de vivre jusqu'au bout les émotions que vous éprouvez. Aujourd'hui, cette souffrance non élaborée peut enfin s'exprimer. Mais votre souffrance d'aujourd'hui me semble faire écho à une ancienne douleur, qui n'a rien à voir avec l'enfant qui est en train de grandir en vous. Il est bon que cette souffrance puisse s'extérioriser maintenant, afin de laisser place à des émotions nouvelles.

Faites-vous aider par un thérapeute pour surmonter cette période si délicate, mais n'oubliez pas votre mari. Cet enfant est le fruit de votre désir à tous deux, il n'appartient pas seulement à votre histoire.

Je ne veux pas de cet enfant

Je suis tombée enceinte depuis peu et, après mûre réflexion, mon mari et moi avons décidé que nous ne voulions pas de cet enfant. Or, l'autre jour, ma petite fille de quatre ans m'a fait un dessin qui représentait sa maman avec quelque chose dans son ventre. Je suis restée stupéfaite, car ni son père ni moi ne lui avons parlé de ce problème. Dans la mesure où les choses seront bientôt réglées, dois-je ignorer ce que Michelle a pressenti ?

J'ai souvent constaté que les enfants perçoivent que leur maman est enceinte avant qu'elle ait pu elle-même s'en rendre compte.

Je me souviens d'une petite fille de seize mois qui ouvrait et fermait une boîte avec tant de curiosité et d'intérêt que cela avait fini par m'intriguer. La semaine suivante, je rencontrai sa maman qui, tout heureuse, m'apprit que son médecin venait de lui annoncer qu'elle était enceinte. Cette petite fille l'avait compris, de même que Michelle probablement, comme en témoigne son dessin qui, du reste, lui a peut-être également été inspiré par le désir d'avoir un petit frère.

Même si, d'une façon générale, je pense qu'il vaut toujours mieux dire la vérité aux enfants, surtout quand leur intuition est juste, je crois qu'il ne faut pas négliger l'impact que peut avoir sur un enfant si jeune une décision qui ne regarde que les parents. Vous pourriez essayer de parler à

Michelle de son dessin, en l'aidant à exprimer les émotions auxquelles elle a essayé de donner une représentation. Vous pouvez très bien parler avec elle de vos désirs et des siens concernant l'arrivée d'un nouvel enfant, sentez-vous libre de dire ce que vous pensez tout en laissant l'avenir ouvert.

J'ai perdu mon enfant

À la veille de mon accouchement, j'ai appris que la petite fille que je portais était morte. Une épreuve pénible, difficile à vivre, d'autant que je suis obligée de faire comme si de rien n'était devant mon fils de deux ans, qui ne comprend pas pourquoi sa petite sœur n'est pas encore là... Que puis-je me dire et que dois-je dire à mon fils à propos de cette perte inexplicable ?

Je crois que beaucoup de parents ont éprouvé le même désespoir et la même incapacité à donner un sens à ce sentiment de vide, qui résulte de l'anéantissement de tous les rêves et de tous les projets dont votre enfant était déjà porteur. Le destin en a décidé autrement. Votre souffrance d'aujourd'hui risque cependant de marquer à jamais votre vie. Aussi, pourquoi ne pas essayer de voir le côté positif de cette épreuve – cela peut paraître cynique, mais chacune de nos expériences douloureuses est une occasion pour atteindre à une compréhension plus profonde de la vie – de sorte qu'elle puisse également profiter à d'autres ?
En m'écrivant cette lettre, sans doute avez-vous déjà permis à d'autres parents de se reconnaître dans votre expérience et de ne plus se sentir aussi seuls.
Quoi qu'il en soit, je crois que le fait de mettre des mots sur vos émotions constitue déjà un grand pas en avant pour surmonter cette étape difficile qui suit la perte d'un enfant. Parlez à votre petit garçon avec le même courage

dont vous avez fait preuve en m'écrivant, confiez-lui vos émotions, d'autant qu'il est probable que votre fils les a déjà perçues, en lui disant la vérité, si incompréhensible soit-elle. Du reste, n'est-ce pas cette dimension insaisissable de la vie qui rend notre existence si unique et si particulière ?

Mon enfant est angoissé depuis que je suis enceinte

Je rentre dans mon sixième mois de grossesse et je suis très inquiète par l'attitude de mon fils de huit ans qui, dernièrement, semble avoir beaucoup de difficulté à se séparer de moi. Ces derniers temps, j'ai remarqué qu'il a des problèmes de concentration. Même à table, il mange plus lentement et, lorsqu'il est l'heure d'aller au lit, je vois bien qu'il a du mal à me quitter.

Ma mère s'est proposée de l'emmener en vacances cet été, mais je me demande si je dois accepter. J'ai appris qu'il avait dit à l'un de ses petits camarades que sa maman devait partir pour un long voyage, peut-être est-ce la raison de son angoisse ?

Je crois que votre fils a peur de ne plus vous revoir et qu'il associe la naissance d'un enfant à la perte de sa maman.

Les enfants font très souvent cette association : ils perçoivent la lente transformation psychologique de leur mère, qui se prépare à accueillir un nouvel enfant et, parce qu'ils pressentent qu'ils ne seront plus le seul objet d'attention, ils vivent précisément cette transformation comme une perte.

L'état de régression que vous décrivez est un mécanisme de défense, une tentative pour s'isoler et percevoir de façon moins douloureuse la réalité environnante. Lorsque les signes de souffrance psychique deviennent si évidents, il est indispensable de rassurer l'enfant, en lui parlant de sa peur de l'abandon et en accordant la plus grande attention à cette peur.

En revanche, je ne pense pas qu'il soit bon de l'éloigner dans une période si délicate, car votre fils vous a clairement montré qu'il n'est pas en mesure de supporter une séparation, qu'il vit avec une angoisse de mort sous-jacente. Essayez plutôt de le faire parler de ses peurs et de ses émotions, y compris de ses sentiments négatifs à l'égard du nouvel intrus.

C'est seulement ainsi que vous pourrez l'aider à rendre plus réel et moins effrayant ce qui n'est encore pour lui qu'un simple fantasme.

L'adoption

Comment lui dire qu'elle a été adoptée ?

Nous avons adopté une petite fille indienne alors qu'elle avait deux mois. Aujourd'hui, elle en a six. Nous aimerions savoir si nous devons lui dire qu'elle a été adoptée, auquel cas quand et comment serait-il préférable de le lui annoncer ? En outre, nous nous demandions si ce que Mathilde a vécu dans le ventre de sa mère ou bien au cours de ses tout premiers mois de vie, peut resurgir un jour à sa mémoire, sous une forme ou une autre.

Se demander s'il faut parler à un enfant de son adoption me semble une question superflue, car la vérité ne devrait jamais être cachée.

Commencez par raconter l'histoire de votre enfant à vos amis, cela lui permettra d'avoir un premier contact indirect avec cette réalité. En outre, il me semble important que, à l'occasion, vous exprimiez votre joie d'avoir cette petite fille et cela d'autant plus que vous ne pouviez pas avoir d'enfants. Vous vous rapprocherez ainsi peu à peu de la vérité. Lorsque, vers l'âge de trois ans, elle vous demandera, comme le font généralement tous les enfants, où elle était avant de naître, il vous sera ainsi facile de lui raconter son histoire. Je pense qu'il serait préférable de lui dire qu'elle a une mère et un père naturels, qui n'ont pas pu la garder.

Pour répondre à votre deuxième question, il est vrai que la mémoire est souvent comparée à une bande magnétique qui enregistre tout. Lorsqu'elle était dans le ventre de sa maman et jusqu'à ses deux premiers mois, votre petite fille a perçu des sensations différentes de celles qu'elle perçoit dans son environnement familial actuel, lesquelles constituent autant de souvenirs qui se sont sédimentés à un niveau très profond et de façon indélébile.

Aussi, il n'est pas exclu que, plus tard, vous puissiez découvrir qu'elle a des prédispositions pour la langue indienne.

Il met tout et n'importe quoi dans la bouche

Il y a un an, nous avons adopté un petit garçon brésilien qui, aujourd'hui, est âgé de cinq ans. Roberto a vécu trois ans avec sa maman et ses frères dans des conditions d'extrême pauvreté matérielle et affective. Malgré ces débuts difficiles, c'est un enfant serein et affectueux. La seule chose qui m'inquiète, c'est sa manie de mettre tout et n'importe quoi dans la bouche ; je dois sans cesse faire attention, car il est toujours en train de sucer ou de mastiquer quelque chose, ce qui me rend nerveuse, parce qu'il me semble qu'il régresse et qu'il a des difficultés d'adaptation. Pensez-vous qu'il existe une méthode pour qu'il perde cette mauvaise habitude ?

Cette « mauvaise habitude », comme vous dites, lui est nécessaire, autrement il n'aurait pas besoin d'y recourir. J'explique souvent aux parents que, au cours du développement de l'enfant, certains symptômes servent principalement à nous signaler une difficulté ou un problème auquel nous devons prêter attention et qui a toujours une signification.

Le fait de sucer continuellement quelque chose, tel un

animal qui rumine, procure à cet enfant un plaisir extrême. Cela lui rappelle sans doute le sein de sa mère, qui a dû probablement l'allaiter longtemps.

Le fait d'avoir été définitivement séparé d'elle a certainement brisé un lien essentiel, créé un vide, qu'il cherche à combler en introduisant dans la bouche tout ce qui lui tombe sous la main. Ce qui compte pour lui, ce n'est pas ce qu'il suce mais l'acte de sucer, qui lui rappelle ce qu'il ressentait quand il suçait le sein maternel.

C'est donc une façon de retrouver sa mère, de rester attaché illusoirement à elle au moyen d'une impression sensorielle. Le fait que ce besoin persiste pourrait signifier que cet enfant nie la séparation d'avec sa mère biologique et préfère rester attaché à son rêve. Votre enfant a peut-être une difficulté à élaborer la perte définitive de sa mère pour réinvestir la nouvelle figure de référence. Essayez de rentrer en empathie avec lui, avec sa souffrance et son besoin désespéré de s'accrocher à un souvenir. Aidez-le à se souvenir de son passé, à reconnaître son besoin comme une nécessité profonde et légitime, parlez-lui de sa mère et des sensations agréables qu'il a pu éprouver avec elle. Prenez-le dans vos bras et partagez sa souffrance liée à la perte. S'il sent en vous un espace susceptible d'accueillir ses souvenirs et sa tristesse, sa blessure parviendra peut-être à se cicatriser un peu.

Cela sera pour vous une façon de le nourrir avec des mots et pour lui de se sentir rassasié d'une affection qui ne nie pas ses besoins mais qui, au contraire, les légitime et les soutient.

Il ne cesse de se dandiner

Il y a trois ans, nous avons adopté un enfant roumain qui, actuellement, a quatre ans et demi.

Son arrivée a bouleversé notre vie parce que avec lui,

aujourd'hui comme hier, rien n'est jamais acquis. Mais ce qui nous inquiète le plus, ce sont certains traits de sa personnalité : notre fils ne mâche pas, il refuse de goûter ce qu'il ne connaît pas et il n'accepte de manger que les trois ou quatre aliments qui lui sont familiers. Pourtant, il n'est pas maigre et sa croissance est normale.

En outre, il se dandine continuellement. De plus, ces derniers temps, il est très agressif avec à peu près tout le monde (parfois même physiquement), et cela sans raison apparente. Certes, il l'est un peu moins avec moi, avec qui il a un rapport d'attachement morbide. J'avoue que, par moments, je me sens incapable de l'aider et de faire en sorte qu'il se sente en sécurité, je me laisse gagner par l'angoisse, je me demande s'il grandira normalement et comment se passera son adolescence.

Votre fils est resté plus d'un an et demi dans son berceau, très probablement sans stimulations ni physiques ni affectives et sans que personne lui parle et interprète ses désirs et ses peurs.

Ce genre de circuit fermé présente le risque d'une fracture totale avec la réalité, d'un isolement, qui sert de défense à une structure de personnalité très fragile, précisément parce que privée de toute stimulation. Le monde intérieur de ces enfants est très confus et désorganisé. Les manifestations de plaisir ou de colère, qui émanent du monde extérieur, peuvent se confondre avec leurs propres perceptions intérieures, du fait même qu'elles n'ont jamais été « comprises » et « expliquées » à l'enfant.

Lorsqu'un nouveau-né pleure parce qu'il a faim, sa mère lui explique qu'il a faim et l'allaite. Ce simple geste présuppose le fait qu'il y ait une mère susceptible, à cet instant précis, d'entrer en « empathie » avec son enfant qui, ainsi, a le sentiment que ses besoins sont compris. Mais lorsqu'il n'y a personne qui sert de « tampon » physique et affectif entre lui et le monde extérieur, ses perceptions sont conflictuelles, emplies de colère et de peur à la fois.

Je crois que la difficulté à mastiquer de cet enfant révèle sa difficulté à montrer son agressivité, laquelle s'exprime également à travers la mastication. En outre, par son choix d'une alimentation monotone, votre enfant cherche à vous faire comprendre qu'il a besoin de la répétition rassurante de certaines perceptions sensorielles et physiques.

Je pense que l'attachement morbide qu'il éprouve à votre égard est une réaction à une perte originaire et à la crainte que cette perte puisse se reproduire à nouveau. Il est important que vous dominiez vos peurs, afin que votre fils puisse se sentir profondément compris et que vous le rassuriez sur ses propres craintes d'être à nouveau abandonné. Mais il faut également que vous soyez soutenue car, à la lecture de votre lettre, je sens que vous traversez un moment difficile et je perçois une demande d'aide.

Il ne faut pas oublier que l'état de tension des parents peut être interprété par l'enfant comme un refus, qui peut faire resurgir en lui la peur de l'abandon.

Deux comportements différents à l'école et à la maison

Il y a trois ans, nous avons adopté Jeanne. C'est une petite fille adorable qui a surmonté d'une façon étonnante l'état de prostration dans lequel nous l'avons trouvée. Avec nous elle est très douce et elle exige qu'il y ait toujours un climat harmonieux à la maison. Mais à l'école elle se comporte d'une façon radicalement opposée. Elle est turbulente, elle provoque ses petits camarades et elle est agressive, en particulier avec la maîtresse contre laquelle elle a des accès de colère inexpliqués.

Pourquoi agit-elle ainsi et comment pouvons-nous lui inculquer des règles, alors que nous craignons de la blesser chaque fois que nous levons la voix pour la gronder ?

Jeanne est une petite fille qui a vécu très tôt une séparation douloureuse. Son caractère instable est probablement lié à cette expérience. Son insécurité est due à un sentiment de culpabilité, à la certitude qu'elle n'est pas assez gentille pour être aimée et donc qu'elle mérite d'être abandonnée. Or tout abandon engendre de la peur, de la tristesse et de la colère. Pour préserver l'harmonie de son milieu familial et vous protéger de ses émotions, avec vous, elle est affectueuse parce qu'elle craint que provoquer des tensions ne l'expose à un nouvel abandon, tandis qu'avec sa maîtresse qui, à son insu, joue un rôle de substitut maternel, elle décharge les tensions qui l'habitent.

J'imagine que cette situation est pénible et difficile pour vous tous, mais surtout pour la petite Jeanne, qui croit qu'en exprimant ses peurs elle s'exposerait à un nouvel abandon. Aussi, il me semble important de l'aider à nommer sa peur, il est essentiel qu'elle comprenne que sa colère est un sentiment légitime, qu'elle ne vous effraye pas et qu'elle ne vous conduira pas à l'abandonner.

Il faut que vous la rassuriez le plus possible, non sans lui imposer, toutefois, des limites et des règles. Ces règles l'aideront à délimiter des frontières qui serviront de barrière à ses sentiments de persécution.

Il souhaite retrouver sa vraie maman

J'ai un fils de treize ans, Robert. Lorsque nous l'avons adopté au Brésil, à l'âge de trois ans, c'était un vrai petit sauvageon, qui nous a mis à rude épreuve pour tester notre fibre parentale.

Aujourd'hui, c'est un garçon bien intégré et qui me semble plutôt heureux. Dernièrement, cependant, comme je le sentais un peu anxieux, je me suis approché de lui et j'ai essayé de lui parler délicatement. Il a fini par m'avouer qu'il voudrait retourner au Brésil pour retrouver sa vraie maman et une partie de ses frères. Nous lui avons toujours dit la vérité, il sait que sa maman ne pouvait pas le garder et que ses frères ont été adoptés.

Il est très angoissé à l'idée de se confier à ma femme, il a peur de la blesser et j'avoue que moi-même j'ignore quelle sera sa réaction.

J'ai souvent constaté que les enfants adoptifs souhaitent, un jour ou l'autre, connaître leurs origines. C'est un désir tout à fait sain, un besoin que nous éprouvons tous et qui correspond à notre désir de connaître notre identité. Ce besoin est d'autant plus pressant chez les personnes qui ont le sentiment d'avoir vécu un dialogue qui s'est brusquement interrompu et d'être habitées par des souvenirs enfouis ou des perceptions auxquelles elles ne peuvent pas donner de signification.

Les enfants adoptés ont presque toujours besoin de donner une explication à leur abandon. Le plus souvent, ce besoin absolu et presque frénétique de comprendre est ressenti à la préadolescence, comme dans le cas de votre fils, ou bien à l'occasion de certaines étapes importantes de la vie, comme le mariage.

Pour affirmer sa propre identité, Robert doit se différencier de ses parents, mais auparavant il doit renouer ce dialogue interrompu. Je crois qu'il serait bon de l'aider à surmonter cette étape délicate.

La décision de retrouver sa maman et ses frères, avec tous les risques que cela suppose, constitue une expérience fondamentale dans son parcours d'individuation, qui lui permettra de mieux se connaître. Votre rôle, actuellement, est essentiel, car votre fils vous a demandé de l'aider et il a besoin que vous prépariez votre femme à une séparation temporaire.

N'oubliez pas que si Robert sent que vous comprenez réellement ses besoins, il bénéficiera d'un atout supplémentaire et se sentira plus fort pour accomplir ce parcours inévitable, qui pourrait se traduire dans un voyage purement virtuel.

Un enfant passif

Nous nous sommes vu confier la garde d'un enfant de dix-huit mois, parce que sa maman est tombée dans un état de dépression profonde après son accouchement, qui a été diagnostiqué comme psychose. Aucun membre de sa famille ne pouvait s'occuper de lui.

Jean est un enfant plutôt passif, qui ne parle pas encore : soit il reste assis toute la journée sur sa chaise le regard fuyant, ce qui, bien sûr, ne facilite pas la communication, soit il s'accroche à moi ou à ma femme et refuse de nous lâcher.

Pourquoi a-t-il ce comportement, qu'est-ce qui a bien pu se passer entre sa mère et lui et que pouvons-nous faire pour l'aider ?

Je vais essayer de vous éclairer, en m'appuyant sur les résultats de certaines études récentes portant sur le dépistage précoce d'une pathologie psychotique de la mère et le traitement des nouveau-nés et du couple mère-enfant. Ces études ont permis d'identifier de nombreux petits signes cliniques, qui doivent nous alerter et qui concernent les diverses modalités d'interaction entre la mère et l'enfant. Voici brièvement résumées ces diverses interactions.

Interactions visuelles : un regard fuyant chez la mère peut être associé à une hypervigilance visuelle chez l'enfant, lequel s'attache au regard de l'étranger, comme s'il cherchait désespérément à se rassembler, à se réorganiser dans le regard de l'autre.

Interactions corporelles : il y a une alternance de rapprochements et de tentatives de prendre ses distances par rapport à l'enfant, qui réagit par une hypertonie ou bien en devenant « mou ». Cette situation se produit lorsque la tolérance de la mère à la motricité de l'enfant a été trop faible, le bébé réagit alors par une répression du mouvement volontaire.

Interactions vocales : la mère produit peu de vocalisations ou y répond rarement, la dimension du jeu est pour ainsi dire absente.

Au départ, l'état d'hypervigilance de ces nourrissons leur sert de défense mais, dès que leur mal-être s'accroît, en raison d'un contact prolongé avec la mère, ces bébés peuvent plonger de façon très brusque et impressionnante dans le sommeil.

L'impression dominante qui résulte de ce genre d'interactions entre la maman et son bébé est le chaos, des rapprochements fusionnels alternent avec de longs moments de prise de distance qui peuvent aller jusqu'à l'abandon du bébé. L'environnement quotidien est imprévisible et les rythmes des repas et du sommeil s'instaurent lentement et péniblement.

La mère éprouve une extrême difficulté à voir l'enfant tel qu'il est, et dans ce nourrisson aux besoins pressants, elle ne retrouve pas son « nouveau-né idéal ». En lui niant la réalité, la maman considère comme délirante toute manifestation d'angoisse du bébé et, lorsqu'elle perçoit chez lui un besoin, il s'agit presque toujours de ses propres besoins, auxquels elle répond à travers l'enfant dont elle ne parvient pas à se distinguer.

Face à ces mères chaotiques, absentes et figées, on voit des enfants dotés d'une extrême vigilance, le regard inquiet et grave, qui répriment leurs mouvements, voire leur développement et qui se consolent tout seuls, afin de se protéger et de protéger leur mère. Ce n'est pas la mère qui s'adapte à l'enfant, mais l'inverse.

La mère psychotique vit une relation fusionnelle avec son bébé et il lui est difficile de reconnaître l'existence de l'enfant de façon distincte d'elle. Lui aussi, donc, dans ce jeu de miroirs, a des difficultés à se définir.

En ce qui concerne la garde d'un bébé comme celui qui vient de vous être confié, l'on a remarqué que ces nourrissons ont tendance à reproduire avec la personne qui leur sert de « substitut maternel » le même comportement qu'avec leur mère, même si ces comportements les mettent en danger. Cette attitude témoigne généralement d'une tentative désespérée de rétablir la continuité perdue. Cela tend à prouver que le nourrisson a non seulement « incorporé » ses toutes premières relations avec sa mère mais, si déconcertant que cela puisse paraître, que ces relations constituent pour lui un lien privilégié. Ce qui ne signifie pas que l'on ne puisse rien faire pour aider Jean à dépasser ses comportements défensifs. Au contraire, vous représentez pour lui une possibilité d'expérimenter des « comportements sains » et, en quelque sorte, réparateurs d'un préjudice précoce.

Les premiers mois

Lait maternel ou lait industriel ?

Le mois dernier, j'ai accouché d'une petite fille, Sara, que j'ai allaitée jusqu'à ce que, récemment, elle refuse mon sein.
Je ne sais pas si sa réaction est liée à une discussion que j'ai eue avec mon beau-père, un pédiatre réputé, qui prétend que l'allaitement artificiel est plus riche que mon lait et qui m'a conseillé de lui donner le biberon. Mon mari a approuvé les idées de son père, alors que, moi, j'aurais voulu continuer à allaiter mon enfant. Et voilà qu'à présent c'est Sara elle-même qui a décidé de ne plus téter mon sein et j'avoue que, moi-même, je n'y comprends plus rien. Je me sens perdue et désorientée, d'autant que je ne suis pas totalement convaincue d'avoir fait le bon choix.

Vos états d'âme montrent que vous n'avez pas confiance en vous, ni en tant que mère capable de savoir quelle est la meilleure nourriture possible pour votre enfant, ni en tant que femme, parce que vous ne vous sentez pas assez soutenue par votre mari.
Je crois qu'une mère qui vit dans une société riche et évoluée, comme la nôtre, peut se permettre le luxe de décider quel type d'alimentation convient le mieux à son enfant, sans chercher à se conformer à des prescriptions émanant d'une quelconque autorité avisée, autant de procédés qui,

ces dernières années, ont nié la capacité innée des mères de savoir choisir ce qui convient le mieux à leur enfant.

Dans le cas de votre bébé, il est clair que ce que Sara refuse d'avaler, de façon très saine, ce sont les émotions conflictuelles qu'elle a perçues. Ce refus se traduit par des signes de mal-être, lesquels constituent une façon d'exprimer une demande d'aide, qui mérite réflexion. Il convient de considérer aussi le rôle de votre mari qui, une fois devenu père, a du mal à exprimer ses choix et à prendre ses distances par rapport à son propre père.

Il n'y a pas que les mères qui doivent couper le cordon ombilical avec leur famille, il y aussi les pères, qui se réfugient dans des idées toutes faites par crainte de susciter des conflits. Pendant des années, la figure du pédiatre a été vécue comme le substitut d'une figure masculine (le mari ou le père), dont la mère avait besoin durant cette période si délicate qui succède à un accouchement.

Aujourd'hui, le fait que l'on ait pris conscience du rôle déterminant de la figure paternelle, y compris dès la gestation, comme soutien affectif de la mère et de l'enfant, commence enfin à modifier la distribution des rôles affectifs, en autorisant également le père à s'interroger sur ses propres émotions et donc sur sa propre histoire familiale.

Personnellement, je pense qu'il s'agit là d'une révolution importante, qui n'en est encore qu'à ses débuts, certes, mais qui peut apporter beaucoup de force et de satisfaction à chacun des deux parents et qui, par conséquent, peut participer à une croissance plus équilibrée de l'enfant.

Je crois que le fait que votre mari ne vous ait pas soutenue, dans une phase si difficile, a entamé votre rôle essentiel de protection dans le couple mère-enfant. Ce conflit peut créer une relation de manque de confiance réciproque entre vous et votre mari, et c'est, me semble-t-il, ce que Sara ressent en ce moment.

Vous devriez tenter, l'un et l'autre, de sonder vos désirs

profonds et d'assumer vis-à-vis de Sara le rôle de parents dont elle a justement besoin. Il ne suffit pas de comprendre vos besoins, du reste, cela n'est jamais aussi simple et évident qu'on le croit, mais il faut surtout essayer de les communiquer à votre bébé. Même si elle est petite, votre fille a déjà ressenti un conflit entre vous et il est important qu'elle soit informée de ce qui se passe. Une fois que votre mari et vous aurez défini vos désirs et vos rôles respectifs, vous pourrez parler à Sara de vos décisions. Vous pouvez également demander de l'aide à un spécialiste compétent dans les relations parents-enfants. Il pourrait éventuellement parler à votre fille en votre présence et permettre ainsi la circulation d'un dialogue qui, en raison de vos histoires respectives, s'est actuellement interrompu.

À quel âge mettre son enfant à la crèche ?

Mon épouse vient de donner naissance à une ravissante petite fille. Ma femme et moi avons une activité professionnelle très prenante, aussi nous aimerions savoir à quel moment il serait préférable d'inscrire notre enfant à la crèche, sans risquer de nuire à son développement.

Savez-vous qu'il existe des parents qui demandent que l'on garde leur enfant à la crèche même la nuit ?
Ce n'est pas une blague, je vous assure et, à vrai dire, une demande de ce genre ne m'étonne pas outre mesure car, de nos jours, l'on a de plus en plus tendance à penser que les enfants sont si éveillés et intelligents qu'ils peuvent tout supporter.
La personnalité d'un individu se structure au cours des trois premières années de la vie, mais cela nécessite avant tout un rapport initial très étroit – les psychologues parlent de rapport symbiotique – avec l'un des deux parents ou avec

une figure de référence stable. Les liens qui se nouent entre l'enfant et l'une de ces deux figures parentales constitueront les fondements de sa future personnalité. Il est clair que, durant cette phase, ce qui compte, c'est la qualité, la durée et la régularité de la relation, justement parce que la structure de l'enfant est encore fragile et a besoin constamment d'un point de référence.

Vers l'âge d'un an, lorsque l'enfant fait ses premiers pas et balbutie ses premiers mots, il exprime le besoin de découvrir son monde environnant et d'articuler ses opinions. C'est alors que, pour ce couple symbiotique, commence la période de séparation. Durant cette phase, l'enfant a plus que jamais besoin de quelqu'un à ses côtés, d'une personne qui soit disponible, qui l'entoure affectivement durant ses « découvertes », encore marquées par un sentiment d'insécurité et par un besoin d'être rassuré. Sans oublier que pour les parents aussi cette phase est psychologiquement délicate, car eux aussi doivent commencer à trouver la bonne distance pour laisser à leur enfant la liberté de circuler dans son environnement.

Une séparation durant cette période est assez risquée, précisément parce que l'enfant n'a pas encore les bases nécessaires pour se suffire à lui-même : ce serait comme demander à un architecte de construire une maison avec trois murs et prétendre l'habiter sans problème.

En somme, je pense comme vous que la socialisation est une bonne chose pour un enfant, mais seulement à partir du moment où il est en mesure de supporter la séparation d'avec ses parents et ne risque pas de vivre cette situation comme un abandon. Or cela n'est possible que vers l'âge de deux ou trois ans.

Lorsque des parents sont vraiment obligés de mettre leur enfant à la crèche, alors il est important de parler à l'enfant des raisons de cette décision, même s'il est encore très petit, et éventuellement de lui laisser un linge imprégné de l'odeur de sa maman. Mais il vaut mieux éviter ce genre de situation avant l'âge d'un an ou n'y recourir que dans des cas tout à fait exceptionnels. À mon avis, plutôt que de construire davantage de crèches – et je dis cela précisément parce que je m'occupe de pathologies infantiles –, il faudrait donner aux parents les moyens de rester avec leur enfant et de l'élever au moins jusqu'à trois ans, en leur offrant, au besoin, la possibilité de se rendre dans des structures d'écoute destinées à accueillir les parents et les enfants qui traversent cette même phase délicate de leur développement.

J'ai peur de détester mon enfant

Il y a deux mois, j'ai eu un petit garçon. En apparence, tout se déroule au mieux, le problème, c'est que je ne ressens rien pour lui. En fait, j'ai l'impression que c'est un étranger. Ce n'est pas facile à avouer, mais, par moments, j'éprouve presque de la haine.
Je me sens méchante et je n'ose parler à personne de mes sentiments.

Vous avez déjà commencé à faire quelque chose, puisque vous avez décidé de réfléchir sur votre mal-être, de le verbaliser et de le mettre par écrit. Vous avez eu le courage d'exprimer vos émotions qui s'accordent mal avec l'atmosphère de fête qui vous entoure. Derrière le tourbillon de « bons sentiments », qui accompagne la naissance d'un enfant, se cachent, en fait, des émotions plus authentiques, comme celles que vous éprouvez.

D'autre part, il n'est pas facile de superposer à l'idée d'un enfant imaginé au cours d'une grossesse et chargé de tous nos fantasmes, un enfant réel, bien souvent différent de nos attentes. Il faut toujours un certain temps pour se connaître et s'appréhender réciproquement, un temps pour retrouver un équilibre physique et émotionnel, après le bouleversement que suppose une naissance.

Toutes les mères éprouvent, à des degrés divers, ces émotions. Et cela est tout à fait compréhensible. Votre enfant est en train de vous laisser du temps pour être vous-même. C'est un petit être patient et sensible. Quand vous vous sentirez prête, vous pourrez lui parler de ce que vous ressentez. Un dialogue juste entre vous deux, en laissant tous les autres à part.

Si cependant ce sentiment pénible perdurait plus longtemps, n'hésitez pas à vous adresser à une personne compétente, qui peut prendre en charge un état dépressif naissant qu'il ne faut jamais négliger.

Comment occuper un enfant de dix-huit mois ?

J'ai un petit garçon de dix-huit mois et j'ai l'impression qu'il s'ennuie. Je le vois souvent déambuler dans l'appartement, telle une âme en peine, le pouce dans la bouche. Dès qu'il m'aperçoit, il me demande de le prendre dans les bras et veut rester collé contre moi. Je reste toute la journée à la maison, car je travaille chez moi, je suis traductrice. Pourriez-vous me conseiller des jeux ou des livres adaptés à son âge ?

À cet âge-là, il n'y a aucun jeu ou livre qui puisse valoir la présence ou la compagnie de quelqu'un. Vous avez raison de dire que votre enfant s'ennuie. Je crois que votre fils a besoin d'être en contact avec des enfants et des adultes qui s'intéressent à lui.

Mais vous pouvez le distraire en le faisant participer à vos activités quotidiennes, en lui demandant de laver une assiette dans l'évier, en le laissant jouer avec les casseroles et en lui permettant d'utiliser les mêmes ustensiles de cuisine que vous pour préparer à manger à sa maman.

Il faut que, de temps à autre, vous lui parliez, lui demandiez comment il va, que vous lui montriez que vous vous intéressez à lui. Il n'est pas nécessaire d'être trop présente, car votre enfant doit apprendre également à organiser sa solitude. C'est ainsi qu'il pourra construire son espace imaginaire qui servira de base à sa créativité.

La mort subite du nourrisson

Je vous écris parce que je me sens terriblement lasse et triste. J'ai deux enfants qui sont nés après la mort de mon premier fils, survenue à l'âge de trois mois. Diagnostic : mort subite du nourrisson. Durant ces huit dernières années, j'ai mis ma souffrance de côté, c'est comme si je l'avais oubliée. C'est après la naissance de ma dernière fille que j'ai réellement compris ce qui s'était passé et à quel point cet enfant, dont je n'ai pas pu profiter, me manque. J'éprouve le besoin de m'adresser aux jeunes mamans et de leur dire qu'il faut absolument qu'elles couchent leur enfant sur le dos et non sur le ventre. C'est un petit geste tout simple, qui aurait peut-être permis à mon fils d'être encore vivant.

Vous éprouvez le besoin d'exprimer publiquement une souffrance trop longtemps enfouie. Du reste, cette souffrance n'est pas seulement la vôtre, elle concerne aussi vos enfants et votre famille. La naissance de votre dernier-né vous a permis de rouvrir un chapitre de votre vie à la fois douloureux et essentiel, pour retrouver des émotions qui vous permettent de vous réapproprier cette part enfouie de vous-même, qui vous constitue comme une personne à part entière et que vous pourrez d'autant mieux offrir à vos enfants.

Ces quelques phrases écrites à l'intention d'autres parents sont le signe de votre ouverture au monde et de votre désir de partager votre expérience avec d'autres parents, d'autant que la mort subite du nourrisson reste encore mal connue.

Même si elle peut avoir de multiples causes – infectieuses, génétiques ou cardio-respiratoires – on a constaté qu'en prenant un minimum de précautions, en appliquant simplement les mesures que vous suggérez, le taux de mortalité du nourrisson baisse de 90 %.

Si ces mesures sont importantes, tout aussi importante est la prise en charge des émotions liées à une perte si brutale et que l'on a trop souvent tendance à garder pour soi, alors qu'elles risquent de peser lourdement sur les enfants à venir. Fort heureusement, les maternités commencent peu à peu à mettre en place des structures d'écoute pour les parents qui ont vécu ce genre de drame.

La symbiose, la séparation et l'autonomie

Un pouce pour combler le vide

Jean suce son pouce depuis qu'il est né. Nous avons tout essayé pour l'en empêcher mais ça n'a servi à rien. La situation s'est aggravée depuis que nous avons adopté Julie qui, actuellement, a un an et demi. À partir de ce jour-là, Jean n'a presque plus parlé, justement parce que le fait de mettre son pouce dans la bouche l'en empêche.

Jean a besoin de son pouce pour combler un vide. Il est évident qu'il ne supporte pas d'être séparé de sa mère et donc de se sentir seul. En mettant son pouce dans la bouche, il a l'illusion que sa maman est avec lui.

Ce qui peut être considéré comme normal chez un nouveau-né devient chez Jean une fixation, qui l'empêche de s'ouvrir aux autres. En suçant son pouce, il hallucine la présence de sa maman mais, en même temps, il se punit pour la colère qu'il éprouve quand elle n'est pas à ses côtés. Il est normal que l'arrivée de Julie ait accentué ses peurs.

Je pense qu'il vaudrait mieux lui parler de sa difficulté à rester tout seul, au lieu de multiplier vos efforts pour l'empêcher de faire la seule chose qui, en ce moment, le rassure.

D'autre part, lorsqu'un enfant éprouve un besoin si fort de « se replier sur lui-même », en recherchant la sensation de son pouce dans la bouche, il faut s'interroger sur les premiers moments de sa vie et se demander jusqu'à quel point les relations qu'il entretient avec le monde extérieur, et en particulier avec ses parents, sont suffisamment rassurantes.

Avant de tenter de supprimer le symptôme de Jean, il convient d'essayer de le comprendre dans sa signification la plus profonde.

Je n'arrive pas à laisser mon enfant seul

À la naissance de mon fils j'ai ressenti un vide immense. Aujourd'hui, alors que mon petit garçon a presque un an, j'ai encore du mal à me séparer de lui. Je ne parviens pas à me convaincre qu'il peut être mieux tout seul, dans son berceau, qu'à mes côtés, avec moi qui le protège et le rassure. Mon mari ne comprend pas du tout mon attitude. N'est-il pas toujours préférable de rassurer le plus possible un enfant au cours des premières années de sa vie ?

Les sentiments que vous éprouvez sont parfaitement légitimes et toutes les mamans les ressentent, avec plus ou moins d'intensité, même si elles n'osent pas l'avouer. Ce petit être que vous avez porté et mis au monde et qui, bien avant sa naissance, vous a fait tant rêver, est pour vous un être unique. Mais pour avoir la possibilité de vivre sa vie d'individu, il doit apprendre à se détacher de sa maman. Or se détacher ne signifie pas se séparer de vous d'une manière définitive, mais créer un espace entre vous deux, qui permette à chacun d'évoluer à son propre rythme. Si vous allaitez votre enfant la nuit, vous pouvez le faire dormir dans votre chambre, mais pas dans votre lit. Vers l'âge de deux mois, cependant, c'est-à-dire à partir du moment où il n'a plus besoin physiologiquement de sa tétée nocturne, il est préférable de l'habituer à rester tout seul dans sa chambre. C'est dans cet espace, le centre de son univers, qu'il apprendra à avoir un sommeil régulier, qu'il trouvera son rythme et un plus grand apaisement. Vous serez certainement contente de voir votre fils plus détendu et serein. Dès lors, vous constaterez que, malgré tout l'amour qu'il éprouve pour son fils, votre mari ne sera pas non plus mécontent de voir que chacun a finalement trouvé sa juste place.

Elle ne dort plus depuis qu'elle a jeté sa tétine

Ma fille Julie, qui a deux ans et demi, s'est débarrassée de sa tétine depuis une semaine. J'ai profité du fait qu'elle était cassée pour lui demander de la jeter elle-même à la poubelle. Mais depuis ce jour-là, elle est devenue nerveuse, désobéissante et elle ne parvient plus à s'endormir.

En fait, elle n'arrive à trouver le sommeil que si je la couche avec nous. Je ne sais pas si je dois tenir bon ou bien lui acheter une nouvelle tétine.

Que ne feraient pas les enfants pour nous rendre heureux ! Julie a profité d'un moment où elle s'est sentie forte pour satisfaire le désir de sa maman. J'imagine que ça s'est passé durant la journée, dans une atmosphère d'affection et de complicité apparente. Mais est-ce que Julie était vraiment prête ? Probablement pas puisque, par la suite, elle a manifesté une réaction de peur et a eu besoin d'être rassurée.

Les enfants évoluent à leur propre rythme et ils ne parviennent à des renoncements que quand l'objet ou la sensation auquel ils renoncent ne leur est plus nécessaire.

La tétine substitue et évoque le sein maternel. La bouche est la première zone érogène investie, sucer son lait est le premier grand plaisir qui rassure et qui apaise la peur de rester tout seul. La tétine ou le pouce dans la bouche prolongent ces sensations, qui ne sont en aucun cas négatives et qui ne font de mal à personne. Juste le temps d'acquérir une certaine confiance en soi.

Quand sa maman n'est pas là, l'enfant a besoin d'un objet qui l'aide à supporter la séparation. Ce sont là autant d'efforts pour devenir un peu plus autonome et pour faire, ensuite, un pas supplémentaire dans cette quête d'autonomie. Julie avec sa « tétine-maman » se sentait moins seule et parvenait à mieux supporter la solitude.

Je crois que votre enfant a été privée d'un objet qui, en ce moment, la rassurait. Sa nervosité et sa difficulté à s'endormir sont la conséquence de cette perte. Il faudrait que vous vous demandiez si, en lui enlevant sa tétine, vous avez voulu satisfaire votre désir de maman ou bien celui de votre fille. Si vous pouviez en parler avec elle, paradoxalement, Julie réussirait peut-être à vous comprendre et à vous faire plaisir. Mais n'espérez pas des résultats spectaculaires. Si l'on aide Julie à évoluer à son propre rythme, alors, un jour, elle oubliera d'elle-même sa tétine, en l'abandonnant dans un coin de l'appartement.

Ma nièce a changé

Je suis la tante d'une jeune fille de dix-huit ans, qui vit chez moi depuis quatre ans. La mère d'Hélène a toujours été anorexique et un peu instable. Elle change continuellement de petit ami et c'est pour cette raison que sa fille a préféré l'atmosphère plus tranquille de notre foyer (moi, je n'ai pas d'enfants). Elle n'a pas non plus une très bonne relation avec son père : vis-à-vis de sa fille, il se comporte comme un ami, et il ne parvient pas à lui donner des limites ni même, selon moi, une certaine sécurité affective.

Jusqu'à présent, Hélène allait bien, elle était très attachée à moi et à son oncle, elle nous suivait en tout et partout. Mais, maintenant qu'elle a trouvé un fiancé et qu'elle s'est installée chez lui, elle semble avoir projeté tout l'attachement qu'elle avait pour nous sur ce garçon et sa famille. Je suis très déçue et je me sens trahie, je sais bien qu'elle doit vivre sa vie, mais je ne comprends vraiment pas ce comportement si extrême.

Votre nièce vit les relations d'une manière symbiotique et parasitaire. Elle habite chez les autres parce qu'elle ne s'habite pas elle-même. Le fait d'avoir eu une mère anorexique, qui avait des difficultés à habiter son propre corps, n'a pas dû être facile. Pour sa mère non plus, il n'a pas dû être facile de trouver l'espace nécessaire pour satisfaire les besoins affectifs de sa fille.

Parce que ses besoins sont sans doute restés sans réponse, l'espace intérieur de votre nièce n'a pas réussi à être comblé par ces confirmations qui constituent la base nécessaire à la construction identitaire. De toute évidence, ce sentiment de vide angoissant est resté enfoui en elle et il ne peut être comblé qu'en puisant à l'intérieur d'un autre. La relation qu'elle vit actuellement avec son nouvel ami a remplacé la relation fusionnelle qu'elle vivait avec vous.

En réalité, votre nièce est tout simplement incapable de se sevrer et de se suffire à elle-même. Peut-être est-ce parce qu'elle n'a pas été suffisamment nourrie affectivement. Pour le moment, je crois qu'elle ne peut pas faire autrement, même si cette tendance à nouer des rapports exclusifs est toujours risquée, car, un jour ou l'autre, ce genre de relation finit toujours par apparaître comme insupportable pour le compagnon.

Ce n'est pas en parasitant les autres ou dans l'échange répété de « locataire affectif » que votre nièce parviendra à résoudre ses problèmes, mais en affrontant la souffrance que lui procure ce sentiment de vide. Une thérapie psychanalytique pourrait beaucoup l'aider, mais la décision doit venir d'elle. Après la chaleur de sa présence, j'imagine à quel point son absence vous paraît douloureuse. Dites-vous que c'est précisément cette solitude que votre nièce a éprouvée si souvent dans sa vie. Or, justement parce qu'elle a fait en sorte que vous la ressentiez, essayez de l'aider.

Mon bébé évite le regard de sa maman

Je vous écris à propos de notre troisième fille, Anna, qui vient d'avoir quatre mois et qui se comporte de façon étrange avec sa maman. Chaque fois que ma femme s'approche d'elle, Anna détourne le regard d'une manière si flagrante que j'en suis bouleversé. Durant sa grossesse, ma femme a eu des problèmes psychologiques liés, entre autres, au fait qu'elle n'avait pas prévu cette grossesse et elle a manifesté une angoisse de mort vis-à-vis de l'enfant, qui la poussait à vérifier si tout allait bien et si elle respirait normalement, plusieurs fois par nuit. Tous mes efforts pour la rassurer n'ont servi à rien.

Anna essaye, de façon tout à fait saine, d'éviter le regard chargé d'angoisse de sa mère, précisément pour ne pas intérioriser les sentiments conflictuels que votre épouse éprouve actuellement. Afin de mieux vous aider, il faudrait que je puisse connaître l'histoire personnelle de votre femme et ce que cette enfant représente pour elle en ce moment de sa vie.

Vous me dites que sa grossesse n'était pas désirée et il est certain que cette absence de désir, avec toute la gamme de sentiments contradictoires qui en résulte, n'est pas un détail insignifiant. Votre femme est obsédée par l'état de santé d'Anna, parce qu'elle a peur que ses pensées agressives vis-à-vis du bébé puissent, en quelque sorte, l'atteindre. Comme vous le voyez, bien que très petite, votre fille, tout en préservant ses relations avec le reste de la famille, sait déjà se protéger contre une relation maternelle qu'elle perçoit actuellement comme menaçante. Le symptôme d'Anna est en réalité un message adressé à sa mère, pour lui signifier que la nature de leur relation doit changer.

Je crois qu'il est nécessaire d'aider votre femme à exprimer de façon plus consciente les émotions conflictuelles qui l'habitent et qui sont peut-être étouffées par un sentiment de culpabilité absurde et destructeur. Il est tout à fait humain de ne pas se sentir capable de supporter une grossesse qui n'avait pas été programmée et il est naturel, dans ce cas, d'éprouver un sentiment de rejet et de colère.

Si votre femme pouvait s'avouer ses émotions et si elle parvenait ensuite à en parler à sa petite fille, je suis sûre que leur relation changerait. Bien qu'encore très petite, Anna est parfaitement capable de comprendre des mots qui traduisent ce que, du point de vue émotionnel, elle a déjà perçu, mais dont il lui manque une confirmation maternelle. Les enfants ont besoin de mots vrais, qui traduisent des émotions vraies.

Je parle sans cesse à mon bébé

Je suis la maman d'une petite fille de seize mois qui ne parvient pas à dormir. J'essaye de rester à ses côtés le plus possible, je lui parle tout le temps et j'ai l'impression qu'elle est totalement absorbée par ce que je lui dis. J'ai essayé de comprendre pourquoi elle ne dormait pas en lisant divers ouvrages sur la question et je m'efforce de la rassurer en lui consacrant tout mon temps libre.

Essayez de ne pas confondre attention et intrusion. J'ai l'impression que vous êtes en train de la nourrir de mots, de la même manière que vous l'avez nourrie de lait, en recréant une symbiose, qui conforte votre fille dans l'idée qu'elle vous est indispensable, aussi bien de jour que de nuit, et qu'elle est la seule à pouvoir vous apaiser. Les longs discours que vous lui tenez sont l'équivalent d'un cordon ombilical, dont il est probable que vous ressentiez encore un peu la nostalgie. Toutefois, en vous comportant ainsi, vous créez une relation fusionnelle, qui risque d'empêcher l'autonomie de votre fille.

L'attention constante et les informations que vous lui donnez durant la journée risquent de provoquer un état d'excitation permanent chez une enfant si précoce. Que faire d'autre sinon partager cette excitation avec sa maman, en la regardant les yeux ouverts toute la nuit !

Il est vrai que lorsque l'on est en présence d'un enfant précoce, qui s'exprime avec facilité et qui assimile rapidement ce que les adultes lui disent, on peut être tenté d'aller toujours plus loin. Mais en agissant ainsi, on maintient l'enfant dans un état de surexcitation tel, qu'on ne lui laisse pas le temps d'être tout simplement ce qu'il est : un bébé, un tout petit bébé.

Il ne supporte pas mes problèmes de dos

Depuis que j'ai été opérée du dos, je ne peux plus prendre dans les bras mon enfant, Marc, qui actuellement a deux ans. Ces temps-ci, je le sens agité, il me suit partout pour me demander avec insistance de le prendre dans mes bras. J'ai l'impression que cette situation l'angoisse, car il hurle et trépigne jusqu'à ce que mon mari ou mes parents parviennent à le calmer. Pourquoi cette réaction, à présent ? J'ai eu une très belle grossesse, sauf au moment de l'accouchement. C'est à partir de là qu'ont commencé mes problèmes de dos.

Si mon état ne s'améliore pas, dans les prochains mois, il faudra que je subisse une deuxième intervention, qui m'immobilisera à nouveau. Comment mon fils parviendra-t-il à sup-

porter mon absence si, actuellement, il a déjà des réactions si violentes ?

Je crois que Marc éprouve un sentiment de peur mêlé de culpabilité, du fait que sa naissance a provoqué une blessure chez sa maman. Nous avons tendance à sous-estimer les perceptions du fœtus au cours de la grossesse ou du nourrisson lors de l'accouchement.

Après cette période de sérénité qu'il a vécue pendant votre grossesse, votre enfant a certainement perçu chez vous une souffrance qui s'est traduite par plusieurs interventions chirurgicales et des périodes d'éloignement physique.

L'état de souffrance dû à une séparation précoce demeure toujours une blessure ouverte chez un enfant et sa mère, avec toute la gamme de sentiments qui peut en résulter.

Actuellement, à cause de votre fils, vous allez mal et il est humain d'éprouver des sentiments conflictuels vis-à-vis d'un enfant qui, certes, vous a apporté de la joie mais aussi beaucoup de souffrance.

Même si, en général, les adultes peuvent refouler ces sentiments agressifs, les nouveau-nés les perçoivent et peuvent garder en eux cette perception à un niveau inconscient. L'histoire qui s'est produite entre vous reste inscrite en lui comme un malentendu qui, me semble-t-il, doit absolument être levé au plus vite. Maintenant que votre fils a acquis une autonomie motrice, il peut rapprocher sa récente acquisition de l'expérience motrice que vous êtes en train de vivre vous-même.

Le changement qu'il perçoit chez sa maman l'angoisse d'autant plus qu'il entre dans une phase où il commence à se séparer d'elle et à acquérir son autonomie, d'où également son besoin d'être de plus en plus rassuré affectivement par sa mère.

Si sa maman ne peut pas le prendre dans les bras et

satisfaire immédiatement ses besoins, l'enfant vit dans un état de panique, comme vous le décrivez dans votre lettre et, vu l'intensité avec laquelle cette angoisse se manifeste chez le petit Marc, l'on peut penser que votre enfant perçoit inconsciemment la « faute » qui est inscrite dans son histoire.

Bien entendu, je ne puis ici que formuler des hypothèses pour tenter de vous aider à surmonter cette période si difficile pour tous deux. Je vous suggère d'essayer de retrouver les émotions que vous avez éprouvées au moment de votre accouchement et lors de la séparation qui a résulté de votre opération. Essayez d'en parler avec votre fils, afin de laisser émerger les non-dits qui vous ont séparés.

Les larmes d'une mère qui doit laisser son enfant

Je travaille comme enseignante dans une école maternelle et je suis régulièrement confrontée à la difficulté d'intégrer certains enfants, qui pleurent parce qu'ils ont du mal à quitter leur maman. En fait, en général, les enfants posent moins de problèmes que leur mère.

J'ai essayé de leur faire comprendre que ce sont elles qui devraient aider leur enfant, mais rien n'y fait. Cette année, il y a justement l'inscription d'un enfant qui risque d'être reportée à l'année prochaine et cela en raison du comportement trop angoissé de la mère. Tous les matins, c'est la même comédie : ils pleurent et ils s'accrochent l'un à l'autre.

Je me demande s'il ne vaut pas mieux laisser tomber et remettre cette inscription à l'année prochaine.

Je sais que votre rôle est de garantir le bon fonctionnement de l'institution dans laquelle vous travaillez. Malheureusement, vous êtes confrontée à une phase très délicate du développement de l'enfant, qui cherche à affirmer son autonomie, mais qui n'est pas encore prêt à l'assumer.

Durant cette période, l'enfant est déchiré entre le désir de se séparer de sa maman, d'où une pulsion de rejet agressive vis-à-vis de la mère, et la peur qui s'ensuit que, s'il rejette sa maman, il sera rejeté à son tour. Or la mère aussi est confrontée à ces mêmes angoisses, car après avoir profité d'une période de grande fusion avec son enfant, elle doit accepter sa transformation et son besoin de se détacher d'elle. Au cours de ce processus de séparation, les mères deviennent également plus fragiles, c'est alors que resurgissent les anciennes peurs de séparation vécues durant leur propre enfance. Les larmes d'une mère, qui laisse son enfant pour la première fois, représentent une régression à un stade infantile de fragilité et de manque de confiance.

Je crois qu'il est important de connaître ce processus, afin de soutenir la relation mère-enfant dans un moment délicat pour tous deux, autrement les enseignants risquent de percevoir les parents comme des gens qui s'amusent à saboter l'équilibre de l'enfant et de se vivre eux-mêmes comme un modèle de perfection. Pourquoi ne pas créer au sein de l'école un espace d'écoute pour les parents qui le souhaiteraient, et les aider ainsi à mieux vivre cette phase de séparation ? Au fond, pour travailler convenablement, les enseignants ont besoin d'avoir toute la confiance des parents, de même que les parents ont besoin qu'on les comprenne et que l'on respecte leurs états d'âme.

L'angoisse de la crèche

Mon fils Albert, qui vient d'avoir deux ans et demi, est capricieux et tyrannique, en particulier avec moi. Le matin, lorsqu'il doit aller à la crèche, c'est l'enfer. L'an dernier, il allait déjà dans cette crèche, mais seulement quelques heures par semaine, et il me semblait beaucoup moins angoissé. Il n'empêche qu'il était déjà tombé souvent malade. Que puis-je faire pour le rassurer ?

Fort heureusement, Albert parvient à exprimer ses désirs et ses difficultés. L'an dernier, il le faisait d'une manière structurée, en traduisant son mal-être par d'incessantes maladies. Cette année, son comportement exprime la peur de se séparer de sa maman, ce qui, vu son âge, est tout à fait normal. De toute évidence, votre enfant a besoin de plus de temps pour trouver cette assurance qui lui permettra de se débrouiller tout seul. D'autre part, la phase de séparation, qui débute lorsque l'enfant fait ses premiers pas, constitue une étape fondamentale pour son futur développement. C'est un moment délicat et l'enfant a besoin de conquérir lentement des espaces d'autonomie tout en pouvant se ressourcer affectivement auprès de ses parents. Lorsqu'il existe un déséquilibre entre ces deux éléments, le parcours se bloque et parfois s'interrompt.

Il ne faut pas oublier qu'un enfant ne peut se séparer de ses parents et acquérir une certaine confiance et autonomie que si sa maman et son papa ont la sérénité et la confiance nécessaires pour affronter eux-mêmes cette phase particulière de son développement.

Dans la mesure où vous vous sentez incapable de supporter ses pleurs, essayez de vous demander ce que signifie pour vous le fait de vous séparer de votre fils. Avez-vous déjà parlé avec votre enfant de cela ? Ou bien avez-vous considéré comme acquis le fait qu'il l'ait compris ? Or cela est impossible si personne ne lui en a parlé.

Bien entendu, je comprends à quel point il vous est difficile d'assister tous les jours à ce genre de scènes, mais je crois qu'il faut essayer de comprendre leur message positif.

Il me semble que ces pleurs signifient tout simplement que vous avez besoin de temps, afin de pouvoir vivre cette séparation comme un processus naturel et non traumatique.

Un sevrage difficile

Récemment, j'ai commencé à sevrer ma petite fille Jade, âgée de cinq mois. Mais j'ai l'impression qu'elle ne mange pas assez. Avant, pourtant, elle tétait mon sein avec avidité. Je suis inquiète et angoissée mais, dans le même temps, j'ai peur de lui communiquer mon anxiété. Même si j'ai dû l'allaiter au biberon, parce que je n'avais pas assez de lait, elle ne m'avait jamais posé de problèmes jusque-là. Je ne sais plus quoi faire. J'ai pensé l'emmener chez le pédiatre pour qu'il me conseille quelle nourriture lui proposer. En fait, j'ai l'impression d'avoir perdu tout contact avec elle.

Si la période d'allaitement a été pour vous un moment de grand plaisir, de contact physique étroit, il est normal que vous viviez actuellement le sevrage en quelque sorte comme une perte.

En fait, lorsque vous voyez qu'elle refuse la nourriture que vous lui donnez, vous avez l'impression d'abandonner votre bébé et d'être rejetée.

Comment avez-vous vécu le fait de ne pas avoir suffisamment de lait ?

Il est possible qu'au début vous ayez eu l'impression de ne pas être une bonne mère, même si, d'emblée, Jade vous a prouvé le contraire, en tétant votre sein avec avidité et en renforçant cette relation de secours mutuel qui s'instaure avec la nourriture.

Je me demande si vous avez pu prendre conscience de ce sentiment d'insuffisance, si vous avez été aidée, si vous en avez parlé à votre enfant ou si, au contraire, vous avez gardé cela pour vous, sans l'élaborer, de sorte que, devant la première difficulté, vos émotions ont resurgi, sous la forme de cette anxiété dont vous parlez. Encore et toujours la même peur de ne pas être une bonne mère.

Essayez de vous dire que Jade dépend de vous et de votre sérénité, mais qu'elle est aussi une petite personne indépendante, qui exprime ses désirs, ses choix et ses refus. Si vous ne vous êtes pas encore expliquée ou si vous n'avez pas encore pris conscience de vos émotions, pour pouvoir les communiquer à votre fille, il se peut que Jade refuse tout simplement d'ingurgiter, non pas de la nourriture, mais votre propre anxiété. Ce qui me semble parfaitement sain. De même qu'il me semble tout à fait normal que, en grandissant, elle commence à avoir des rythmes différents et qu'elle ait besoin de plus de temps pour découvrir et appréhender de nouvelles saveurs. D'après votre lettre, j'ai l'impression que votre fille est plutôt réfléchie et qu'elle n'accepte pas aveuglément tout ce qu'on lui propose. Cela aussi me paraît parfaitement légitime, c'est plutôt une preuve de sensibilité. Je crois que vous n'avez besoin de personne pour savoir quelle nourriture donner à votre bébé, essayez de ne pas déléguer aux autres ce que votre bon sens peut vous suggérer. Au fond, le sevrage est une séparation et les séparations ne sont pas faciles à digérer. C'est vous qui êtes la mère de Jade et personne n'est mieux placé que vous pour la comprendre, à condition d'instaurer un dialogue qui vous permette d'exprimer vos émotions, les bonnes, les mauvaises, sans oublier l'anxiété.

Comment le préparer à la crèche ?

Dans quelques jours mon fils ira à la crèche et je me demande quelle est la meilleure façon de le préparer. Il est très attaché à moi, il me suit partout et supporte difficilement de partager ses affaires avec ses petits camarades. La semaine dernière, il a recommencé à faire pipi au lit et j'ai dû lui remettre des couches. Il me semble plus agité que d'habitude...

Je crois que c'est justement la perspective de cette séparation qui terrorise votre fils. Sans doute est-ce la première séparation de sa vie et il faut lui donner le temps de s'habituer à l'idée qu'il peut survivre tout seul. Bien entendu, la première personne qui doit y croire, c'est vous, car c'est seulement ainsi que vous pourrez lui donner la permission de se détacher de sa maman. Le premier jour de crèche ou d'école, on voit souvent des parents se cacher derrière une porte fermée, incapables de supporter la séparation d'avec leur enfant. Essayez de vous souvenir si les détachements qui ont marqué les diverses étapes de votre vie ont été difficiles pour vous aussi. Si c'est le cas, essayez d'en prendre conscience et de penser que, si nous ne les aidons pas à se différencier de nous, nos enfants risquent d'absorber également nos difficultés. Si votre fils a peur d'aller à la crèche, parlez avec lui de sa peur, racontez-lui vos émotions d'enfant, et rassurez-le sur le fait qu'il n'y a rien de mal à éprouver ce qu'il ressent, ce qui compte, c'est de savoir affronter ses peurs.

Comme tous les enfants de son âge, votre enfant craint probablement d'être abandonné dans ce lieu qui lui est peu familier. Rassurez-le, en lui promettant de venir le rechercher. Le premier jour, il serait peut-être bon de mettre dans son petit cartable un objet ou un linge qui lui rappelle une odeur familière et surtout d'aller visiter la crèche avec lui, afin de faire ensemble la connaissance des puéricultrices. Si vous procédez par étapes, votre fils pourra considérer ces puéricultrices comme autorisées par sa maman et s'autoriser à son tour à les aimer, sans avoir peur de vous rendre jalouse.

L'essentiel, c'est que vous compreniez tous deux que l'école est un espace autonome, qui doit être investi graduellement, et donc un espace d'expérimentation important, qui ne doit pas être envahi par les parents. À la différence de l'espace familial, ce qui arrive à la crèche concerne exclusivement votre fils et les puéricultrices.

En l'aidant à distinguer différents espaces et à accepter différentes modalités de comportement, vous faciliterez son parcours de séparation et d'individuation.

Il est normal que vous rencontriez des difficultés au début : faire pipi au lit ou avoir certaines maladies à répétition, au moment de l'entrée à la crèche, en constituent les manifestations les plus fréquentes. Précisément parce que ces signes sont des signes de mal-être, ils doivent être interprétés et expliqués à l'enfant, afin qu'il ne se sente pas écrasé par ses symptômes et qu'il ne se sente pas obligé de jouer perpétuellement le rôle de l'enfant malade ou à problèmes. Aidez-le dès maintenant à devenir autonome, à choisir ses vêtements, à apprendre à s'habiller tout seul, en lui demandant ce qu'il préfère et ce qu'il n'aime pas. Ne l'obligez pas à vivre ce qui, en réalité, vous effraye tous les deux, comme si c'était un événement normal. Parlez-en ou, mieux encore, riez-en ensemble. Ce sera votre sérénité, la conviction que vous faites ce qu'il faut, que vous êtes dans la bonne voie, qui communiquera à votre fils la confiance dont il a besoin pour affronter les combats qu'il devra mener en terrain ennemi.

Nous n'osons plus sortir sans elle

Ma fille Claudine, qui aura bientôt trois ans, a toujours été très gaie et sereine. Je suis femme au foyer depuis deux ans, tandis que mon mari a un travail qui l'oblige à voyager et à s'absenter parfois plusieurs jours par semaine. À son retour, il nous arrive de nous accorder une soirée entre amis, en laissant Claudine chez ses grands-parents. Jusqu'à présent, il n'y a jamais eu de problèmes. Mais dernièrement, chaque fois qu'elle doit aller au lit, Claudine commence à pleurer à grosses larmes, elle me réclame et refuse d'être changée par sa grand-mère. Aussi, mon mari et moi avons cessé de sortir sans elle, de peur d'aggraver la situation.

Claudine est en train de rentrer dans une phase où elle commence à comprendre que le monde ne tourne pas selon ses désirs.

C'est maintenant qu'elle s'en rend compte, car l'identité de l'enfant et ses relations avec le monde environnant commencent à se structurer vers l'âge de trois ans.

Au cours de cette période, sa vision de la réalité est encore très égocentrique. Ce sont ses contacts avec les autres, qui seront reconnus par Claudine comme une réalité indépendante d'elle, qui lui permettront d'aborder les choses différemment. Certes, les frustrations seront alors inévitables, mais elles sont nécessaires pour que l'enfant puisse dépasser son sentiment illusoire de contrôle ou de pouvoir absolu et accepter les règles sociales.

Afin d'aider Claudine à surmonter cette phase critique, il est indispensable que vous préserviez votre mode de vie, en adoptant une attitude compréhensive mais ferme. Il est normal que Claudine manifeste de la peur et une certaine insécurité et qu'elle se montre possessive vis-à-vis de ses parents. Vous pouvez lui parler de sa peur de perdre ses parents, chaque fois qu'ils la quittent, mais il faut la rassurer sur le fait que ces peurs sont essentiellement le fruit de son imagination.

Il n'a aucun sens des limites

Louis est un casse-cou. Il n'a aucun sens des limites. Il monte sur la table, grimpe sur le rebord des fenêtres, met les doigts dans les prises électriques. Depuis qu'il a commencé à marcher, notre appartement est devenu le sien. Nous avons enlevé tous les bibelots et les objets dangereux afin qu'il ait tout l'espace nécessaire pour s'amuser tranquillement.

Mais même ainsi, il faut toujours qu'il se mette dans des situations dangereuses. Je suis sans cesse obligée de le surveiller, je ne peux pas le laisser seul une seconde.

Peut-être êtes-vous trop proche de lui et ne lui laissez-vous pas le temps ni l'espace nécessaires pour s'expérimenter. Quand Louis a commencé à marcher, un monde nouveau s'est ouvert à lui : un espace à découvrir, des objets à toucher, des problèmes à résoudre.

L'autonomie motrice correspond à une première autonomie mentale. Il y a une énorme différence entre le fait d'être pris passivement dans les bras et transporté d'un endroit à un autre et le fait de pouvoir se déplacer tout seul, de façon autonome. Or ce changement radical suppose également une séparation.

C'est une phase extrêmement importante pour un enfant. C'est de la résolution de cette phase que dépendront toutes les étapes décisives à venir : son intégration à la crèche, à l'école, et ainsi de suite jusqu'à l'âge adulte.

Notre façon d'être à ses côtés deviendra pour lui l'étalon qui lui permettra d'estimer le monde extérieur. Dangereux et menaçant si nous avons trop peur qu'il se blesse ou qu'il casse quelque chose ou bien sans limites et sans barrières si nous le laissons sans protection et si nous ne lui permettons pas, de temps à autre, de se ressourcer affectivement.

Comme toujours, la bonne attitude serait de le laisser expérimenter le monde extérieur sans le priver de la possibilité de notre aide. Vous-même, comment avez-vous vécu ces phases de séparation lorsque vous étiez enfant ? Pour comprendre nos réactions actuelles, nous devons toujours remonter à nos expériences passées. Louis aime la vie et il a besoin de la confiance de ses parents. Les enfants ont besoin de ressentir cette confiance dès leur plus jeune âge. Essayez de redéfinir votre espace avec lui, en délimitant clairement le vôtre et le sien. Je ne pense pas qu'il soit bon de bouleverser toute une maison pour un enfant. Votre fils a besoin qu'on lui impose des limites, avec fermeté et conviction, il doit apprendre qu'il ne peut pas faire tout ce qu'il veut. Pendant quelque temps, il continuera sans doute à n'en faire qu'à sa tête car, à cet âge-là, les enfants sont naturellement égocentriques et se sentent tout-puissants. Tout compte fait, Louis a besoin de savoir qu'il existe quelqu'un de plus fort que lui, qui puisse le rassurer et le protéger.

Il veut les clefs de la maison

Mon fils de dix ans, Maxime, m'a demandé si je pouvais lui laisser les clefs de la maison, pour ne plus devoir aller chez la voisine en attendant mon retour du travail. Moi, naturellement, j'ai refusé catégoriquement, car Maxime est tout le contraire d'un enfant raisonnable : il n'a aucun soin de ses affaires. Lorsqu'il va à l'école il perd ses livres et ses stylos, il trouve moyen d'abimer son cartable et ses vêtements, bref, il est si peu soigneux et si peu responsable qu'on ne peut rien lui confier. Jusqu'à présent, je l'ai toujours accompagné moi-même à l'école, bien qu'il m'ait demandé depuis longtemps de faire le trajet tout seul, parce qu'il a honte qu'on puisse le voir avec sa maman. Le fait est que je suis très inquiète à l'idée de le laisser tout seul, je crains qu'il ne soit pas encore assez mûr pour s'occuper de lui. Quand il est en colère, il me menace souvent de se jeter par la fenêtre. Je dois vous préciser que je vis seule avec lui, ayant divorcé de mon mari depuis longtemps, et que j'ai souvent le sentiment de n'avoir aucun espace personnel...

Je vous propose de réfléchir sur les dernières lignes de votre lettre, à propos de votre espace personnel. Par espace personnel, je crois que vous entendez cet espace que vous ne souhaitez voir occupé par personne et que, d'une certaine façon, nous désirons tous préserver. Je dis préserver, parce que vous vous sentez envahie par cet enfant tyrannique qui, de façon contradictoire, réclame son autonomie tout en étant encore très dépendant de vous. Cet espace personnel, que vous vous représentez aujourd'hui comme étant votre maison, correspond sans doute à un espace mental que vous sentez menacé. Ce ne sont pas les clefs de la maison qui vous rassurent, mais plutôt le sentiment de défendre votre autonomie mentale, afin qu'elle ne soit pas facilement manipulable par les caprices de votre enfant. Maxime, au contraire, a besoin de passer par les clefs de la maison pour accéder à son autonomie. D'ailleurs, pour quelles raisons ne devrait-il pas éprouver le besoin de se retrouver dans sa chambre, plutôt que de rester chez la voisine ? Je ne suis pas étonnée qu'il ne se sente pas encore responsable de ses affaires car, pour cela, il faudrait qu'il ait l'impression que ses objets lui appartiennent et qu'ils ne soient pas, encore une fois, investis par la présence maternelle, qui ne lui permet pas de vivre cette expérience.

Il est possible que, dans votre histoire personnelle, vous ayez connu des séparations difficiles, non encore totalement digérées, ce qui expliquerait votre difficulté actuelle à considérer Maxime, non pas comme un appendice de ses parents, mais comme un « sujet » à part entière. La menace de se jeter par la fenêtre pourrait représenter cette période conflictuelle que Maxime est en train de vivre, avec son désir de rester encore présent dans l'esprit de sa mère, comme souci, tout en ressentant l'espace que vous partagez comme étouffant. Lorsqu'un enfant vit seul avec sa mère, sans la présence de son père ou d'un autre homme à la maison, il se crée souvent un double lien entre la mère et l'enfant et réciproquement, qui rend difficile la séparation. Parce qu'il désire protéger sa mère, l'enfant peut s'empêcher de se tourner vers l'extérieur. Contrairement à ce que vous pensez, son désir d'avoir les clefs de la maison m'apparaît comme une étape vers la recherche de son autonomie, qui lui permettra sans doute de mieux organiser son temps et de prendre davantage soin de ses objets personnels. Essayez de voir les choses sous cet angle, n'oubliez pas que, si Maxime n'a pas le soutien de sa mère, sa recherche d'autonomie sera sûrement beaucoup plus lente et difficile.

Des larmes pour dire au revoir

Ma petite-fille de cinq ans, Clotilde, est inscrite depuis trois ans à l'école maternelle où elle semble aller avec plaisir. Chaque matin, cependant, avant d'aller à l'école et de dire au revoir à ses parents, qui l'accompagnent à tour de rôle, elle pleure de façon hystérique, exagérée, pendant un certain temps. Elle nous a expliqué que c'était sa façon de dire « au revoir » et, quand nous lui demandons de ne pas pleurer, elle nous répond qu'elle ne peut pas s'en empêcher et qu'elle pleurera aussi « demain », et même quand elle ira à l'école élémentaire, parce qu'elle « ne peut pas s'en empêcher » (c'est sa seule réponse !).

Elle est très attachée à sa mère, de façon presque maladive : il faut toujours qu'elle finisse sa nuit dans le lit de ses parents et elle pleure dès que sa maman demande à quelqu'un de venir la garder, parce qu'elle doit s'absenter pour son travail.

Je me rappelle que sa mère nous faisait les mêmes scènes : je suis enseignante, comme ma fille, et j'ai toujours eu beaucoup de mal à me détacher de mon enfant, jusqu'à ce qu'elle ait sept ou huit ans. Par la suite, en revanche, ma fille est devenue très autonome et très indépendante. Pensez-vous que ma petite-fille suit les traces de sa mère ?

Votre petite-fille, comme beaucoup d'enfants, a des difficultés à se séparer de ses parents. C'est cette difficulté qu'elle met en scène au moment où elle doit aller à l'école. Le besoin de cette représentation est particulièrement évident. Or cette évidence a précisément une signification qui me semble intéressante. Sa modalité, les pleurs, est sans doute la plus simple pour un enfant de cinq ans, qui ne parvient pas encore à traduire ses émotions par des mots.

D'autre part, qu'y a-t-il de plus libérateur que des pleurs, pour chasser avec des larmes toutes les peurs ! Au lieu de le percevoir de façon négative, il faudrait considérer son défoulement comme un besoin et l'accepter comme tel, non sans avoir expliqué à votre petite-fille que sa maman avait les mêmes difficultés quand elle était petite. Être l'enfant d'une enseignante, qui s'en va chaque matin retrouver d'autres enfants, n'est probablement pas facile à accepter, surtout en raison de la jalousie légitime que cela peut engendrer. Il me semble logique que votre fille ait éprouvé ces sentiments, mais il est possible qu'elle ait projeté inconsciemment sur votre petite-fille ses peurs infantiles d'autrefois. Ainsi, la nuit, dans le lit conjugal, se retrouveraient les peurs de deux personnes qui ont des difficultés à se séparer.

Il est probable que les messages de votre fille, quand elle demande à son enfant de rester seule, soient ambivalents, du genre : « Essaye d'y arriver, mais si tu n'y arrives pas, je te comprends, parce que moi aussi j'étais comme ça. » Ainsi, tout dépend de la conviction avec laquelle on s'adresse à un enfant. Quoi qu'il en soit, leur raconter leur histoire familiale peut les aider à se sentir moins seuls et moins singuliers.

Comment habiller des jumeaux ?

Ma fille a eu des jumeaux, des petits garçons, qui ont actuellement six mois. Je fais tout ce que je peux pour aider ma fille et je m'amuse à leur tricoter des layettes. Elle m'a demandé de tricoter des habits de couleurs différentes, parce qu'elle pense qu'il est important que l'on puisse les différencier. Est-ce qu'il est important de les distinguer le plus tôt possible ?

Votre fille a raison, les jumeaux doivent être différenciés dès qu'ils sont tout petits, autrement, ils risquent de ne pas pouvoir affirmer leur autonomie. Entre eux, s'est instauré dès la grossesse un dialogue intime qui est sûrement protecteur, mais qui risque de les enfermer dans un univers clos. En général il y a toujours un des jumeaux qui est dominant et cela n'est pas souhaitable, ni pour l'un ni pour l'autre.

Le jour où ils entreront à la crèche ou à l'école, il est important qu'ils aillent dans des classes différentes, afin qu'ils ne soient pas en compétition et qu'ils aient une expérience différente. Si on ne les habitue pas à se vivre comme des personnes autonomes et distinctes, après la puberté, ils risquent de connaître des conflits terribles et de supporter difficilement de ne pas tout partager : amitiés, amours, etc. Qu'ils soient jumeaux ou frères, je crois que les enfants doivent être perçus comme des personnes avec des individualités différentes et qu'ils ne doivent jamais être comparés entre eux. J'ai l'impression, en revanche, que bien peu d'adultes ont échappé, lorsqu'ils étaient enfants, à la fâcheuse habitude des comparaisons familiales.

Il refuse de faire ses besoins en mon absence

Mon petit garçon de quatre ans a un problème que je ne parviens pas à résoudre. Il n'accepte de faire caca qu'en ma présence et seulement dans une couche. Mis à part ce problème, c'est un enfant très éveillé. Il va à la crèche depuis qu'il a un an et demi et il m'a toujours paru serein. Je travaille, par conséquent, je suis ravie de voir que, d'une façon générale, c'est un enfant autonome. J'ai d'autant plus de mal à comprendre les raisons de cette difficulté.

Les difficultés que rencontre un enfant servent parfois à nous indiquer qu'il est en train de vivre quelque chose d'important, qu'il ne peut exprimer que par son comportement et son corps, précisément parce qu'il est petit.

Apparemment, votre fils répond à votre désir de le voir indépendant et éveillé dès son plus jeune âge mais, par ce symptôme, sans doute cherche-t-il aussi à vous faire comprendre qu'il n'est pas disposé à renoncer si facilement à l'attention de sa maman et qu'il n'est pas encore prêt à assumer le « statut » d'un enfant autosuffisant.

Votre fils a probablement senti que vous désiriez un enfant « indépendant », or il craint peut-être qu'en répondant à vos attentes, vous le considériez comme un « grand » et ne lui accordiez plus votre attention. Ce comportement symptomatique révèle, en réalité, un lien très fort entre vous, peut-être même un comportement tyrannique de part et d'autre, mais en même temps une difficulté à grandir, une demande d'attention parce que votre enfant se sent incapable de se séparer de vous. Il est possible que, inconsciemment, vous lui proposiez un schéma familial que vous avez déjà vécu, un lien primitif non équilibré et non satisfaisant, qui rendrait difficile la relation avec votre fils. Pourtant, votre fils, dans ce contrôle désespéré de la situation, vous demande de penser à lui.

Bien que vous soyez la destinatrice principale de sa demande d'attention, au cours de cette phase, la figure du père est essentielle, car c'est lui qui doit aider le fils et la mère à se séparer en se donnant comme une figure identificatrice autre que celle de la mère.

À onze ans, elle se comporte comme un bébé

Ma fille a onze ans et elle se comporte comme un bébé. Chaque fois que je lui demande de m'aider pour ses deux petites sœurs jumelles nouveau-nées, on dirait qu'elle est prise de panique. Je ne peux pas avoir confiance en elle. Le soir, je suis obligée de la surveiller pendant qu'elle fait ses devoirs, parce que si je ne suis pas derrière elle, elle oublie de les faire. C'est moi qui choisis encore ses habits. En fait, c'est une enfant très passive et bien qu'elle ait onze ans, elle ne me demande jamais de sortir avec ses amies, le samedi après-midi. Elle mesure un mètre soixante et elle se comporte comme une enfant de six ans. Comment l'aider à devenir plus autonome ?

Essayons de nous mettre un peu dans la peau d'une petite fille qui, après avoir vécu pendant des années une relation d'amour privilégiée, a peur de perdre cet amour. Même si elle a été préparée et rassurée par ses parents, elle ne peut qu'avoir peur à l'idée de ne plus être au centre de l'attention de ses parents et, puisque c'est ce qui se produit, dans un premier temps, elle ne peut qu'éprouver des sentiments conflictuels à l'égard de l'objet d'amour primaire et de celui ou de celle qui a entamé son paradis.

Quiconque a éprouvé un jour ce sentiment sait à quel point la jalousie peut conduire parfois jusqu'au désir d'éliminer physiquement le rival. C'est pourquoi il ne faut jamais sous-estimer la portée de cette pulsion, qui peut s'exprimer comme telle ou bien être sublimée par des comportements comme la régression que vit actuellement votre fille. En se transformant inconsciemment en un bébé dont il faut s'occuper, votre fille parvient à nier la partie la plus adulte et douloureuse d'elle-même, celle de la petite fille qui a besoin de l'attention de ses parents. Grandir signifie pour elle perdre ce qu'elle est en train de chercher de façon illusoire. D'autre part, la régression constitue un mécanisme de défense pour surmonter des moments difficiles comme celui-ci.

Ne la faites pas grandir trop vite. Aujourd'hui, on a tendance à considérer les enfants de dix ans comme des adolescents et les adolescents de quinze ans comme des adultes. Mais la maturité a besoin de temps. Chaque enfant grandit à son rythme. Pourquoi demander à votre fille d'être autonome, alors qu'elle n'est pas encore prête ? Son apparence physique ne correspond pas à son développement affectif et psychologique. Même si elle est plus grande que ses sœurs, elle a le droit de montrer ses faiblesses et de s'amuser. L'aîné est porteur de toutes les attentes, mais faites attention à ne pas trop lui en demander. Et cela, même si vous pensez qu'elle est suffisamment intelligente pour pouvoir faire les petites tâches que vous lui demandez.

Soyez patiente, aidez-la surtout à avoir confiance en elle, en lui demandant de vous rendre des petits services, mais ne vous attendez pas à ce qu'elle soit comme vous, parce que là n'est pas la question. Lorsqu'elle se sentira respectée, y compris dans son besoin de réassurance, ce sera elle qui acceptera de passer à une nouvelle phase de son existence en comprenant les avantages qu'elle pourra en tirer.

Elle ne veut pas prendre son bain

Je vous avoue que je ne supporte plus ma fille Julie, qui fait des caprices incroyables à chaque fois qu'elle doit prendre son bain et qu'elle doit s'habiller. Pourtant, quand elle est à la maternelle, elle ne fait pas toute cette comédie, d'ailleurs, elle n'est pas non plus aussi capricieuse lorsque c'est son papa qui la lave et qui l'habille (malheureusement rarement).

Je perds patience, j'ai essayé tous les registres, je me suis montrée tolérante, compréhensive, sévère, stricte, mais il n'y a rien à faire, je crois que ma fille et moi nous ne nous entendons vraiment pas. Pourtant, je me suis totalement consacrée à elle, également parce que dans cette ville où je vis actuellement, je ne connais personne et que ma famille habite très loin. Je me sens triste et fatiguée, je ne sais pas si c'est à cause de cet état de tension nerveuse qui me fait voir tout en noir ou bien si c'est le caractère infernal de Julie, qui me rend la vie impossible...

Il y a beaucoup d'autres mamans isolées comme vous, qui élèvent leurs enfants et qui se sentent tristes et seules. Peut-être avez-vous été trop proche de votre enfant. Actuellement, Julie a sans doute besoin d'une plus grande autonomie pour exprimer ses choix et se libérer d'une mère omniprésente. Laissez-la jouer toute seule dans la baignoire avec son corps et décider du choix de ses vêtements, d'autant qu'elle peut très bien commencer à s'habiller toute seule.

Il y a sûrement une certaine compétition entre vous, car l'attitude différente de Julie avec son père ou à la crèche me laisse penser que c'est dans votre façon de communiquer avec elle que réside la source de cette tension insupportable.

S'il est certain que Julie est une petite fille tyrannique, il n'en est pas moins vrai que vous vous laissez tyranniser, peut-être parce que vous n'avez pas suffisamment de relations sociales et d'occasions d'échange, mis à part ce rapport trop étroit avec elle. C'est trop peu pour une jeune femme comme vous, qui avez certainement d'autres centres d'intérêt.

Sortez de chez vous et essayez de ne pas déprimer comme vous le faites actuellement, expliquez à Julie les difficultés que vous rencontrez dans cette ville qui n'est pas la vôtre, parlez-lui de la petite fille que vous étiez, en essayant de rompre la routine du quotidien. Il est normal qu'à son âge Julie préfère son papa et qu'elle vous perçoive parfois comme une rivale sans que vous vous sentiez obligée de ressentir cela comme un affront personnel.

Je sens malgré tout que, par son comportement, Julie vous demande de vous occuper d'elle, mais d'une autre manière. Quant à savoir de quelle manière, je crois que vous devriez prendre un peu de temps pour vous, afin de trouver la juste distance pour remplir pleinement votre rôle de maman et pour retrouver cette confiance que, paradoxalement, Julie vous réclame par ses caprices.

Le sentiment d'abandon et la mort

Comment aider les proches d'un suicidé ?

Mon frère a décidé récemment de mettre fin à ses jours, après une vie de souffrances, liées à un état de dépression profonde. Sa femme et ses enfants, adolescents, sont anéantis par la douleur et moi-même j'ignore quel sens donner à ce geste pour les aider à surmonter cette épreuve. Que puis-je faire pour soulager une si grande douleur ?

Je pense qu'il importe de donner un sens au geste de votre frère, qui va bien au-delà de son état dépressif et qui doit sans doute être recherché dans votre histoire familiale.

Cherchez parmi vos ancêtres, tant du côté maternel que paternel, et tentez de découvrir le mystère, car il existe certainement une faille qui s'est transmise de génération en génération et qui a trouvé chez votre frère la victime sacrificielle. Certes, ce ne sera pas une quête facile, mais chacun de nous a une mission familiale dont, le plus souvent, nous n'avons pas conscience, mais qui nous dirige et nous oriente vers des voies ou des décisions qui transcendent notre volonté. Voilà pourquoi les secrets de famille, les « non-dits » transgénérationnels, pèsent parfois si lourd sur nous.

C'est sans doute ce qui s'est produit dans le cas de votre frère et je crois qu'il est important de respecter le mystère de son geste qui, quoi qu'il en soit, a nécessairement une signification.

Le sentiment de responsabilité que vous éprouvez actuellement pour sa famille correspond peut-être au désir de votre frère que vous sentez devoir exaucer. Interprétez-le comme un message et restez en communication avec lui. Ouvrez-vous à lui, avec l'intelligence du cœur, qui peut capter des messages subtils, et vous verrez que vous parviendrez à instaurer un dialogue avec lui et à donner un sens à son geste. Par la suite, vous pourrez le communiquer également à vos neveux, lesquels ont le droit de vivre une existence et une histoire moins troubles que celles de leur père.

Peut-il voyager avec nous à un an ?

Nous avons un petit garçon, Nicolas, qui aura bientôt un an et qui est beau, souriant et très sociable. Cet été, mon mari et moi, nous envisageons de faire un grand voyage et nous nous demandions si, à son âge, Nicolas pouvait supporter une telle expérience ou bien s'il n'était pas plus sage de le confier à ses grands-mères. Je me demande si une séparation de plusieurs semaines ne risque pas d'être trop longue pour un enfant de son âge.

Je pense qu'il vaudrait mieux suivre votre instinct, lequel, jusqu'à présent, vous a très bien guidée, en vous aidant à faire de votre enfant un petit être serein et sociable.

Nicolas, cependant, est trop petit pour supporter une séparation d'un mois. À cet âge-là, les enfants sont encore dans une phase de symbiose avec leur maman, ils sont totalement dépendants d'elle, ils ont besoin de son regard, de sa voix, de son odeur. Au cours de cette phase si décisive, tous les mots et les gestes que s'échangent la mère et le bébé constituent la base de la future identité de l'enfant. Plus ces échanges sont constants et satisfaisants, plus cette structure sera solide.

Chez le tout petit enfant, toutefois, cette structure d'échange doit demeurer une référence stable, sauf, bien entendu, pour quelques courtes périodes, dont on prendra soin d'expliquer la nécessité à l'enfant. Je pense, par exemple, à certains déplacements quotidiens indispensables ou à des séparations de quelques jours, car lorsque l'enfant est soumis à de très longues séparations, l'absence de ses références fondamentales peut entraîner une fragilité structurelle, qui peut mettre en péril sa relation avec le monde extérieur. Si Nicolas avait deux ans, il serait déjà entré dans une phase de séparation, en acquérant, avec la capacité de marcher et de s'exprimer, la possibilité de verbaliser son refus éventuel. À l'âge de deux ans, bien que la référence maternelle soit toujours importante, elle n'est plus aussi indispensable que lorsque l'enfant a un an.

À cet âge-là, l'enfant peut sembler peu attentif, nous avons l'impression de pouvoir le distraire facilement, en réalité, c'est exactement le contraire, sauf qu'il ne peut pas exprimer son angoisse, sinon par une modification de ses rythmes fondamentaux, comme le sommeil ou l'alimentation, ou par des réactions qui se manifestent après des mois, voire des années, ce qui permet plus difficilement d'en comprendre les causes.

Si vous vous en sentez capable, pourquoi ne pas l'emmener avec vous ?

Il m'ignore quand je rentre à la maison

Pourquoi Maxime, mon petit garçon de quatre ans, m'ignore-t-il quand je rentre du travail ? Le matin, il déchire avec rage tous les dessins que je laisse sur sa table de nuit pour qu'il sache que je pense à lui et, au moment où il doit me quitter pour aller à la crèche, il pleure toutes les larmes de son corps et s'accroche à mes jupes. Son attitude me semble d'autant plus incompréhensible que je fais tout ce que je peux pour lui faire plaisir, en étant même un peu trop disponible...

C'est précisément votre trop grande disponibilité qui permet à Maxime de penser qu'il est tout-puissant et qu'il peut disposer de vous comme bon lui semble. Il est probable qu'au lieu de sentir que vous lui imposez des limites, il perçoive votre sentiment de culpabilité, ce qui le rend encore plus tyrannique. Son comportement n'est pas « incompréhensible », au contraire. Maxime est en colère contre vous, parce qu'il se sent abandonné et qu'il prétend que vous respectiez absolument ses désirs, lesquels sont précisément ceux d'un enfant qui traverse cette phase délicate de la séparation, pour devenir un individu capable de vivre avec les autres.

Pourquoi ne pas lui parler de votre travail, en lui faisant comprendre à quel point il est important et nécessaire pour vous ? On croit souvent que les enfants comprennent d'emblée nos obligations, en fait, tout cela demande du temps, il faut que les parents prennent le temps de leur parler de leurs projets et des difficultés émotionnelles qu'ils devront affronter. Si vous parlez à Maxime de sa peur d'être abandonné, il se sentira rassuré et cette peur ne restera pas enfouie en lui comme une menace confuse.

Comment avez-vous vécu vous-même les différentes phases de séparation d'avec vos parents, avez-vous fini par vous sentir apaisée et rassurée ou bien, au contraire, avez-vous gardé en vous un sentiment de manque et de vide affectif ? Vos émotions sont importantes et doivent être prises en considération, n'oubliez pas que votre fils les perçoit parfaitement à un niveau inconscient.

Dans votre lettre, vous ne me parlez pas du père, j'ignore donc quel est son rôle dans cette expérience.

Généralement, quand un enfant est si attaché à sa mère, cela signifie qu'il prend toute la place laissée libre par le père. Maxime, en ce moment, aurait besoin de quelqu'un qui le comprenne et qui l'aide à se séparer de sa maman. N'oubliez pas que cette phase de transition, aussi difficile pour vous que pour lui, représente une étape décisive pour sa future vie scolaire et affective.

Comment aider notre fille à surmonter l'épreuve de l'hôpital ?

Notre fille Michelle, qui a trois ans, sera hospitalisée dans deux mois, pour une opération à cœur ouvert. Nous savons déjà qu'elle restera longtemps à l'hôpital, qu'elle passera plusieurs jours en réanimation et que, durant cette période, nous n'aurons pas le droit de lui faire de longues visites. Comment pouvons-nous l'aider pour que cette épreuve ne lui laisse pas un souvenir trop douloureux ? Je crains de lui transmettre mes peurs, alors que je devrais être le plus fort...

Je pense qu'il est normal d'être angoissé devant des mots comme « opération à cœur ouvert », même si ce type d'intervention est aujourd'hui assez fréquent et n'est plus considéré comme dangereux. Je crois que les parents sont avant tout sensibles à la signification symbolique du mot cœur, comme siège des sentiments.

Ce qui compte, c'est que Michelle aura une meilleure qualité de vie et que ses problèmes physiques disparaîtront. Commencez à parler avec elle de ce qui l'attend et du fait que, pendant quelques jours, vous ne pourrez la voir qu'à travers une vitre. Certes, ce sera aussi pénible pour vous que pour elle, mais même si Michelle risque de pleurer, il vaut mieux être présent et près d'elle que de rater ce rendez-vous en pensant éviter ainsi des tensions.

Il est préférable pour un enfant de voir ses parents, même émus et en larmes, que de ne pas les voir et de croire qu'ils l'ont oublié. Puisque la période d'hospitalisation sera longue (et n'oubliez pas qu'un enfant trouve toujours le temps beaucoup plus long qu'un adulte), pour l'aider à s'insérer dans son nouveau milieu, à appréhender ce nouvel espace, fait de personnes, de lumières et d'odeurs différentes, il serait bon de lui apporter des objets familiers. choisis par Michelle, mais aussi, par exemple, un vêtement, un pyjama imprégné de l'odeur de sa maman, afin qu'elle puisse « sentir » sa présence dans des moments de découragement. J'espère que sa maman pourra dormir à ses côtés à l'hôpital. C'est seulement ainsi que, à cet âge-là, un enfant peut supporter, sans traumatismes, une épreuve si difficile pour toute sa famille. Durant la journée, en revanche, Michelle profitera des stimulations et de l'entourage différent de l'hôpital. Votre fille et vous-mêmes vous apprêtez à vivre une expérience importante dont vous ressortirez tous grandis.

Je suis une mère âgée

Je suis une mère de quarante-six ans. J'ai accouché d'une petite fille, il y a trois ans, alors que mon aîné était déjà grand. Il m'arrive souvent de penser à l'âge que j'aurai quand ma fille sera adolescente et j'ai peur qu'elle puisse avoir honte de moi. Mon mari, lui, ne s'inquiète pas du tout et je vivrais sans doute les choses autrement si, depuis quelque temps, ma petite fille ne me posait pas régulièrement cette question : « Dis, maman, toi, tu ne vieilliras jamais, n'est-ce pas ? » Comment dois-je me comporter et que dois-je lui répondre ?

Tous les enfants ont peur d'être abandonnés par leurs parents et ils ont besoin d'être continuellement rassurés par rapport à cette peur primaire. Votre fille vous a posé une question parfaitement normale : elle souhaite tout simplement être rassurée sur le fait qu'elle ne restera pas seule. Pour votre enfant, la vieillesse n'a pas la même signification que pour vous. À ses yeux, la vieillesse est représentée par ses grands-parents, des personnes qui lui sont certainement chères et qu'elle aime, mais qui sont très éloignées du monde d'un enfant de trois ans. En un mot, la vieillesse pour elle est un état qui représente une distance, un éloignement, et c'est cela que votre fille, en ce moment, ne veut ni ne peut tolérer. Mais, vous, vous n'êtes ni vieille ni éloignée de votre fille. Si vous avez eu un enfant à quarante-trois ans, cela signifie que votre désir et celui de votre mari étaient forts et que ce désir a trouvé une correspondance dans votre corps. N'oubliez pas le désir tout aussi fort de votre fille de naître. En somme, c'est votre énergie vitale qui a permis tout cela. Or pour quelle raison cette énergie devrait-elle disparaître ? Pourquoi ne pas continuer à l'assumer et à l'alimenter comme vous l'avez fait jusqu'à présent, au lieu d'écouter une peur qui, me semble-t-il, correspond principalement à un schéma extérieur banal et réducteur ? Votre fille, à juste titre, vous demande de ne jamais vieillir pour vous avoir toujours à ses côtés et, lorsqu'elle aura vingt ou quarante ans, elle vous posera toujours la même question, en espérant recevoir la même réponse, qui la rassure sur votre disponibilité, votre capacité d'être à l'écoute de ses besoins.

Sa question devrait vous faire réfléchir et vous stimuler, au lieu de vous inciter à adopter des schémas de pensée réducteurs et étriqués, qui ne tiennent pas compte de votre force et de vos capacités et qui vous renvoient à des peurs et à des préjugés qui ne sont pas les vôtres. C'est de cette vieillesse-là dont votre fille a peur. Autorisez-vous sereinement à vous sentir jeune, vieille, fatiguée, effrayée et confiante, mais soyez toujours sincère avec vous-même. Je crois que telle est précisément la mère que mérite votre fille.

Angoissée depuis la mort de sa grand-mère

Il y a quelques mois, j'ai perdu ma mère. Elle était très proche de ma fille Élise. Puisque ma fille est encore très petite, elle n'a que deux ans, nous ne lui avons rien dit pour ne pas la peiner, mais nous avons remarqué que depuis quelques jours elle est angoissée ; elle ne veut plus dormir toute seule et elle garde les yeux ouverts toute la nuit. Je pense qu'elle a compris qu'il s'était passé quelque chose. Comme elle me voit triste, peut-être ressent-elle le besoin de me protéger ou de se protéger ? Mais j'ai l'impression qu'elle ne va pas bien et je voudrais l'aider.

Vous avez senti qu'Élise voulait vous protéger parce qu'elle a sans doute perçu votre chagrin, votre tristesse et que, dans le même temps, elle essaye de se protéger de la perte qui s'est produite dans son univers de peur qu'elle puisse se répéter. En observant de façon incessante sa maman, y compris la nuit, votre fille cherche à s'assurer de votre présence, car elle a peur que vous puissiez disparaître comme sa grand-mère. Son insomnie est le signe d'une angoisse d'abandon.

Je crois qu'il est important de parler à Élise de la disparition de sa grand-mère et de votre chagrin d'avoir perdu votre maman. Il vaut mieux lui dire la vérité, car les enfants ressentent que nous sommes angoissés par les questions qu'ils risquent de nous poser et par tout ce que nous nous interdisons de leur dire de peur de les traumatiser.

Pour un enfant, le silence est souvent plus traumatisant qu'un discours sur la perte ou sur l'abandon. Ainsi, par exemple, lorsque des parents sont obligés de quitter leur enfant pour un temps indéfini et qu'ils partent sans le prévenir, cela a des conséquences dans sa vie et pour son avenir, qui se manifestent sous la forme d'une névrose d'abandon.

Dans certains cas, il peut s'agir de parents très prévenants qui, de peur de traumatiser leur enfant ou pour éviter qu'il ne pleure, partent pendant son sommeil. Ce genre de situation peut provoquer une névrose d'abandon beaucoup plus grave que lorsque l'enfant sait qu'il a été abandonné réellement et légalement. La névrose de l'enfant dans ces cas-là naît du silence des parents, qui vivent leur geste comme un abandon, si pénible et si douloureux qu'ils préfèrent éviter d'en parler.

Lorsque les parents, en revanche, parviennent à dire à leur enfant qu'ils sont obligés de le quitter momentanément, mais qu'ils reviendront le chercher plus tard, alors la souffrance verbalisée et, donc, « humanisée », permet aux parents d'exprimer leur peine et de comprendre le chagrin de leur enfant.

Quand vous direz à Élise que sa grand-mère est morte, votre enfant se sentira plus calme et parviendra sans doute à vous poser plus facilement des questions et à vous parler de sa peur de la mort. Nous avons tous peur de la mort, l'important, c'est de le reconnaître et d'accepter d'en parler.

A-t-il compris que son grand-père est mort ?

Nous avons attendu quelque temps avant d'annoncer la mort de son grand-père à notre petit garçon de trois ans. Sur le moment, nous n'avons pas eu le courage de lui annoncer cette triste nouvelle, peut-être aussi par peur de ne pas trouver les mots justes. Finalement, nous avons décidé de lui en parler le plus simplement possible. Mais, depuis un mois, mon petit garçon a un comportement étrange. À chaque fois que nous rentrons à la maison, il s'arrête sur le seuil de la porte et me demande si son grand-père est là. Quand je lui réponds qu'il n'est plus là, il prend un air pensif, entre dans la maison, se dirige vers la chambre de ma belle-mère, où se trouve la photo de son grand-père, et il lui donne un baiser. Il répète toujours le même rituel et je n'arrive pas à savoir s'il a compris ou pas. Hier, il a demandé à sa grand-mère où était allé son grand-père. Sa question si précise, alors que nous lui avons dit que son grand-père, à présent, est au ciel, a beaucoup troublé ma belle-mère. Je ne sais pas trop quoi penser, mais je ne voudrais pas le choquer en lui parlant d'un sujet qu'il ne peut pas encore comprendre.

Les enfants ont une relation beaucoup plus familière que les adultes avec la mort ou plutôt avec la notion de « séparation ». Essayez d'imaginer ce qui se passe dans la tête d'un nouveau-né lorsque sa maman sort de sa chambre. À cet instant précis, sa maman n'existe plus, elle disparaît de son champ de vision et, donc, elle meurt. Avec le temps, le bébé parviendra à incorporer, c'est-à-dire à « introjecter » la figure maternelle. Au début, il mettra éventuellement son pouce dans la bouche pour supporter son absence ou sa peur de la perdre et pour se rassurer à l'idée qu'elle reviendra.

Le sentiment de perte est donc parfaitement familier à l'enfant, c'est un sentiment naturel, qui appartient à ses toutes premières expériences de la vie. Il n'en reste pas moins un sentiment douloureux. Du reste, il n'est peut-être rien de plus douloureux pour un être humain que le sentiment de perte et d'abandon.

Votre fils est en train de faire le deuil de son grand-père chéri. Le rituel dont vous me parlez l'aide à imaginer, et sans doute à espérer, que son grand-père sera bientôt de retour. Quand vous lui dites qu'il n'est pas là, il veut, en quelque sorte, vérifier si c'est vrai. Embrasser la photo de son grand-père lui procure un certain soulagement, tel le pouce que le nouveau-né introduit dans la bouche. Ce baiser est aussi une façon d'accepter petit à petit son absence, de se rassurer ou de se laisser rassurer par ce geste.

Quoi qu'il en soit, grâce à ce rituel votre enfant a un

rôle actif qui lui permet de supporter un sentiment de vide et de dépression. Votre enfant commence à demander à sa grand-mère où est allé son grand-père. Par ses questions, je crois qu'il est en train de l'aider à élaborer une perte difficile. Aller au cimetière peut s'avérer aussi important pour l'enfant que pour sa grand-mère. Pour votre fils, si sensible et intelligent, qui veut savoir où est son grand-père actuellement, je ne pense pas que le fait d'aller sur sa tombe soit traumatisant. S'il vous a posé des questions, c'est qu'il se sent prêt et qu'il veut entendre la vérité.

N'est-elle pas attachée à son père ?

Mon mari et moi traversons une phase difficile. Depuis qu'il a recommencé à boire, tout dialogue entre nous est devenu impossible. J'ai été très surprise par la réaction de notre fille de quatre ans qui, l'autre jour, s'est approchée de son papa et lui a dit : « Si tu t'en vas, maman trouvera un autre papa. »

Mon mari l'a plutôt mal pris, mais la petite lui a parlé d'une façon si calme et si posée que, devant tant d'assurance, il n'a pas su quoi répondre. Comment peut-elle dire des choses pareilles ? Est-ce qu'elle n'est pas attachée à son père ?

J'ai l'impression que votre fille a décidé de prendre la situation en main, avant qu'il ne soit trop tard.

Elle voit que son père boit, que sa mère est triste, elle sent qu'une catastrophe imminente est sur le point de se produire et elle tente, à sa manière, de remettre un peu d'ordre autour d'elle, pour faire face aux tensions qui l'entourent.

Votre petite fille est certainement attachée à son père, mais les enfants cherchent avant tout à satisfaire des besoins primaires, lesquels sont essentiellement un besoin de continuité et d'ordre. Pour votre petite fille, la peur incessante de la perte est plus douloureuse qu'une perte dont elle ignore la signification. Dans sa logique égocentrique, remplacer son papa par un autre homme vous apporterait un soulagement, tout en lui procurant un point de référence plus stable car, actuellement, elle perçoit son père comme une personne fragile qui risque de vous quitter.

Le fait que cette enfant ait exprimé son opinion est une bonne chose, cela signifie qu'elle est habituée à dire ce qu'elle pense et à être écoutée, ce qui ne l'autorise pas pour autant à prendre des décisions qui ne la concernent pas. Elle s'est adressée à son papa, parce qu'elle le sent fragile et elle le provoque parce qu'à ses yeux il n'assume plus un rôle de référence stable. En réalité, elle a besoin d'être confortée par son papa. Les enfants nous provoquent lorsqu'ils ont peur et qu'ils ont besoin d'être rassurés. C'est ce que fait votre fille. Ce qu'elle vous demande, à sa manière, c'est que tout rentre dans l'ordre. Il faut que vous lui parliez de ce qui se passe dans votre couple et que chacun de vous retrouve son rôle parental, comme elle vous le demande.

L'agressivité et les comportements autoagressifs. Opposition, hyperactivité, timidité

Il ne tient pas en place

Mon petit garçon de trois ans est déchaîné. Il n'arrive pas à rester en place une seconde. Même à la crèche, les puéricultrices n'en peuvent plus. Le matin, lorsque je l'accompagne, il fait des caprices insensés et il me demande sans cesse de faire un dernier tour dans la rue. Tous les prétextes sont bons pour rester le plus longtemps possible avec moi. Quand je vois à quel point il est anxieux, je me demande si je ne devrais pas remettre son inscription à la crèche à l'année prochaine, le temps qu'il mûrisse un peu.

Votre fils est en train de vous faire clairement comprendre qu'il n'est pas à son aise dans un milieu qui lui est si étranger, où il doit partager ses jeux et ses pensées avec d'autres enfants et où il ne peut pas commander les puéricultrices comme il a l'habitude de le faire avec sa maman.

Je serais tentée de penser que les messages que vous lui adressez ne sont pas toujours clairs, pour ne pas dire contradictoires, du genre : « Ne fais pas cela », mais en même temps vous le laissez faire, par épuisement, ou bien : « Dors dans ton lit », tout en pensant : « J'aimerais bien t'avoir près de moi. »

Si les propos que nous tenons sont exprimés avec conviction, alors l'enfant parvient à les comprendre, dans le cas contraire, il tend à percevoir le message inconscient qui, finalement, est toujours plus proche de la vérité.

Ainsi, par exemple, une maman m'expliquait récemment que son fils de trois ans était très turbulent. Apparemment, cette femme semblait donner des limites raisonnables à son enfant et il était difficile de penser qu'une mère aussi sensible et attentive ne parvenait pas à contrôler cette furie déchaînée. C'est seulement après avoir longuement parlé avec elle, que cette jeune femme s'est souvenue de la mort tragique de sa mère, qui était survenue précisément lorsqu'elle avait trois ans. Tout à coup, elle se rappelait avoir vu sa mère recroquevillée par terre et être restée allongée à ses côtés pour savoir si elle respirait encore.

Cette immobilité, qui évoquait chez elle un souvenir traumatique, était à l'opposé du comportement de son fils : un mouvement perpétuel pour conjurer le calme, qui, inconsciemment, était vécu par cette femme comme un signe d'alerte et donc de mort. Elle-même m'a confié, par la suite, que la nuit elle contrôlait presque toujours le souffle de son enfant.

Ainsi, il n'est pas rare que le symptôme de l'enfant constitue une réponse à une question inconsciente des parents. Dans ces cas-là, ce sont d'abord les parents qui doivent être aidés, si l'on veut libérer l'enfant d'une « détermination » familiale souvent douloureuse.

Bien entendu, chaque enfant a une histoire différente et j'ignore ce qui se passe dans votre famille. N'oubliez pas, cependant, que si votre fils est si agité, paradoxalement, cela signifie qu'il a besoin d'être davantage contenu, non seulement physiquement, mais y compris par une disponibilité et une écoute différentes. Quand vous le sentirez plus calme, efforcez-vous de lui parler et surtout d'écouter ce qu'il dit. Essayez également de réfléchir à ce que signifie pour vous le fait de lui donner des limites, si vous jugez que cela est juste, et à la façon dont vous avez vous-même vécu l'obligation de respecter des limites. Racontez votre histoire à votre fils, parlez-lui de l'enfant que vous étiez, de ce qui vous faisait peur et de ce qui vous rassurait.

Il maltraite le chat

L'autre jour, j'ai surpris mon fils Alexandre, de six ans, alors qu'il maltraitait le chat en le pinçant très fort. Je me suis mise en colère et j'ai commencé à lui infliger le même traitement, de façon qu'il ressente physiquement ce qu'il était en train de faire à cette pauvre bête.
Mon mari m'a critiquée et cela a donné lieu à une discussion entre nous sur son éducation.

Je voudrais vous poser une question : ce chat est-il le premier martyr tombé dans les mains d'Alexandre ou bien la dernière d'une longue série de victimes ?

En ce qui concerne la punition que vous avez infligée à votre fils, je crois que le fait de se comporter avec un enfant de manière aussi sadique que lui présente le risque qu'il pousse la perversion jusqu'à prendre goût aux sensations fortes qu'il éprouve, aussi bien lorsqu'il est l'auteur de ces sévices que lorsqu'il les subit. Heureusement, Alexandre est déjà un grand garçon et je ne pense pas que cet épisode isolé puisse avoir des répercussions. À son âge, il est déjà parfaitement en mesure de comprendre que ce genre de comportement est inadmissible et son père est probablement la personne la mieux indiquée pour le lui apprendre.

Je crois qu'il vaut mieux éviter de faire subir aux enfants, en particulier lorsqu'ils sont très jeunes, ce qu'ils s'amusent à faire aux autres.

Leur agressivité à l'égard des animaux est souvent une manière de se venger du fait d'être petits et sans défense, et de se sentir, à tort ou à raison, victimes de leurs camarades plus grands. Il arrive que certaines images de films demeurent gravées en eux et aient besoin d'être mises en acte pour s'effacer de leur esprit.

Ce genre d'attitude est la conséquence d'une émotion violente que l'on ne parvient pas à élaborer. C'est précisément pourquoi les adultes devraient faire davantage attention aux réactions d'un enfant et à la réalité qu'il est en train de vivre, afin de l'aider à identifier les peurs qui l'amènent à se défouler sur les plus faibles et les plus démunis.

Colère et tyrannie le jour, peur la nuit

Pourquoi André me mord-il ou me frappe-t-il si violemment qu'il me laisse des marques sur la peau ? Il n'a que trois ans et j'ai déjà peur de lui. Parfois, en revanche, il m'enlace très fort, il s'accroche à moi et il ne veut plus me lâcher. Le soir, par exemple, il veut dormir dans mon lit et je le couche volontiers entre mon mari et moi, en le laissant m'enlacer, afin que par cette attitude câline, il répare ce qu'il a fait durant la journée.

Je me rends compte que je suis une maman un peu « gâteau », un peu beaucoup peut-être, je suis incapable de lui refuser quoi que ce soit, également parce que je suis une enfant adoptée et que je ressens le besoin de donner à mon fils ce que je n'ai pas eu lorsque j'étais petite. Mais pourquoi, malgré tant d'amour, se comporte-t-il d'une manière si tyrannique avec moi ?

Être une enfant adoptée, comme vous me le dites, suppose un abandon à un âge précoce, avec les sentiments de peur et de colère qui vous ont probablement accompagnée longtemps et qui, lorsqu'ils ne sont pas élaborés grâce à un travail thérapeutique, demeurent très souvent présents, même à l'âge adulte.

Peur de l'abandon, d'une perte de référence affective, colère d'avoir été abandonnée, sentiment de découragement et d'insuffisance pour avoir été rejetée ; à présent, ces émotions douloureuses, vous semblez les reconnaître chez votre fils, avec une dynamique apparemment étrange : colère et tyrannie le jour, sentiment de culpabilité et besoin d'être rassuré la nuit.

Lorsque vous dites être une maman « gâteau », c'est peut-être parce que vous projetez sur votre fils le fait d'avoir été une petite fille privée de l'amour maternel et que vous ne voulez pas qu'il éprouve cette même frustration, qui s'est inscrite si douloureusement dans votre histoire. C'est pour cette raison que vous ne parvenez pas à lui donner des limites et donc à le contenir. Mais un enfant qui n'a pas de limites est un enfant en souffrance, qui se sent déchiré entre un sentiment de toute-puissance et la peur qui s'ensuit de dominer les autres et de rester tout seul. Lorsqu'il vous frappe et vous mord, il essaye désespérément de se donner les limites que vous ne savez pas lui inculquer. Quoi qu'il en soit, sa colère doit être entendue comme une demande extrême, car, paradoxalement, il vous demande de ne pas le laisser être le plus fort, il vous rappelle à votre rôle de parent, afin que vous repreniez le contrôle de la situation.

J'ai l'impression que, en un certain sens, votre fils se défend contre une maman intrusive, qui projette sur lui une histoire qui n'est pas la sienne. Ce n'est pas lui, la petite fille abandonnée qui a besoin d'être consolée la nuit, ce n'est pas lui, la petite fille pleine de colère parce qu'elle a été abandonnée par sa maman. Son histoire est différente, il a une mère et un père, qui sont près de lui et qui doivent lui imposer certaines frustrations, qui l'aideront à grandir d'une façon harmonieuse.

Faites-vous aider par votre mari pour trouver la bonne distance et autorisez-vous à demander une aide psychologique au cours de cette phase de développement si délicate tant pour votre enfant que pour vous-même.

Les enfants sont aussi violents que les adultes

Je suis éducatrice et, actuellement, je fais un stage dans une école. Ma tâche est d'assister la maîtresse mais surtout de surveiller les enfants pendant la récréation. Or j'ai été profondément bouleversée de voir tout ce qui se passe entre eux dès qu'on leur permet de faire ce qu'ils veulent.

Il y a beaucoup de violence en eux, ils s'adonnent à des jeux incessants d'humiliation et de rivalité au détriment des plus faibles. J'ai dû intervenir à plusieurs reprises pour les calmer, autrement je ne sais pas ce qui aurait pu arriver. Les petites filles semblent plus calmes, davantage disponibles à venir en aide aux plus faibles.

En tant qu'éducatrice, quel comportement dois-je adopter ? Faut-il les laisser faire ou intervenir ?

Il me semble déplacé de donner des conseils à quelqu'un qui vit une expérience émotionnelle particulière, précisément parce qu'il est le témoin privilégié de certains événements. Votre émotion vous appartient et nul ne peut la juger. Je pense que cette émotion doit être pour vous l'occasion d'une réflexion. Si vous avez ressenti de la violence et de l'agressivité chez ces enfants, c'est probablement parce qu'ils ont subi eux-mêmes de la violence et de l'agressivité.

Les enfants n'acceptent de nous écouter que si nous sommes nous-mêmes capables de les écouter et surtout si nous respectons leur espace. La récréation est précisément cet espace où ils peuvent extérioriser une impulsivité qui, vu leur âge, est encore brutale et non médiatisée par une éducation morale. Je crois qu'il faut leur laisser la liberté d'organiser cet espace comme ils l'entendent. En effet, le monde des enfants est aussi violent que celui des adultes, la distinction entre un monde corrompu et un monde paradisiaque est purement illusoire.

Colère, amour, jalousie, la gamme des sentiments qu'éprouvent les enfants ne diffère en rien de la nôtre. En réalité, leurs émotions sont plus fortes au point de pouvoir marquer à jamais leur vie d'adulte.

Depuis votre observatoire, j'imagine que vous en avez vu de toutes les couleurs, amusez-vous un peu, faites comme si vous alliez au cinéma, prête à intervenir seulement en cas de nécessité. Ne vous laissez pas gagner par l'angoisse de l'éducatrice qui doit à tout prix donner des règles. S'ils en ressentent le besoin, ce sont les enfants eux-mêmes qui viendront vers vous, autrement, laissez-les se débrouiller tout seuls, quitte à ce qu'ils pleurent parce qu'ils ont reçu un coup de poing ou parce qu'ils se sont tiré les cheveux.

L'agressivité n'est pas toujours négative. Toute expérience est bonne à vivre et tous les moyens sont bons pour survivre. Quoi qu'il en soit, les capacités et les ressources dont dispose un enfant pour exprimer ses besoins sont inépuisables et une source incessante d'enseignements pour nous, adultes.

Un comportement sadique

À Noël, nous avons offert à notre fille le petit caniche blanc qu'elle désirait depuis longtemps. Sylvie a actuellement quatre ans et c'est une enfant parfaitement normale. Ce qui nous inquiète, c'est que, depuis dix jours, elle cache le chien dans les tiroirs ou dans l'armoire et nous sommes obligés de le chercher partout. Elle participe à l'expédition comme si de rien n'était, alors que nous savons très bien que c'est elle qui l'a caché.

Je lui ai expliqué que ce qu'elle faisait était dangereux pour le chien, qu'il risquait de mourir étouffé et je l'ai menacée de le donner à quelqu'un mais, dans ces cas-là, elle commence à pleurer, en me disant qu'elle ne peut pas vivre sans son ami et elle finit par me convaincre de renoncer à mes projets.

Je suis vraiment inquiète par son comportement, qui me semble un peu délirant, et je ne sais plus comment me conduire.

Sylvie a un comportement sadique avec son chien, sur lequel elle projette des sentiments conflictuels qui sont tout à fait typiques de son âge. Amour et haine se confondent parce que la ligne de démarcation entre ces deux sentiments, qui apparaît lorsque l'enfant intègre les règles inculquées par ses parents, est encore floue.

En cachant son chien, c'est elle qui se cache et qui observe de l'extérieur la réaction de ses parents devant sa disparition. Dans le même temps, elle transfère sur le chien sa peur d'être abandonnée. En agissant ainsi, ce n'est pas elle qui vit à la première personne des sentiments qui, de toute évidence, la font souffrir, mais un petit être fragile et qu'elle peut rendre heureux ou malheureux quand bon lui semble. Ce contrôle de la situation lui est probablement nécessaire pour gérer des émotions conflictuelles.

Je pense que vous devriez lui parler de ce que peut ressentir son chien quand il se sent abandonné et du soulagement qu'il doit éprouver lorsque sa petite maîtresse le retrouve enfin. Sylvie est en train d'expérimenter toute la gamme des émotions dont un être humain est capable, ce qui est parfaitement normal à son âge. Tout en protégeant le chien et sans trop la menacer, laissez-la trouver en elle ce juste équilibre qui, par la suite, formera la base et la caractéristique principale de sa personnalité.

Un enfant agité

J'ai un petit garçon d'un an. C'est un enfant très vif et qui est souvent agité et nerveux. Il se met en colère et il hurle dès qu'il n'obtient pas ce qu'il veut. Il reste rarement assis plus de cinq minutes sur sa chaise sans trépigner d'impatience. Depuis sa naissance, il s'est toujours fait remarquer par ses crises de colère et ses hurlements, aussi j'ai eu tendance à le couver et peut-être à le gâter un peu trop. Mon mari m'a toujours reproché d'être trop faible et aujourd'hui il ne cesse de me culpabiliser en prétendant que c'est de ma faute si mon fils est insupportable.

L'histoire de l'éducation alterne entre des périodes de grande permissivité et des périodes radicalement opposées. Personnellement, je crois que les parents doivent adopter une ligne de conduite commune et décider ensemble ce qui convient le mieux à leur enfant.

Il est vrai que vos approches sont opposées et il me semble important de respecter cette différence, car il est bon qu'un enfant soit confronté à des personnalités et à des points de vue différents, vers lesquels il pourra se tourner en fonction des émotions du moment.

Vous parlez d'un enfant agité et nerveux qui ne parvient pas à rester une seconde en place. Pourquoi ne pas le laisser organiser son temps ?

Il est certain que si vous accourez pour satisfaire ses désirs à chaque fois qu'il hurle, il finira par croire qu'il est le nombril du monde et il lui sera très difficile de transformer ce qui, pour le moment, est une attitude de toute-puissance, tout à fait normale pour son âge, en une capacité d'interaction avec les autres. La personnalité de votre enfant pourra d'autant mieux s'exprimer s'il bénéficie d'un temps qu'il peut organiser à sa guise. Mais cela n'est possible que si vous lui donnez des limites et délimitez l'espace réservé à votre vie de couple. Autrement, vous serez bientôt esclaves d'un « enfant roi » insupportable et perpétuellement insatisfait.

Il y a certainement une explication à votre permissivité,

qui remonte peut-être à votre enfance. D'après votre lettre, il me semble comprendre que vous avez peur de bloquer la personnalité de votre enfant. Vous êtes-vous vous-même sentie bloquée quand vous étiez petite ?

Il arrive souvent que par leur comportement les parents cherchent à réparer un préjudice qu'ils ont eux-mêmes subi lorsqu'ils étaient petits. Prendre conscience de sa propre histoire familiale peut nous aider à devenir plus objectif, à élever nos enfants sans projeter sur eux notre propre histoire familiale et à respecter le fait qu'ils soient différents de nous.

Des comportements hostiles et méchants

Cela fait désormais plus d'un an que ma fille de cinq ans et demi s'amuse à attacher ses animaux en peluche et à leur infliger toutes sortes de sévices. Il y a quelque temps déjà, je l'ai grondée sévèrement. Je pensais que tout était rentré dans l'ordre. L'autre jour, cependant, alors qu'elle pensait que je ne la voyais pas, elle a entraîné une petite camarade dans son jeu.

L'année dernière, c'est sa grand-mère qui la gardait pendant la journée. Or je sais que, chez elle, elle avait l'habitude de jouer avec une cousine plus âgée et qui, pour des raisons que j'ignore, était visiblement perturbée. À présent, j'ai constaté une petite amélioration, mais elle continue ses petits jeux sadiques. Il y a quelques jours, je l'ai surprise en train d'allonger sa poupée sur son lit, le derrière à l'air, lui aspergeant les fesses d'eau.

Me conseillez-vous de consulter un psychologue pour enfants ?

Au cours du développement d'un enfant, on constate souvent l'émergence de pulsions destructrices, soit sous forme de fantasmes sadiques, soit comme désir de dévorer, mouiller ou détruire le corps de la mère dont il se sent privé.

Ces pulsions agressives s'accompagnent souvent chez l'enfant de la peur d'être à son tour agressé par ses propres objets. Ces manifestations peuvent revêtir une multiplicité infinie de formes, suivant la subtilité et le raffinement de son sadisme. Toutefois, si l'enfant sait qu'il existe autour de lui des personnes gentilles qui peuvent lui venir en aide, alors ses peurs s'apaisent et sont reléguées au second plan. Cette phase, qui, expliquée en ces termes, peut paraître particulièrement cruelle, est en fait une phase de transition normale, à laquelle tous les enfants sont soumis vers l'âge de deux ans.

En ce qui concerne votre fille, je crois qu'elle est restée bloquée à ce stade. Peut-être a-t-elle été fascinée par la personnalité forte et perturbée de sa cousine. Il est possible que ses comportements sadiques soient dus aux sentiments de colère qui l'habitent et qu'elle ne parvient pas à exprimer autrement. Si vous ne constatez aucune évolution, je crois qu'il serait bon, en effet, de consulter un thérapeute.

Une colère contenue

Je me suis disputée avec mon mari et comme toujours, dans ces cas-là, il a déversé sur moi sa colère et sa violence. Notre fils de quinze ans était présent et a pris ma défense. Lui d'habitude si gentil et si doux, il a sauté à la gorge de son père avec une agressivité qui m'a stupéfaite. Heureusement, mon mari l'a contenu, mais depuis ce jour-là, notre fils a changé. Chaque fois qu'il doit faire un effort physique ou qu'il s'énerve, il commence à transpirer, sa peau se recouvre de plaques rouges et il lui arrive même de vomir.

Je suis très proche de mon fils parce qu'il me protège contre son père, mais je ne parviens pas à le faire étudier et je ne sais pas comment interpréter ses réactions physiques.

Ce qui s'est produit entre votre fils et son père est grave et mérite la plus grande attention. L'agressivité réprimée débouche toujours sur une souffrance psychique ou physique. En prenant votre défense, votre fils a voulu vous protéger parce qu'il vous a sentie fragile, mais il s'est inséré indûment dans votre relation de couple.

Si vous subissez des violences de la part de votre mari, faites appel à un conseiller conjugal ou à un thérapeute, qui vous aidera à réfléchir sur votre passivité et le climat de mal-être qui règne dans votre famille. Il est aussi douloureux pour un fils d'être confronté à la violence d'un père que de voir sa mère ne pas savoir se faire respecter.

En subissant la situation, vous demandez à votre fils d'assumer un rôle de protecteur à votre égard et vous faites de votre mari un ennemi qui doit être maîtrisé, en privant votre enfant de la possibilité de trouver chez son père un soutien et une figure à laquelle il puisse s'identifier.

Est-ce que tout dialogue entre votre fils et son père est à ce point impossible ? Si ses échecs scolaires montrent un problème avec l'autorité et en particulier avec l'autorité paternelle, ils n'en révèlent pas moins une demande d'aide implicite.

Votre fils devrait consulter un psychothérapeute, de préférence un homme, car il a besoin de trouver les mots pour exprimer ses sentiments à son père au lieu de les somatiser par des plaques sur la peau. Actuellement, il vous est peut-être encore difficile d'envisager cette éventualité, l'essentiel, c'est que vous ne la considériez pas comme impossible.

Un petit garçon tyrannique

Mon neveu vient d'avoir trois ans et son comportement m'inquiète. Dernièrement, j'ai surtout été frappé par son attitude tyrannique vis-à-vis de sa maman. Ainsi, lorsque ma sœur lui demande d'obéir, il se met en colère et vomit. Son pédiatre pense que c'est un enfant hyperactif et très intelligent et nous a conseillé de commencer par lui donner raison, pour contourner l'obstacle, en évitant de l'affronter franchement, pour qu'il ne se braque pas.

En réalité, je crois que c'est tout simplement un enfant gâté. Je ne pense pas qu'il soit bon de lui laisser faire tout ce qu'il veut et j'aimerais connaître votre avis à ce sujet.

En outre, ma sœur attend un enfant depuis trois mois et, lorsqu'elle a dû rester à la maison, pour des raisons de santé, son fils n'a rien trouvé de mieux à faire que de lui sauter sur le ventre. Finalement, depuis quelques jours, il va à la crèche, ce qui, au début, semblait beaucoup le réjouir, mais j'ai entendu dire qu'il s'était déjà bagarré avec un enfant ou, tout du moins, emporté violemment contre lui. Est-ce que tout cela vous semble normal ?

Aller à la crèche et lutter pour trouver son propre espace me semble une occupation assez normale pour tous les enfants, surtout lorsqu'ils sont fils uniques et s'ils sont habitués à être au centre de l'attention. Chaque enfant vit cette expérience à sa manière, certains usent des poings ou se murent dans le silence, d'autres, en revanche, cherchent à nouer des alliances. Tous recourent à des stratégies pour s'adapter à leur nouveau milieu, le plus important, c'est que ces stratégies ne s'ancrent pas et ne deviennent pas une défense, au lieu d'être vécues comme un moyen de communication.

Si, après un certain temps, votre neveu continue à recevoir ou à donner des coups, cela signifie que ce mécanisme s'est ancré en lui et est devenu un bouclier qui ne lui permet plus d'entrer en relation avec les autres.

D'après votre lettre, il me semble comprendre que c'est un enfant qui n'est pas habitué à recevoir des règles et il est clair qu'il s'oppose à ses parents pour tenter d'imposer ses propres règles. À cet âge-là, les enfants ont acquis depuis peu la capacité de parler et de marcher, de s'exprimer et d'explorer le monde, suivant leurs désirs, cela leur donne un sentiment de puissance ou plutôt de toute-puissance, qui les amène à croire qu'ils sont les maîtres du monde. Certes, les parents doivent s'efforcer de comprendre l'importance de ces conquêtes, mais ils doivent également veiller à inculquer à leur enfant des règles qui leur permettront de s'intégrer dans la vie sociale.

Ce n'est certainement pas votre neveu qui peut savoir quand il doit manger ou dormir, comment le pourrait-il ? Son pédiatre vous a dit que c'était un enfant intelligent et hyperactif. Attention, toutefois, à ne pas confondre hyperactivité et vivacité et, donc, à considérer l'hyperactivité comme un signe d'intelligence.

Il me semble que l'hyperactivité de votre neveu traduit un état d'anxiété dont les vomissements sont le signe le plus manifeste. L'enfant vomit une mère qui devient « méchante » parce que, dans sa logique de toute-puissance, elle ne lui laisse pas faire tout ce qu'il veut.

Il est normal que l'arrivée d'un deuxième enfant le rende plus nerveux et plus angoissé et, de toute évidence, la gymnastique sur le ventre de sa mère a pour but de supprimer l'ennemi. Très souvent, ces dynamiques agressives, qui sont engendrées par la peur d'être abandonné, se manifestent à la crèche contre des tiers innocents.

Il me semble que cet enfant a très peur de l'abandon,

il ne supporte pas la séparation, qui peut être vécue également sous la forme d'un interdit.

En assumant un rôle actif, comme lorsqu'il se bagarre avec ses petits camarades, frappe le ventre de sa maman ou vomit, votre neveu combat ses peurs latentes, lesquelles, vu son âge, sont tout à fait légitimes.

J'ai toujours du mal à suggérer à des parents trop permissifs de donner des règles à leurs enfants, même si je suis convaincue que les enfants ont absolument besoin de règles fixes et claires. J'aurais donc tendance à inciter les parents de cet enfant à réfléchir sur leur difficulté à lui imposer des règles, et à chercher, en observant le comportement de leur enfant, une façon harmonieuse de cohabiter.

Votre neveu a besoin que quelqu'un lui parle de sa peur et de sa colère pour ce nouvel intrus qui le sépare de sa maman. Il a besoin de mettre des mots sur ce qu'il ressent, au lieu d'être porté de façon inconsciente par cette hyperactivité qui le conduira nécessairement à se sentir coupable.

On peut également transformer cette énergie en jeu, pourvu que ses sentiments soient explicités. Une bonne bataille de polochons, éventuellement avec son père qui, au cours de cette phase, constitue une figure indispensable pour créer de nouvelles alliances, peut parfois s'avérer plus utile que de longs prêches.

Chaque fois qu'il revient de chez son père, il me traite mal

Je suis séparée de mon mari depuis un an et je ne sais pas comment me comporter avec mon fils de douze ans lorsqu'il rentre à la maison, après avoir passé quelques jours avec son père. Il est nerveux, agressif, il me répond mal et il nous faut bien toute une journée pour retrouver nos rapports habituels qui, en règle générale, sont plutôt bons. Il finit toujours par me demander pardon, mais je ne sais pas si j'ai raison de tolérer ce comportement arrogant. Malheureusement, j'ai des rapports tendus avec son père qui, actuellement, vit avec une autre femme, je ne sais rien de sa nouvelle famille et lorsque j'essaye d'interroger mon fils à ce sujet, je sens qu'il est agacé et se mure dans le silence.

Il est difficile de ne pas réagir lorsque les personnes que nous aimons nous agressent, surtout si cela nous semble particulièrement injuste. La seule chose que nous puissions faire, c'est de tenter de comprendre la nature de cette agressivité, son message latent.

Votre fils décharge sur vous un état d'anxiété, qu'il ne peut probablement pas exprimer avec son père. S'il s'autorise à déverser son angoisse sur vous, c'est qu'il se sent plus à l'aise et plus détendu en votre présence. Puisque son attitude fait suite à ses visites chez son père, essayez de penser que, actuellement, votre fils est en train de vivre une séparation douloureuse, une coupure pénible et qui nécessitera des années avant d'être élaborée et acceptée. Il serait plus facile pour lui d'avoir une mère qui comprenne ses difficultés, qui parvienne à les supporter et à les contenir. Si vous pouvez accepter cette perspective, en vous mettant à la place de votre fils et en ne tenant pas compte de ses réactions immédiates, je crois que vous parviendrez à trouver les mots qui lui permettront de se sentir écouté par vous.

Vous pouvez lui parler, en lui disant que vous comprenez son besoin de se défouler des tensions qu'il ressent et qu'il peut le faire avec vous, précisément parce que vous avez la capacité de l'accueillir, y compris lorsqu'il traverse des moments difficiles.

Il n'est pas nécessaire que vous lui posiez des questions sur son père puisque, pour le moment, votre fils ne veut pas en parler. Peut-être parce qu'il sent qu'il y a encore des tensions entre ses parents et que l'on attend trop de lui.

Dans certains cas, il vaut mieux dédramatiser la situation, en fêtant son retour à la maison et en le transformant en un événement positif et spécial. Vous pouvez très bien lui proposer de rester un peu à l'écart, le temps qu'il retrouve sa bonne humeur. Si vous le lui dites avec un sourire complice, il comprendra et il apprendra peu à peu à contrôler sa nervosité et à ne pas se défouler sur vous. Peut-être qu'en se sentant libre d'exprimer ses émotions, un jour, ce sera lui qui décidera de vous parler de ses difficultés.

Comment aider un enfant qui s'automutile ?

Que puis-je faire pour mon neveu de sept ans qui, le soir, frappe violemment sa tête contre les barreaux de son lit pour s'endormir et durant la journée s'arrache les cheveux, comme s'il avait un tic ? J'ai essayé à plusieurs reprises de lui demander d'arrêter ce comportement absurde, mais rien n'y fait.

Je sais que ma sœur traverse une période difficile avec son mari, qui est parfois violent avec elle. Je voudrais vraiment pouvoir aider ce petit, mais je ne sais absolument pas quoi faire.

Je ne pense pas que s'arracher les cheveux d'une manière aussi violente, en se faisant des marques sur la tête, puisse être considéré comme un tic, il s'agit plutôt d'un comportement autoagressif très grave, qui révèle que votre neveu est soumis actuellement à un état de tension insupportable. Frapper violemment sa tête contre les barreaux pendant son sommeil correspond, en outre, à un double message : l'enfant exprime à la fois le besoin de ressentir son corps et de se « contenir » à travers les barreaux du lit, précisément parce qu'il ne se sent pas « contenu » émotionnellement et qu'il se « punit » de quelque chose dont il pense être coupable.

La violence de votre beau-frère, que cet enfant subit sans doute passivement, se transforme durant la nuit en une attitude active, qui condense les diverses émotions que votre neveu éprouve face à une situation pénible : peur, colère, sentiment de culpabilité.

Il m'est difficile de formuler des hypothèses sans connaître davantage votre histoire. Je dirais simplement que, d'une façon générale, l'enfant qui subit une violence se sent toujours coupable de cette violence et finit par se persuader qu'il mérite d'être puni.

Cette situation engendre très souvent un comportement autoagressif qui tend à perpétuer ce malentendu, qui peut durer toute une vie et qui sert à sauvegarder l'image idéale du parent que l'enfant s'est construite et dont il a besoin pour organiser son univers affectif.

Je pense qu'il est urgent que votre neveu puisse traduire par des mots des gestes aussi extrêmes. Faites appel à un thérapeute, il est important d'aider au plus vite cet enfant si angoissé.

Un comportement à risque

Mon petit-fils, qui vient de fêter ses dix-huit ans, a provoqué, pour la seconde fois, un accident de voiture. Je parviens à peine à vous expliquer l'angoisse que j'éprouve quand je pense à ce jeune garçon qui, dès son plus jeune âge, a toujours manifesté un comportement à risque. Outre les recommandations habituelles, que puis-je faire pour l'aider ?

Je sais que ma fille et son mari ne s'entendent plus très bien et j'ai souvent assisté à des disputes violentes, au cours desquelles j'ai vu mon petit-fils réagir de façon très agressive avec son père. J'ai tenté de parler à ma fille, mais elle finit toujours par défendre son enfant, lequel est d'ailleurs fils unique.

Il faut être particulièrement vigilant à l'égard de ces enfants qui ont des comportements autoagressifs, voire suicidaires, car derrière ces comportements se cachent toujours un profond mal-être, un besoin de limites et de frontières. Cette mise en danger est due souvent au fait que l'enfant ne parvient pas à ressentir la structure familiale comme protectrice, parce que ses parents ne parviennent pas à représenter, tant sur le plan symbolique que réel, des figures susceptibles de lui donner des règles.

Le contexte familial que vous me décrivez présente une faille dans l'image du couple. J'ai l'impression que les parents de votre petit-fils vivent des réalités distinctes et il est possible qu'ils envoient à votre neveu des messages contradictoires. Si la mère autorise son fils à entamer la figure paternelle, cela signifie qu'elle se sert de lui pour exprimer sa propre hostilité à l'égard de son mari.

Un fils a très souvent tendance à nouer des alliances avec sa mère, ce qui le conduit à occuper un espace qui ne lui revient pas et rend cette alliance dangereuse, car elle vise à éliminer le père. Quoi qu'il en soit, ce mécanisme débouche toujours sur un sentiment de culpabilité inconscient, que l'enfant ne parvient à apaiser qu'en s'infligeant des punitions parfois extrêmes.

C'est pour cette raison qu'il me semble si important de comprendre les comportements autoagressifs des enfants, et cela dès leur plus jeune âge. Si on ne comprend pas ces comportements à temps et si, dans une famille, on ne rétablit pas l'ordre qui, à ce moment-là, est nié, alors les messages de mal-être peuvent se répéter jusqu'à ce que l'on assiste à des situations extrêmes.

Au-delà des soins médicaux nécessaires, votre petit-fils et sa famille ont besoin de remettre en cause une structure familiale qui, jusqu'à présent, n'a pas été vécue par votre petit-fils comme suffisamment protectrice et rassurante.

Des vacances gâchées par son comportement

En juillet, nous irons en vacances à la mer. Des vacances pour tous sauf pour moi, car mon fils André, âgé de cinq ans, est un enfant déchaîné qui ne reste pas en place une seconde. L'an dernier, à la mer, j'ai vécu un enfer, il courait partout, écrasait les châteaux de sable des autres enfants. Le soir, à l'hôtel, il faisait des caprices incessants, au point que j'ai fini par dîner avec lui dans ma chambre, afin de permettre à mon mari de rester un peu en paix. L'idée de recommencer ce cirque cette année me terrorise.

Cela ne tient qu'à vous (et par vous, j'entends ses parents) d'autoriser votre enfant à recommencer ce « cirque », qui lui permet de se sentir le maître du monde. Je ne doute pas qu'il soit heureux de pouvoir rester tout seul avec sa maman dans sa chambre, mais hélas ! André est également conscient d'être un enfant méchant, qui se comporte mal et qui défoule sa colère sur les châteaux de sable de ses petits camarades.

Toutefois, j'aimerais vous poser une question : pourquoi avez-vous besoin d'être toujours derrière lui, sans lui laisser l'espace pour expérimenter la distance nécessaire qui lui permettrait d'apprendre à exister ?

Quelles marges de manœuvre a le père, ou plutôt quel pouvoir peut-il exercer sans être désavoué par sa femme ?

Je puis me tromper, car ce ne sont là que des hypothèses mais, dans la plupart des cas, l'agitation des enfants est un message de mal-être adressé aux parents.

André n'est sans doute pas heureux de ne pas avoir de petits camarades avec qui jouer et il n'est sans doute pas indifférent aux manifestations et aux expressions de colère de ses parents. Votre enfant est peut-être anxieux en raison d'une tension familiale qui vous absorbe et dont il se sent responsable. Il est probable que quand il se réjouit de lâcher la main de sa maman pour échapper à son contrôle, cette jubilation se transforme aussitôt en une insécurité angoissante, ce qui est tout à fait caractéristique des enfants qui n'ont pas de limites. Laissez-le un peu plus libre et ne cherchez pas à courir derrière lui sur la plage, suivez-le de loin, après lui avoir parlé et l'avoir écouté.

Faites un pacte, sans menaces ni chantage, en lui expliquant qu'il sera sans doute aussi difficile pour vous que pour lui de respecter certaines règles. Je crois que, si André se sent davantage respecté, il apprendra plus facilement à vous respecter.

Ma fille me déteste-t-elle ?

Ma fille Alice de deux ans et demi me déteste. Je n'ai jamais réussi à instaurer une relation sereine avec elle, quand je l'allaitais, elle refusait déjà mon sein. Pourtant, c'est une petite fille sympathique et intelligente qui éprouve une véritable adoration pour son père.

Nous sommes mariés depuis quinze ans et jusqu'à la naissance d'Alice notre relation était parfaite. À présent, mon mari lui laisse faire tout ce qu'elle veut et moi, j'ai le rôle ingrat de la méchante qui donne des règles. Mais depuis quelque temps, elle a vraiment tendance à dépasser les bornes. L'autre jour, alors que je lui demandais de mettre de l'ordre dans sa chambre, elle m'a regardée et m'a dit : « Maman, cesse d'aboyer comme ça ! »

Pour une enfant de deux ans et demi, votre fille me semble faire preuve d'un grand sens de l'humour. Il est normal qu'à son âge elle ait noué une alliance avec son père, qui satisfait le moindre de ses désirs, et qu'elle vous vive comme une rivale qui impose des règles rébarbatives et fastidieuses.

Votre fille ne vous déteste pas mais vous provoque, tout simplement. Elle a peut-être besoin d'un peu d'air et il se peut que sa boutade ne soit pas totalement dépourvue de sens.

Demandez-vous de quelle façon vous vous adressez à Alice et si vous ne voyez pas en elle une personne qui, en quelque sorte, vous a séparée de votre mari. En somme, une petite rivale qui vient semer le trouble dans un rapport jusque-là privilégié.

L'arrivée d'une petite fille après tant d'années de vie commune avec votre mari suppose une longue période de restructuration, car il s'agit de trouver un nouvel équilibre. La boutade d'Alice peut néanmoins vous aider.

Ce n'est pas d'une mère qui aboie dont Alice a besoin, mais d'une personne qui s'adresse à elle autrement, peut-être avec plus d'humour, moins de rigidité, et qui se montre plus compréhensive.

Il est violent avec les autres enfants

J'ai un petit garçon de sept ans qui a toujours été un enfant difficile. C'est un enfant timide, renfermé et peu sociable, on a du mal à savoir ce qu'il pense. Ce qui m'inquiète, c'est que quand il est sûr qu'on ne le regarde pas, il se déchaîne comme une furie sur les enfants plus petits, en les frappant d'une façon presque enragée.

Bien entendu, je lui ai souvent dit qu'il ne devait pas se comporter de la sorte ; je lui parle, je lui donne des conseils, j'essaye de lui inculquer des limites. Quand je le gronde, il pleure et me promet qu'il ne le refera plus, et puis ça recommence. Son père a tendance à minimiser les choses, en fait, j'ai l'impression qu'il croit qu'en agissant ainsi son fils commence à s'affirmer, comme si c'était la preuve qu'il était en train de changer et de surmonter enfin sa timidité habituelle.

Vous ne m'expliquez pas comment se sont passées les premières années de vie de votre fils et de quelle nature ont été ses relations avec vous et son père. Vous ne me parlez pas non plus de votre histoire familiale ni de celle de votre mari.

Un comportement violent est souvent la conséquence de violences que l'on a soi-même subies et dont il existe peut-être des traces dans l'histoire familiale. Quoi qu'il en soit, le symptôme de votre fils exprime un profond mal-être, qui doit trouver une écoute et vous donner à réfléchir.

Si l'on ne parvient pas à donner un « sens » à cette colère, elle risque de s'affermir et de perturber son développement. L'interprétation de votre mari m'étonne. Il me semble dangereux de penser qu'il faille se montrer violent pour surmonter sa timidité, au contraire, la violence ne fait qu'attester une difficulté à surmonter cette inhibition. Son père devrait plus que quiconque comprendre cela. Il est juste de donner des limites à cet enfant, mais non sans avoir d'abord tenté de communiquer avec lui.

Demandez-lui s'il a besoin de parler de ce qu'il ressent avec un thérapeute. Faites-lui une proposition claire et précise et, s'il ne l'accepte pas, allez-y vous-même. Votre fils comprendra que quelque chose est en train de changer, que ses parents sont décidés à s'occuper de cette partie fragile et malheureuse de sa personnalité qui, pour le moment, n'a trouvé que la violence comme moyen d'expression. Cette attitude de respect et d'attention pour ses difficultés lui permettra de sentir que vous souhaitez l'aider et vous donnera l'occasion de vous interroger pour savoir s'il existe un lien entre votre histoire familiale et son comportement. Je ne doute pas que, dans un second temps, ce sera lui qui demandera une aide personnelle.

Les peurs et les manies

Il a peur du dentiste

Je n'ai jamais réussi à accompagner mon fils Jean chez le dentiste : à chaque fois que je lui prends un rendez-vous, il hurle de terreur et il refuse systématiquement d'y aller. Je ne sais pas comment le calmer ; j'ai beau essayer de le raisonner, que je lui parle avec douceur ou avec fermeté, rien n'y fait. Comment puis-je lui faire comprendre que son comportement est stupide et absurde ?

Jean n'est pas stupide, il souffre tout simplement de phobie, autrement dit, d'une peur totalement incontrôlée. Il n'y a aucune explication logique qui pourra le convaincre que le dentiste ne lui fera pas de mal, parce qu'une phobie est un mécanisme de défense inconscient.

L'enfant focalise son angoisse sur un objet extérieur (un animal) ou sur une situation (la peur de l'eau, du feu). De cette façon, ses peurs inconscientes ne restent pas confinées dans sa tête mais sont projetées dans le monde réel. Les phobies sont fréquentes. Paradoxalement, elles soulagent l'enfant parce qu'elles l'aident, en quelque sorte, à maîtriser ses angoisses, mais à condition qu'elles ne deviennent pas trop envahissantes.

Votre fils a besoin d'être compris, écouté, rassuré et non pas continuellement menacé. En lui répétant sans cesse les mêmes choses, vous renforcez ses peurs. Il existe, aujourd'hui, de nombreux dentistes qui sont prêts à prendre tout le temps nécessaire pour gagner la confiance de leurs petits patients et qui sont parfaitement conscients que, dans l'imaginaire des enfants, leur fonction assume souvent une connotation sadique et castratrice.

C'est justement dans une relation de confiance que ces fantasmes angoissants peuvent se transformer en une expérience viable. Si, malgré vos efforts, vous ne parvenez toujours pas à l'emmener chez le dentiste, proposez-lui de consulter un psychothérapeute qui saura mettre à jour à travers le jeu les angoisses sous-jacentes à cette phobie et l'aidera à surmonter ses peurs et à affronter le monde extérieur avec confiance.

Faut-il parler de la violence aux enfants ?

Je reviens des États-Unis où vit ma sœur, qui a deux enfants en bas âge. Le nouveau mouvement « politically correct » n'épargne même plus le monde de l'enfance et, me semble-t-il, est en train de prendre des proportions alarmantes. Dans les librairies, par exemple, on trouve désormais des versions expurgées des contes traditionnels. On prétend ainsi éradiquer la violence et apprendre aux enfants à ne pas être agressifs.

Or je pense qu'on ne peut pas nier une tendance qui est inhérente à l'être humain et, dès lors que la violence ne peut plus être exprimée dans des fictions, je me demande si ses manifestations ne risquent pas d'être encore plus inquiétantes.

De quelle manière les parents devraient-ils aborder ce sujet avec leurs enfants ?

La violence constitue le nouveau fléau. Parce qu'elle est de plus en plus présente, surtout chez les mineurs, bien entendu, on cherche à trouver des solutions à ce problème qui commence également à défrayer la chronique en Europe. Or, lorsqu'un enfant est privé de la possibilité d'exprimer des instincts bien réels dans une réalité imaginaire, en somme, lorsqu'il ne peut pas extérioriser ses pulsions dans l'imaginaire, il risque de les projeter directement dans la réalité, sans médiation et, donc, sans comprendre ce qu'il fait. Bien entendu, il ne s'agit pas d'encourager pour autant la violence, comme on le voit dans des films américains, mais plutôt de la canaliser dans une fiction adaptée, qui permette à l'enfant de se libérer de ses fantasmes agressifs, lesquels sont présents chez tous les êtres humains. Nous savons, désormais, qu'en niant l'agressivité on ne fait que l'encourager, sur le long terme.

Grâce à son imagination, l'enfant peut toujours transformer des sentiments désagréables. En s'identifiant à la sorcière ou au loup il peut, en quelque sorte, se sentir capable de défier et de terrifier un adulte. Il utilise ainsi le jeu dans des fonctions constructives essentielles.

Je pense que le rôle des parents n'est pas de cacher à leurs enfants ou de nier l'existence de la violence, mais plutôt de développer leurs facultés émotionnelles, qui s'expriment de façon privilégiée dans le jeu, lequel leur permet de sublimer leur agressivité.

Chez l'enfant, c'est dans l'échange réciproque que s'enracine sa capacité à s'identifier à la gamme illimitée des émotions. C'est cette initiation qui ouvre à la connaissance de soi et de l'autre comme représentant du monde extérieur. Dans le cas contraire, l'enfant se trouve confronté à un manque, qui le renvoie à des fantasmes si menaçants qu'il sera parfois contraint de les mettre en acte.

Ma fille ne supporte pas de rester seule

Je suis la mère d'une petite fille de six ans et je vous écris à propos de son comportement anxieux. Sylvie refuse, pour ainsi dire depuis toujours, de rester seule à la maison. Il suffit que je m'absente quelques secondes pour qu'elle panique. Il me semble que ses réactions sont exagérées : dès qu'elle me croit absente, elle hurle, épouvantée, ou bien elle pleure à chaudes larmes, en me cherchant partout.

Si son frère ou un autre membre de la famille est à la maison, elle ne s'inquiète pas de savoir si je suis là. J'exclus tout traumatisme : elle n'est jamais restée toute seule ; quand je dois m'absenter, je la laisse toujours chez mes parents, qui habitent à deux pas de chez nous. J'espérais qu'en grandissant, elle changerait, que c'était une phase passagère, mais je vois bien que son angoisse persiste et cela m'inquiète, car je ne peux pas faire un pas sans l'avertir ou sans qu'elle me suive comme mon ombre.

Votre petite fille a des difficultés à exister toute seule. De toute évidence, elle a encore besoin d'un soutien, car elle est incapable d'imaginer qu'elle peut être autonome et se débrouiller toute seule. Vous ne me parlez pas des différentes étapes de son développement, des premières années de sa vie, vous ne me dites pas si elle mangeait bien, si elle parvenait à dormir dans sa chambre et si, à l'époque de ses premiers pas, elle semblait craintive ou bien sûre d'elle.

Du reste, comment avez-vous vécu vous-même les différentes phases de son développement ?

Les enfants se séparent des parents et acquièrent une autonomie après avoir été suffisamment rassurés et nourris affectivement pour pouvoir marcher tout seuls. Ils ne parviennent à se détacher de nous que si nous acceptons ce détachement et si nous sommes capables de supporter leurs pleurs et les sentiments de découragement auxquels, au début, ils sont nécessairement en butte. Or nous ne sommes capables de supporter leurs difficultés que si nous avons nous-mêmes réussi à vivre, sans trop de difficultés, nos propres séparations infantiles. Je crois que vous seule pouvez comprendre et interpréter les pleurs de votre fille.

Vous seule pouvez savoir si ses larmes sont celles d'une petite fille incapable de rester toute seule, parce que habituée depuis toujours à être entourée par ses parents et ses grands-parents, ou si ce sont les pleurs d'une fillette surprotégée, qui manque de confiance en elle et qui a peur de ne pas pouvoir se débrouiller toute seule. Il y a toujours le risque qu'elle puisse avoir subi un choc dont vous n'êtes pas au courant, quelquefois un épisode très banal devient pour l'enfant dramatique. Je crois qu'une aide extérieure peut alléger cette ambiance étouffante.

L'impact du 11 Septembre sur les enfants

Quand on a des enfants, il est impossible de ne pas se poser la question de l'impact qu'ont pu avoir sur eux les images des attentats terroristes survenus récemment à New York. Pas plus tard qu'hier, notre fils de huit ans s'amusait à faire tomber de façon répétitive de l'armoire un petit bonhomme en plastique, en hurlant : « Je vais me jeter de la tour, je me suicide, vous ne m'aurez pas... »

Je crois que nous sommes tous encore en état de choc pour avoir assisté à la mort en direct et compris l'impuissance et le caractère dérisoire de nos moyens de défense. Nous, adultes, avons parlé de ce que nous avons vu pour tenter d'élaborer un événement si extraordinaire, qui a certainement attisé des fantasmes et des angoisses latentes chez chacun de nous. Ce n'est que dans un deuxième temps, après cette phase de participation collective, que nous parviendrons à exprimer des réactions émotionnelles plus profondes.

Les enfants jouent ou dessinent, c'est leur manière d'élaborer de façon active ce que nous, adultes, avons vécu de façon passive. Si votre fils met en scène une personne qui se jette dans le vide, c'est parce qu'il s'identifie à ce qui l'a émotionnellement touché mais, en même temps, il peut décider qu'après ce geste, la vie recommencera comme avant et, s'il le souhaite, il pourra répéter son geste à l'infini, tout en étant sûr de revenir à la vie quand bon lui semble. En somme, il ne reste pas sidéré devant la mort, au contraire, il la nie de façon défensive, en expérimentant, à travers le jeu, d'autres issues possibles.

Il nomme le suicide, mais il le transforme en une réalité moins angoissante, précisément parce que c'est lui qui décide du cours des événements. Chez les enfants, la distinction entre le monde imaginaire et la réalité évolue en fonction de leur âge, la vision d'un petit enfant de trois ans est très différente de celle d'un enfant de huit ans. Mais, quel que soit leur âge, il est important de se montrer disponible, de répondre à leur question, de participer à leurs jeux et si possible de les encourager à faire des dessins pour représenter ce qu'ils ont vu.

Certaines images sont sans doute plus angoissantes pour les adultes que pour les enfants, plus habitués que nous à des scènes catastrophiques. En fait, ces derniers temps, les enfants perçoivent que leur milieu familial est plus fragile, en raison des incertitudes de l'avenir, et, surtout s'ils sont petits, ils peuvent avoir tendance à croire qu'ils sont la cause de notre tristesse, que nous sommes tristes parce qu'ils ont fait une bêtise.

L'important, c'est de les aider à distinguer la réalité extérieure de la réalité intérieure, en faisant en sorte qu'ils se sentent protégés par leur famille.

Comment parler de la guerre ?

Ma fille de cinq ans ne me semblait pas particulièrement marquée par ce qu'elle avait vu à la télévision lors du

11 septembre 2001. Dernièrement, cependant, en parlant avec elle, l'une de mes amies s'est aperçue qu'elle avait peur que les avions s'écrasent sur les immeubles et que nous mourions tous sous les décombres. Pourtant si mon amie ne lui avait pas posé des questions précises, je suis sûre qu'elle ne m'aurait rien dit.

Elle va tous les matins à l'école maternelle avec plaisir, elle a des petites amies, elle mange et dort sans problème. C'est aussi pour cela que j'ai préféré ne pas aborder ces questions, je souhaitais la protéger et préserver le plus longtemps possible son insouciance d'enfant.

Il est vrai qu'il faut savoir respecter le silence des enfants, en le considérant comme un droit, mais il ne faut pas oublier que, très souvent, derrière ce silence, se cachent des questions qui, parce qu'elles ne trouvent pas de réponses, constituent une source d'angoisse.

Comme vous le constatez, même votre fille, généralement si sereine, n'a pas pu s'empêcher de se poser des questions qui, parce qu'elles n'ont pas été abordées et discutées dans sa famille, sont restées enfouies en elle. Dans la mesure où elle est petite, elle a du mal à distinguer la réalité extérieure de la réalité intérieure ou de la réalité qui lui est familière.

Pour votre fille, un attentat signifie un attentat contre elle et sa maman, par conséquent, ce qui lui fait peur, ce n'est pas tant l'idée de mourir que de rester seule.

J'ai toujours tendance à penser que les enfants comprennent tout, en particulier ces derniers temps, où le regard de leurs parents reflète de la peur. Aussi, il vaut toujours mieux leur expliquer ce que nous avons nous-mêmes compris, car les enfants ont besoin que nous leur parlions des événements qui se produisent et que nous écoutions leurs peurs.

Lorsqu'un enfant a une structure saine, quels que soient ses problèmes physiques ou ses sentiments d'insécurité, ces événements ne peuvent pas le traumatiser, d'autant plus si ses parents le tranquillisent et le rassurent sur sa peur d'être abandonné. Les enfants ont parfaitement compris que nous sommes profondément inquiets et, s'ils ne nous posent aucune question, c'est sans doute par pudeur et parce qu'ils respectent nos incertitudes.

Quoi qu'il en soit, il vaut toujours mieux s'assurer que tout va bien, plutôt que de faire semblant de rien. Il est important de poser quelques questions à l'enfant, pour lui permettre d'exprimer ce qu'il pense, de parler de ses émotions, et il est absolument essentiel de répondre à ses questions. Et si, après nous avoir confié sa peur de mourir ou de voir mourir ses parents, l'enfant repart jouer dans sa chambre, laissons-le aller s'amuser tranquillement. Ce qui compte, pour lui, c'est d'avoir pu nous confier ses peurs.

Faut-il le laisser refaire de la moto ?

Récemment, mon fils a eu un accident de moto très grave qui, heureusement, s'est soldé par une jambe cassée et beaucoup de peur, mais son ami a subi un traumatisme crânien qui nous a fait craindre le pire. À présent, je suis terriblement inquiète quant aux décisions à prendre pour l'avenir. Lui racheter une nouvelle moto, comme il me le demande (je lui avais offert la première), ou bien lui interdire de monter à nouveau sur cet engin, comme le prétend son père ? Exténuée par ses demandes incessantes, j'ai promis de lui en acheter une autre.

Je ne pense pas que pour exorciser une peur, qui ne concerne peut-être que vous, il faille donner une arme à votre fils qu'il a déjà utilisée d'une manière si dangereuse. L'expérience a prouvé que votre fils n'est pas en mesure de gérer cet instrument ; il a failli mourir, mais surtout il a mis en danger la vie d'un de ses amis, dont il était responsable.

Cet accident, selon moi, doit vous donner à réfléchir. Il ne s'agit pas de le culpabiliser, mais de le rendre plus conscient de ses gestes. Ce n'est qu'après cette prise de conscience qu'il pourra devenir responsable et comprendre le message qui se cache derrière cet événement tragique.

J'ai l'impression que vous êtes en train de nouer une alliance dangereuse avec votre fils. Vous lui avez offert sa première moto et maintenant vous êtes prête à lui en racheter une autre, pour le rendre heureux. Quel prix doit payer votre fils pour vous montrer sa reconnaissance ? De plus, en proposant de lui racheter une autre moto, vous entamez l'autorité paternelle qui, me semble-t-il, a clairement exprimé son opinion.

Votre fils a des exigences infantiles, parce que vous le traitez d'une façon infantile. Je ne serais pas surprise si, par le biais de cet accident, il a tenté inconsciemment de se défendre de ce lien et de cette dépendance. Mon hypothèse est peut-être hasardeuse et trop sévère, je ne vous connais qu'à travers les quelques lignes de votre lettre et, bien entendu, j'ignore tout de votre histoire familiale. Si j'ai tendance à exagérer, c'est parce que je ne sous-estime jamais ce genre d'événements et que je trouve important d'en comprendre la signification avant qu'il ne soit trop tard.

Je crois que vous devriez laisser un peu de place à votre mari, qui représente l'autorité, une figure dont votre fils doit se rapprocher, à laquelle il doit pouvoir s'opposer et peut-être, à l'avenir, s'identifier. Le père constitue une figure décisive dans cette phase de séparation par rapport à la mère.

Essayez de savoir quels échos suscite en vous ce que je vous dis, si vous vous sentez blessée lorsque je vous suggère de vous mettre un peu de côté ou bien si vous trouvez cela normal et naturel.

Des rituels étranges

Jeanne a onze ans et je trouve que c'est une enfant triste et renfermée. Elle n'est pas très bien intégrée dans sa classe et n'a pas d'amis. Un jour, je l'ai entendue parler d'une camarade, qui s'est révélée être une pure invention. Ces derniers temps, elle dit souvent qu'elle a mal à la tête ou bien qu'elle ne parvient pas à déglutir. J'ai remarqué qu'avant de s'endormir ou de manger, elle fait toutes sortes de rituels étranges. Elle se lève sans arrêt de sa chaise pour s'assurer que les portes sont bien fermées. J'ai l'impression que, dernièrement, la situation s'est aggravée. Jusqu'à présent, j'ai fait semblant de rien, je me suis contentée de la gronder de temps en temps, parce que tous ces gestes répétitifs me semblaient ridicules et je voulais qu'elle y mette fin.

Quelle serait la meilleure façon de l'aider à surmonter cette étape difficile ? Son père pense que je ne dois pas m'inquiéter, il prétend qu'elle est probablement angoissée à l'idée de grandir et que ça passera avec le temps. Il a sans doute raison, c'est peut-être juste une question de temps.

Vous avez à la fois tort et raison tous les deux. Votre mari a raison lorsqu'il dit que ces manies sont liées à la peur de grandir. Jeanne, en effet, a probablement peur de grandir, parce qu'elle n'est pas sûre d'elle et qu'elle ne se sent pas capable de contrôler ses états d'âme ou les émotions que suscitent en elle certains événements extérieurs. C'est pour cette raison qu'elle doit absolument contrôler, de façon obsessionnelle, tout ce qui est à portée de main : vérifier si les portes sont bien fermées, regarder sous le lit, fermer le robinet du gaz ou de l'évier. Si, grâce à des rituels « opportuns », le monde extérieur peut, en quelque sorte, être sous contrôle, comment faire, en revanche, avec toutes ces idées qui vous martèlent la tête et qui vous font si mal ou bien avec la nourriture qui reste bloquée dans votre gorge et qui refuse de descendre ?

Nous savons tous à quel point il est difficile de grandir, mais votre fille l'ignore, peut-être parce que personne ne le lui a expliqué. Il faut que quelqu'un la conforte, en lui expliquant qu'elle ne pourra chasser ces idées obsessionnelles qu'en prenant peu à peu conscience de leur signification et du sentiment de protection que lui procurent ces rituels.

Cependant, vous avez tort de croire que ces idées et ces gestes peuvent être balayés par une décision volontariste. Paradoxalement, bien qu'actuellement elle ait besoin de recourir à ces rituels, parce qu'elle se sent incapable d'orienter sa vie comme elle le souhaite, s'ils ne sont pas compris dans leur signification profonde, comme une barrière de protection, tous ces gestes, qui servent à conjurer son angoisse, risquent de l'isoler de plus en plus du monde. Ses symptômes ont néanmoins le mérite de vous avoir alertée, agacée même, et quoi qu'il en soit, ils vous ont fait réagir ! La colère que vous éprouvez face à votre impuissance est la même que celle qu'éprouve Jeanne par rapport à sa difficulté à contrôler les choses. Une agressivité qui effraye, qui fait peur et qui a besoin d'une écoute compétente, qui puisse en comprendre la signification et l'origine. Ce sera un travail difficile, qui ne peut réussir que si Jeanne sent qu'elle est entourée par la bienveillance et l'affection de sa famille.

Un amour excessif de l'ordre

Depuis quelques mois, nous avons constaté chez notre fille des changements d'humeur et de comportement. Bien qu'elle ait toujours été plutôt ordonnée, à présent, son besoin de rangement tourne à l'obsession. À l'école, elle a d'excellents résultats et elle s'entend très bien avec ses camarades. Mais ces derniers temps, elle est devenue anxieuse, elle ne sort pas avant d'avoir rangé sa chambre d'une certaine façon. Ainsi, par exemple, il faut absolument que ses livres et ses cahiers soient rangés selon un certain ordre. En outre, elle a repris les animaux en peluche avec lesquels elle avait l'habitude de s'endormir quand elle était petite, et elle les place autour de son oreiller, toujours à la même place.

Je ne la reconnais plus, on dirait qu'elle a absolument besoin de tout contrôler. Quand nous la taquinons à ce sujet, elle nous regarde angoissée et elle fond en larmes, en prétendant que nous ne la comprenons pas. Il me semble que si nous la laissons faire, sans rien dire, nous risquons d'encourager ses tendances obsessionnelles.

Le comportement obsessionnel de votre fille est peut-être tout à fait passager, lié à la croissance et à la phase de transformation qu'elle est en train de vivre. La puberté entraîne d'importantes modifications physiologiques, un changement tant sur le plan hormonal que de la libido, et il est normal que ces transformations correspondent à un bouleversement de l'ordre intérieur.

Chez une petite fille ordonnée et respectueuse des règles, comme votre fille, un tel tremblement de terre intérieur, bien que purement physiologique, engendre certainement des tensions et des peurs, au point qu'elle doit recourir à des défenses comme celles que vous évoquez. Peut-être a-t-elle peur de ne plus pouvoir satisfaire vos attentes, comme elle l'a fait jusqu'à présent, peut-être est-ce pour d'autres raisons, liées à son histoire ou à la vôtre.

Les petits enfants ont tendance à donner une connotation magique à leurs pensées ou à leurs actions. Ils croient qu'en rangeant tel objet à tel endroit ou qu'en pensant très fort à quelque chose, leur désir s'exaucera. Généralement, ce mode de pensée tend à disparaître vers l'âge de sept ans.

avec la fréquentation de l'école, car l'apprentissage passe également par la mise à l'épreuve de leur sens de la réalité. Ces pensées magiques, avec les gestes obsessionnels qui les accompagnent, resurgissent au cours des différentes étapes de leur évolution et, en quelque sorte, ont pour fonction de les aider à contrôler les émotions liées à ces transformations. Ce sont des défenses nécessaires, semblables à une digue qui contient un fleuve en pleine crue. Elles ne constituent donc pas un danger dont il faudrait se protéger. Il est indéniable que l'apparition de ces comportements révèle un état de souffrance, dont le changement d'humeur de votre fille et l'état d'anxiété permanent dans lequel elle vit actuellement constituent un symptôme.

En fait, il ne faut ni minimiser ni tenter d'enrayer ces manies qui, en quelque sorte, l'aident à contrôler l'incontrôlable. Je pense qu'il faudrait surtout essayer de lui manifester le plus possible votre affection et votre compréhension, en lui faisant comprendre que les changements font toujours peur, mais que, dans le même temps, ils nous permettent d'accéder à une autre vision de nous-même, beaucoup plus riche.

Un collectionneur en herbe

Nous avons un enfant de quatre ans qui a toujours aimé les petites voitures et sans doute avons-nous fortement contribué à alimenter cette passion, en les lui offrant à la moindre occasion. Depuis quelques mois, cependant, cet amour vire à l'obsession, il ne veut plus jouer qu'à ça et, même en classe, il refuse désormais de participer aux jeux ou aux activités qu'on lui propose. Quand il va au lit, il faut absolument qu'il se couche avec ses petites voitures, qu'il range selon un ordre précis sur ses couvertures, et gare à celui qui y touche !

Comment pouvons-nous l'aider à s'intéresser à autre chose ?

En ce moment, votre enfant a besoin d'objets familiers, que vous-même lui avez offerts, l'initiant involontairement à la carrière de collectionneur. De cette façon, il sent sa puissance au travers de la possession d'un objet et se sent rassuré par le contrôle qu'il peut exercer sur celui-ci.

À son âge, il est très fréquent d'avoir des passions pour ensuite s'en lasser naturellement et passer à d'autres intérêts. Si vous pensez que ce jeu est devenu une obsession, vous pourriez y participer, afin d'éviter son isolement qui est aussi caractéristique des comportements obsessionnels.

Le sommeil

Il refuse de dormir dans son nouveau lit

Pour fêter ses trois ans, nous avons acheté à François un grand lit. Au début, il semblait très content. Pourtant, dernièrement, il refuse obstinément de rester dans sa chambre et prétend venir dormir avec nous. Nous avons tout essayé : discuter, nouer des pactes, laisser la porte ouverte ou entrebâillée, nous nous sommes montrés fermes, gentils, mais rien n'y fait. Aucun incident particulier ne justifie cette réaction et, jusqu'à présent, il n'a jamais fait de caprices pour dormir.

Pour François, son nouveau lit représente un passage de l'état de petit enfant à celui d'enfant plus grand. Dans son petit lit à barreaux, il se sentait protégé et rassuré. Actuellement, votre enfant a l'impression d'avoir perdu ses points de repère et ne se sent plus autant en sécurité, d'où son comportement, lequel constitue une façon inconsciente de refuser ce changement.

Afin de l'aider à faire le « deuil » de son état de petit enfant, pourquoi ne pas laisser quelque temps son ancien lit dans sa chambre et lui permettre de dormir dans le lit qu'il préfère ? Ainsi, il pourra s'habituer progressivement à l'idée de devenir grand et régresser selon ses besoins.

Parfois, il suffit de demander à l'enfant son avis pour que tout rentre dans l'ordre. D'autre part, pour des décisions importantes comme, par exemple, changer la disposition d'une chambre, il est fondamental de le consulter et, éventuellement, de prendre en compte ses suggestions. Si, après avoir perdu un repère aussi important que son petit lit, François semble désorienté, cela signifie tout simplement qu'il n'est pas encore prêt à accepter ce changement. Lorsque les adultes changent de maison ou d'appartement, eux aussi traversent souvent de longues périodes d'angoisse ou de dépression. Certes, nous savons qu'il nous faudra du temps pour réinvestir peu à peu notre nouvel espace mais, en attendant, nous devons accepter et comprendre que le sentiment de découragement et de désorientation qui résulte d'un changement témoigne de notre difficulté à abandonner nos anciennes références.

Un espace physique correspond toujours à un espace psychique, dans lequel cohabitent souvent des émotions ambivalentes.

Vous pourriez parler à François, lui expliquer que vous comprenez qu'il lui est difficile de s'habituer à son nouveau lit, en lui laissant la possibilité de vivre cette phase de transition à son rythme et en respectant ses temps et ses nécessités.

Un enfant insomniaque

Cela fait quatre ans que je ne dors pas. Mon fils refuse de dormir dans son lit, il reste toute la nuit serré contre moi, il m'enlace et il ne parvient à s'endormir qu'en introduisant son doigt dans mon oreille. Le fait est que mon mari et moi n'en pouvons plus.

À chaque fois que j'essaye de le coucher dans sa chambre, il pleure et hurle comme un forcené. Je ne sais pas si je dois finir par me résigner et par accepter cette situation. Ma mère me dit que, quand j'étais petite, moi aussi, j'étais très attachée à elle.

Se séparer d'un parent qui, à vos yeux, représente tout – amour, affection, protection et quantité d'autres choses – est une expérience douloureuse et difficile. En fait, cela n'est possible que lorsque l'enfant a atteint un premier stade d'autonomie et de confiance en soi. Au cours de cette période, la confiance que lui témoignent ses parents est fondamentale. Une mère « normale » sent à quel moment elle devra aider l'enfant à se séparer d'elle pour le laisser explorer le monde. Et par une mère « normale », j'entends une personne qui a elle-même réussi sereinement à se séparer de ses parents. Autrement, comme vous l'avez si justement observé, on répète les mêmes histoires à l'infini.

Si vous avez supporté pendant quatre ans l'attachement de votre fils, si envahissant, cela signifie sans doute que les messages que vous lui avez adressés pour vous en libérer étaient contradictoires.

Puisque vous n'êtes pas seule et que vous pouvez vous faire aider par votre mari, je pense que, au cours de cette phase si délicate du développement de votre enfant, il serait bon qu'il puisse jouer un rôle plus important. Ainsi, votre mari pourrait par exemple expliquer à son fils qu'il doit rester dans son lit et qu'il doit laisser sa maman et son papa tout seuls dans leur chambre. Il est absolument indispensable d'être clair avec votre fils, autrement il continuera à s'imaginer, comme le font tous les enfants de son âge, que sa maman est sa propriété privée et qu'elle ne peut être partagée avec personne. Vu votre histoire personnelle, je pense que ce ne sera pas une bataille facile.

Elle veut dormir avec nous

Je suis inquiète à propos de ma fille, qui ne dort pas depuis qu'elle est née. Ces derniers temps, il n'y a plus moyen de la faire dormir dans sa chambre, mon mari minimise le problème, mais il s'en va dormir dans une autre pièce.

Je ne peux pas me permettre de perdre le sommeil, car je travaille et je dois me lever tôt. Je me sens seule et épuisée.

Les problèmes de sommeil sont spécifiques à chaque enfant et il convient d'éviter toute généralisation, mais une chose est certaine : un enfant ne dort pas s'il ne se sent pas en sécurité, s'il vit dans un climat familial qui ne sait pas le contenir. Le contenir signifie canaliser ses impulsions, lesquelles, au début, sont confuses et chaotiques. Cela signifie que l'on doit former un couple solidaire, autrement dit, la maman et le papa doivent s'épauler pour prendre soin du nouveau-né sans perdre pour autant leur identité. Comment se fait-il que votre mari ne soit pas à vos côtés ? Quand l'identité d'un couple n'est pas suffisamment solide, l'on assiste souvent à des troubles du sommeil, qui engendrent toujours une grande confusion.

Mais le problème n'est pas votre fille. Il arrive souvent que les problèmes posés par l'enfant cachent un dysfonctionnement dans le couple. Il faut essayer de ne pas tout confondre et de se demander quelle signification a pour nous cet enfant, quelle place il occupe dans notre vie. Si, aux yeux d'un couple, il constitue un substitut affectif pour trouver un équilibre dans une période de crise, le mal-être qu'il exprime me semble assez légitime. Vous avez besoin d'un homme à vos côtés et votre fille de deux parents.

Elle n'arrive pas à se séparer de moi

J'ai une petite fille de trois ans, qui n'a cessé de nous poser des problèmes depuis qu'elle est née. Elle n'a jamais dormi une seule nuit d'affilée, elle a toujours eu des difficultés à se nourrir et l'idée de se séparer de moi lui est insupportable. Quand je la couche, elle se frappe la tête contre les barreaux du lit et cela depuis qu'elle est toute petite. À chaque fois que je la gronde ou que je ne la laisse pas faire ce qu'elle veut, elle a tendance également à se frapper la tête contre le mur et à piquer une crise de nerfs.

Mais j'ai l'impression que quelque chose est en train de changer. La semaine dernière, alors que je me sentais vraiment à bout, je me suis réfugiée dans la salle de bains pour pleurer. Tout à coup, elle est rentrée, elle a pris mon visage dans la paume de ses mains et elle m'a parlé comme une adulte, en me demandant pardon et en me disant qu'elle voyait bien qu'elle me faisait de la peine, qu'elle s'excusait d'être aussi méchante, mais qu'elle n'arrivait pas à faire autrement.

Il y a mille façons de se punir et cela peut durer toute une vie, jusqu'à ce que quelqu'un nous apprenne, en nous aimant, à nous aimer nous-même.

Vous avez raison de penser que quelque chose est en train de changer. Votre petite fille se sent coupable des larmes de sa maman et elle souffre de ne pas parvenir à accepter les limites que vous lui imposez. Elle est en train de vous demander de l'aimer comme elle est et non comme la petite fille méchante qu'elle croit être. Acceptez son invitation, car votre fille vous a demandé de l'aider : elle ne veut plus se sentir aussi toute-puissante et, par conséquent, coupable de mettre ses parents en colère. Elle a besoin d'avoir des limites claires et précises, non pas les limites qu'elle se donne elle-même, en se frappant et en se punissant pour ses caprices, mais les limites que lui imposent ses parents. Reprenez la place qui est la vôtre, à côté de votre mari.

L'alimentation

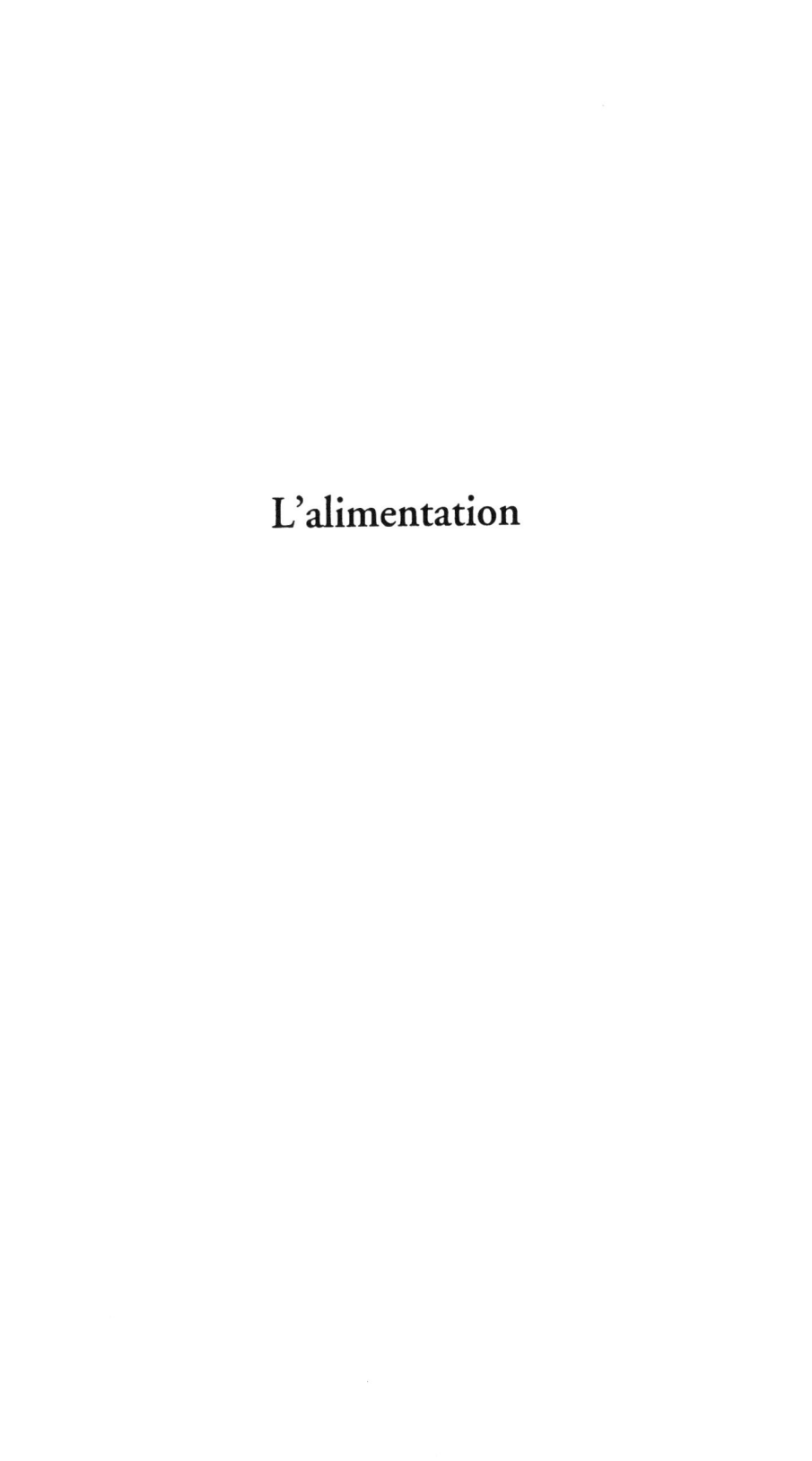

Combien de temps peut-on prolonger l'allaitement maternel ?

Je voudrais savoir si l'on peut parler d'une période d'allaitement indispensable à la croissance de l'enfant. En outre, j'aimerais savoir si, au-delà de l'âge de quatre ans, l'allaitement peut avoir des répercussions psychologiques chez un enfant, et en particulier lorsqu'il s'agit d'un garçon.

Je crois qu'il est indéniable que l'allaitement au sein constitue une ressource très importante, tant pour la mère que pour l'enfant.

J'ai du mal à me prononcer quant à une quelconque période d'allaitement idéale pour une bonne croissance psychophysiologique de l'enfant. J'éprouve toujours une certaine difficulté à donner des règles, surtout lorsqu'il s'agit d'une relation si intime, comme l'échange entre une mère et son enfant. Pour répondre à votre question, je serais tentée de dire, par facilité, jusqu'à ce que sa mère s'en sente capable et que l'enfant l'accepte. J'ai vu trop souvent des allaitements forcés qui ne faisaient certainement de bien à personne.

Durant la période d'allaitement, l'échange qui s'instaure entre la mère et l'enfant est si important que la durée est tout à fait secondaire par rapport à la qualité de l'échange. Et cela y compris quand l'enfant est allaité au biberon.

L'enfant doit se sentir accueilli et à son aise avec sa mère, qui doit elle-même se sentir sereine dans sa fonction. Cette relation équilibrée doit être guidée par un certain « bon sens », mais aussi une intuition que toute mère devrait apprendre à cultiver et à suivre avec confiance. Les effets positifs de cet échange se traduiront chez l'enfant par la régularité de ses rythmes de sommeil et par une croissance harmonieuse. Toutefois, un prolongement excessif de l'allaitement au sein, comme celui que vous évoquez, révèle une difficulté à accepter une séparation tant de la part de l'enfant que de la mère.

Une adolescente qui refuse de manger

Nous avons une fille de quinze ans qui nous désespère. Elle a eu des problèmes de santé dès son plus jeune âge, mais elle a toujours été très obéissante et très attachée à sa mère. Dernièrement ses maux de tête et d'estomac se sont aggravés et nous l'avons accompagnée à l'hôpital, pour une série d'examens qui n'ont rien révélé d'anormal. Elle a également subi des tests psychologiques et on nous a conseillé de la faire suivre par un thérapeute.
Depuis qu'elle est sortie de l'hôpital, elle a changé. Elle est devenue très agressive, elle a commencé à vouloir imposer ses idées et je la sens très malheureuse. Elle a beaucoup maigri et elle semble avoir des difficultés à avaler ses aliments. Elle se nourrit de quelques quartiers de pomme et de carotte, ce qui angoisse énormément ma femme, qui ne sait plus quoi faire.

Je crois que vous traversez une période difficile mais également très importante. Par son mal-être, votre fille est en train de vous dire quelque chose qu'elle ne sait pas ou n'a pas le courage d'exprimer autrement.

La préadolescence est une période de coupure par

rapport à l'enfance mais aussi d'opposition à ceux qui la représentent : les parents. Cette coupure est d'autant plus difficile que les liens entre l'enfant et ses parents sont plus étroits. Lorsqu'elle était petite, votre fille vous envoyait déjà des messages de mal-être, dont vous n'avez sans doute pas compris la signification profonde, c'est ce qui explique qu'actuellement, après cette hospitalisation qui l'a éloignée quelque temps de vous, ces symptômes se soient aggravés.

Le rapport étroit entre votre fille et sa mère rend peut-être d'autant plus difficile leur séparation. Mais lequel d'entre vous est le plus effrayé par cette séparation ? Il me semble qu'actuellement c'est vous et cela doit vous donner à réfléchir. Son hospitalisation et, par conséquent, son éloignement du foyer familial lui ont donné l'occasion de découvrir son espace personnel. C'est pourquoi, à présent, votre fille tente d'exprimer ses idées et son désaccord.

C'est une façon d'exister, d'affirmer sa pensée qui, jusqu'à présent, a été confondue avec des symptômes physiques. C'est un moment important, dont il importe que vous preniez conscience. Votre fille a besoin de vous, mais d'une tout autre façon qu'auparavant. Elle a besoin que vous entendiez et respectiez ses opinions. Elle est en train de devenir adulte et elle veut être traitée comme telle. Elle a très peur. Les symptômes que vous me décrivez me font penser à un début d'anorexie et, par conséquent, ils révèlent une difficulté à exister, à nourrir un corps et un esprit qu'elle ressent comme fragiles et précaires, aussi fragiles et précaires que son existence actuelle et son avenir.

Je crois qu'elle a besoin d'un autre espace pour exister et il faut absolument que vous soyez à son écoute, en vous efforçant d'entendre ce qu'elle cherche à vous dire. Vous montrer autoritaires et rigides signifierait laisser votre fille dans cet état de confusion, de souffrance et d'autodestruction dont témoignent ses symptômes. Ayez confiance en elle, car c'est de cela dont actuellement elle a le plus besoin :

si vous avez peur pour sa santé, faites-vous aider par un thérapeute. Toutefois, il s'agirait là d'un choix qu'elle devra faire de manière voulue et non comme une prescription faite par d'autres. Mais votre fille a besoin également d'un soutien.

Que faire face à l'anorexie ?

Je suis la maman d'une jeune fille de seize ans qui m'est très attachée, mais qui a beaucoup de mal à se socialiser. À chaque fois que je lui suggère de sortir avec ses amies, elle me dit qu'elle préfère rester à la maison et qu'elle aime bien être seule.

L'année dernière, sa meilleure amie lui a dit qu'elle la trouvait grosse. Depuis ce jour, elle a commencé à s'alimenter de moins en moins. En l'espace de quelques mois, elle a énormément maigri puis, dernièrement, son poids s'est stabilisé, mais elle est beaucoup trop maigre.

Les repas en famille sont devenus un enfer, elle pèse tous les aliments, calcule la moindre calorie. J'essaye de lui mijoter des petits plats, mais elle les goûte à peine. Son père et moi avons tenté de la secouer et de lui faire comprendre qu'à son âge, il est important de bien se nourrir, malheureusement, elle ne veut rien entendre. Pour le reste, je ne peux pas me plaindre, c'est une excellente élève et une enfant très affectueuse.

Précisément parce que c'est une jeune fille très douée, mais peu autonome, à travers la nourriture, votre fille est sans doute en train de se « sevrer » de vous. Elle refuse les repas qui lui sont préparés par sa maman, à laquelle elle est très attachée, et elle décide quels aliments donner à son corps, qu'elle souhaite transformer car, à son âge, l'on aspire à changer de forme.

À travers cette quête, symbolisée par l'obsession des grammes et des calories, votre fille cherche à exprimer son opposition à un ordre familial qui, en quelque sorte, lui apparaît de plus en plus comme étouffant, mais elle n'a pas encore l'autonomie nécessaire pour s'affirmer.

Il y a des enfants qui s'opposent à leurs parents en se teignant les cheveux ou bien en changeant totalement de fréquentations ou d'attitude, d'autres manifestent leur opposition à travers la nourriture, laquelle, comme on le sait, constitue le premier objet d'investissement émotionnel et symbolique. La forcer à manger signifierait l'empêcher d'affirmer son autonomie. Oubliez, si possible, votre peur d'avoir une fille anorexique, changez de perspective, et s'il faut intervenir d'une autre manière, faites-vous aider par un thérapeute, qui aura la juste distance dans cette situation complexe.

Sa mère lui remplit sans cesse la bouche

Je suis la grand-mère d'un petit garçon de deux ans qui, dernièrement, a perdu connaissance à plusieurs reprises, ce qui nous a beaucoup affolés. Bien entendu, nous en avons parlé à son pédiatre qui, après divers examens médicaux, n'a rien décelé d'anormal.

Mais je pense que la relation entre mon petit-fils et sa mère a quelque chose d'étrange. Ma fille se demande sans arrêt si son fils a suffisamment mangé ; elle l'a allaité jusqu'à ces derniers mois et, à présent, elle a un rapport très angoissé à la nourriture. Elle est sans cesse en train de lui remplir la bouche, comme si elle avait peur qu'il ne mange pas assez.

En fait, et c'est bien là ce qui me préoccupe le plus, durant son adolescence, elle a connu une période d'anorexie et nous avons dû l'hospitaliser à plusieurs reprises. Pensez-vous que ce problème d'anorexie puisse resurgir actuellement sous cette forme ?

Il est possible, en effet, comme vous l'avez pressenti, que l'anorexie dont a souffert votre fille se traduise, à présent, par cette anxiété vis-à-vis de son fils et par ce besoin de le gaver. Lorsqu'il se remplit, elle se vide, comme si tous deux ne formaient qu'un seul corps, une symbiose mère-fils qui devient le support d'un fantasme maternel non encore résolu.

Très souvent, derrière les troubles alimentaires des enfants, l'on retrouve les conflits oraux maternels, lesquels se prolongent dans le symptôme de l'enfant, qui traduit une ancienne névrose infantile de la mère.

Le développement harmonieux d'un enfant est lié à la capacité de la mère d'adapter ses réponses à la demande de l'enfant ; une régulation inadéquate peut conduire à une altération et à une distorsion de ses fonctions fondamentales.

Si j'en juge d'après les quelques éléments de votre lettre, il me semble qu'au lieu de le protéger des excitations extérieures, sa mère le surexcite, en particulier au niveau oral. En ne lui laissant pas la possibilité d'exprimer sa satiété ou sa satisfaction, votre fille l'empêche d'être autonome, lui niant ainsi la possibilité d'exprimer son désir et d'assouvir ses besoins. Il est possible que votre petit-fils, « rempli » par sa mère, n'ait trouvé aucun autre moyen que ses évanouissements pour échapper à son emprise, comme s'il essayait ainsi d'échapper à une réalité qui lui apparaît comme insupportable.

Bien entendu, je ne puis que formuler des hypothèses, en me fondant à la fois sur les éléments que vous me donnez et sur votre propre intuition. Il me semble important que ce tout petit enfant, qui vous envoie déjà des signaux de mal-être, soit aidé, ainsi que sa maman, par un thérapeute.

Un régime monotone

Mon fils de quatre ans ne se nourrit que de cinq ou six aliments. Il n'y a pas moyen de lui faire goûter autre chose. Malgré cela, il grandit normalement et son pédiatre ne semble pas inquiet. Par ailleurs, c'est un enfant assez renfermé et plutôt autoritaire.

Je m'efforce d'être à ses petits soins et de répondre au mieux à ses besoins (j'ai cessé de travailler pour m'occuper de lui), mais il a toujours l'air insatisfait. Il alterne entre des moments où il me suit comme mon ombre et d'autres où il s'enferme dans sa chambre pour jouer et ne supporte pas qu'on le dérange. Il s'oppose systématiquement à tout ce que lui dit son père. En fait, je dirais qu'il est très changeant : tantôt il est agressif, tantôt il est doux comme un agneau. Depuis quelque temps, il a peur de tout : du loup, des voleurs, de l'obscurité.

Votre fils traverse une phase de toute-puissance et l'anarchie dans laquelle il vous fait vivre lui apparaît sans doute comme la meilleure solution pour préserver cette illusion de contrôle.

Mais je vous rassure, ce comportement est parfaitement normal à son âge. Après avoir appris à parler, à marcher, à dire « non », « oui », « je veux », il est normal qu'un enfant soit fier de ces nouvelles conquêtes, tant cet état contraste avec sa dépendance antérieure. La folie des grandeurs peut aider parfois à voir plus loin, mais sans exagérer, toutefois.

L'être humain a besoin de limites et de règles pour se structurer et quelques petites frustrations peuvent parfois l'aider à grandir, autrement, le sentiment de triomphe, lié à ses nouvelles acquisitions, risque de se transformer en un délire qui l'isole du monde. Ici, le rôle des parents et en particulier du père est fondamental, car c'est le père qui doit aider son fils à s'identifier à lui et à se détacher de la mère.

Comment ? Non pas, certes, en adoptant un comportement rigide et autoritaire, mais en se montrant à la fois compréhensif et ferme.

Les refus de l'enfant risquent de donner lieu à des conflits pénibles, mais il est toujours plus facile de s'imposer si l'on sait que, en lui donnant des règles, on l'aidera à grandir et à devenir plus sociable. Le problème reste que les parents vivent mal le fait d'être autoritaires et ont l'impression d'être méchants avec leur enfant. Dans ce cas, il est important de les aider à différencier leur expérience actuelle de leurs expériences infantiles. En ce qui concerne votre fils, son goût pour une alimentation monotone me semble beaucoup moins inquiétant que sa volonté d'affirmer une position de domination et de contrôle. Ces derniers temps, les peurs qu'il manifeste révèlent un état d'anxiété, lié à son désir d'afficher une attitude prétendument forte et toute-puissante.

N'accepter de manger que quelques aliments signifie compliquer la vie familiale, ce qui, de façon inconsciente, permet d'accaparer constamment l'attention de la mère et d'être au centre de l'attention. Si ces problèmes devaient persister – sans oublier qu'à son âge les choses évoluent très vite –, n'hésitez pas à consulter un spécialiste.

Elle rejette mon lait

Nous sommes inquiets pour Anna, qui a sept mois et qui, lorsqu'elle tète le lait de sa mère, le rejette aussitôt. Le pédiatre exclut tout problème physiologique, mais il nous a conseillé de l'hospitaliser pour lui faire passer une série d'examens. Ma femme est très déprimée, j'ai l'impression qu'elle ne supporte plus cette situation. Pourtant, Anna prend du poids, pas beaucoup, certes, mais excepté à l'heure de ses tétées, qui se trans-

forment pour nous en un véritable cauchemar, elle ne semble pas avoir de problèmes particuliers.

J'imagine votre angoisse et surtout les états d'âme de votre femme à l'heure des tétées. Il est important que vous sachiez que le symptôme d'Anna est une forme de langage, une sorte de message qu'elle vous adresse. La relation entre la mère et l'enfant peut parfois être perturbée : la mère peut être absente ou dépressive, elle peut très bien donner le biberon à son bébé mais ne pas communiquer avec lui.

En fait, l'enfant désire un échange, il a besoin qu'on lui parle de façon affectueuse. Or, très souvent, les mères s'inquiètent du poids de leur enfant et de la quantité de nourriture qu'il a ingurgitée, sans prêter attention aux messages qu'il leur envoie. L'enfant perçoit très vite que la seule relation affective que sa mère est capable d'instaurer avec lui passe par la nourriture, parfois, il peut vomir ce qu'il a mangé ou bu, afin que la relation dure plus longtemps. Mais au lieu de comprendre que le bébé désire des câlins et des petits mots tendres, son rejet devient une source d'angoisse pour la mère et pour le médecin qui, comme dans le cas de votre pédiatre, prescrit une hospitalisation pour des examens médicaux.

Je crois toutefois que la séparation qu'entraînerait une hospitalisation risque d'aggraver une relation déjà très perturbée et d'accentuer le sentiment de culpabilité de la mère, sans l'aider à identifier la demande explicite de l'enfant. En fait, il faudrait aider à la fois la mère et l'enfant, en tenant compte de leur relation et en considérant Anna comme une interlocutrice à part entière, dont le symptôme a la signification d'un message. Il s'agit, en somme, de réamorcer un dialogue qui, actuellement, m'apparaît comme perturbé.

Les maladies, les maladies psychosomatiques et les handicaps

Comment expliquer son brutal changement d'humeur ?

Ces derniers temps, j'ai remarqué que ma fille de huit ans a changé. Jusqu'à présent, elle a toujours été très gaie et très bavarde, elle adorait nous raconter sa journée. Maintenant, lorsque mon mari s'approche d'elle pour lui faire des câlins, comme à son habitude (ils sont très complices), elle s'enfuit agacée pour aller s'enfermer dans sa chambre.

Nous lui avons demandé s'il s'était passé quelque chose qui l'avait contrariée, mais elle nous répète obstinément qu'il ne s'est rien passé. Pourtant, je vois bien qu'elle est différente, elle a un sommeil agité et elle n'a plus du tout le même appétit qu'avant. Que faire pour l'aider ?

Indépendamment d'un changement d'humeur si évident, lorsqu'un enfant modifie son rythme de sommeil et d'alimentation, il est important de se demander ce qui est en train de se passer et d'observer attentivement son comportement au cours de la journée. S'il se lève fatigué et qu'il appréhende d'aller à l'école, s'il préfère rester à la maison plutôt que de fréquenter ses petits amis, si, durant la journée, il manifeste des signes inexpliqués de nervosité, s'il pleure sans raison ou si, contrairement à son habitude, il est taciturne, renfermé et manifeste une certaine apathie, tous ces signes méritent la plus grande attention.

Dans le cas de votre fille, il est évident que, par ses troubles du sommeil et de l'alimentation, elle somatise une difficulté psychologique qu'il vous faut essayer de déchiffrer patiemment.

Il est possible que votre fille ait assisté à une scène pénible, dont elle a immédiatement refoulé l'image ou bien, au contraire, peut-être en a-t-elle gardé un souvenir douloureux, qu'elle ne veut pas partager. Heureusement, le symptôme de votre fille est comme un appel plus ou moins inconscient, qui nous permet de comprendre la signification de cette alerte et de lui venir en aide.

Mais comment faire pour ne pas risquer de se tromper ? La respecter dans ses moments de difficultés, en lui disant qu'elle vous paraît inquiète et que, si elle le désire, sa maman ou son papa sont là pour l'écouter.

Il est possible qu'elle ne parvienne pas à vous parler tout de suite et qu'elle ait besoin de temps pour trouver les mots et vous dire ce qui la préoccupe. L'important, c'est qu'elle sente que vous la protégez sans vous montrer envahissants, quitte à lui offrir la possibilité de parler également avec un thérapeute, auquel elle pourra se confier tout en sachant qu'il respectera ses secrets.

Il fait encore pipi au lit à trois ans

Mon fils aura trois ans en juin et il fait encore pipi au lit. Il a commencé à être propre il y a deux ans, mais avant cela, je n'ai jamais réussi à dormir une seule nuit d'affilée. Puis, tout à coup, depuis janvier, grâce à une petite veilleuse constamment allumée, il a commencé à dormir sereinement, sauf que, depuis, il fait pipi au lit.

Il me semble que lui remettre des couches signifierait l'encourager à faire pipi, mais le laisser sans couches m'oblige à changer ses draps tous les jours, sans compter qu'il risque de s'enrhumer. J'ai essayé de me lever deux ou trois fois par nuit, mais je ne peux pas toujours prévoir ses besoins, et puis je commence à être vraiment lasse.

Votre fils traverse une phase délicate de son développement psychique et physique. Il est en train de se séparer de sa mère et il fait ses premiers pas dans un monde peuplé également par les autres. Pour se différencier de sa mère, qui est la première figure de référence, l'enfant, surtout lorsque c'est un garçon, doit s'identifier à une autre figure, généralement le père. Ce passage se produit graduellement et non sans difficultés, d'où certains symptômes comme celui que vous décrivez.

Le père est une figure aimée mais également haïe, parce qu'il bénéficie de plus d'atouts pour séduire celle que l'enfant considère comme un objet d'amour exclusif : sa mère. Parmi ces atouts, outre la force et la puissance, il y a aussi la taille des attributs génitaux, que l'enfant, à cet âge-là, sait rapidement comparer.

D'où un sentiment d'insécurité, le besoin d'être rassuré et un désir de domination vis-à-vis de la mère qui en résultent. L'enfant veut avoir la certitude qu'elle est entièrement à lui et totalement soumise à ses désirs (surtout la nuit) et qu'elle n'est disponible pour personne d'autre. Ces désirs inconscients engendrent à leur tour des sentiments de culpabilité, qui peuvent se transformer en symptômes.

L'énurésie est l'un de ces symptômes et, comme tous les dérèglements, elle a une signification et engendre un bénéfice secondaire : obliger la mère à rester près de lui et à le toucher. Par son « pipi », l'enfant veut avoir la certitude que « l'attribut masculin » existe encore et n'a pas été supprimé par la vengeance de la personne contre laquelle il éprouve des sentiments de jalousie et d'exclusion : le père.

Il n'en reste pas moins que son comportement révèle, tant chez lui que chez vous, une difficulté à se séparer ou un lien trop étroit, qui se substitue peut-être au lien du couple, que l'enfant ne perçoit pas comme prioritaire. Dans votre lettre, vous ne me parlez pas du père, de ce qu'il pense de cette situation et de comment il vit ces déplacements nocturnes. Pourtant, au cours de cette phase, son rôle est fondamental. L'aide de l'enfant dépend de son père, car c'est lui qui doit faire comprendre que sa maman a besoin de dormir et que, à présent, ils peuvent régler certains problèmes entre eux. Un couple est constitué d'un papa et d'une maman et l'enfant doit impérativement en être exclu. Si cela n'est pas clairement accepté par les parents, l'enfant pourra d'autant moins facilement le comprendre, ce qui rendra son développement et sa quête d'identité plus difficiles et douloureux.

Il vomit à la moindre contrariété

Mon fils Thomas de deux ans et demi s'oppose systématiquement à tout ce qu'on lui dit et, quand il a une idée dans la tête, il n'y a pas moyen de lui faire changer d'avis. Ces derniers temps, lorsqu'il veut absolument qu'on lui cède, il vomit, ce qui a tendance à m'affoler. Bien que son pédiatre exclue tout problème physique, Thomas continue à vomir dès qu'on le contrarie. Tant mon mari que moi-même nous nous sentons totalement désemparés et nous ne savons plus quoi faire.

Je crois que Thomas traverse une phase de toute-puissance. C'est une période qui commence lorsque l'enfant fait ses premiers pas et balbutie ses premiers mots et qui s'achève, généralement, vers les trois ans, lorsqu'il est en mesure d'accepter les règles qui lui sont imposées de l'extérieur.

La possibilité de se déplacer de façon autonome et de

pouvoir verbaliser ses désirs procure à l'enfant un sentiment de grande puissance et de triomphe. De totalement dépendant, l'enfant devient autonome sur le plan moteur et il peut décider d'accepter ou de refuser ce qu'on lui propose. Ce n'est pas un hasard si, vers l'âge de deux ans, le premier mot que les enfants prononcent est « non », comme désir d'affirmer leur identité émergente.

Au cours de cette phase, l'attitude des parents est fondamentale. Il importe de respecter le besoin de s'exprimer des enfants et de nous faire part de leur opinion, il convient d'être à l'écoute de leurs exigences, mais il est tout aussi fondamental de leur donner des limites et de leur faire comprendre qu'ils doivent absolument respecter certaines règles. Si ses parents lui parlent avec conviction, l'enfant le ressent et accepte plus facilement d'obéir.

En revanche, quand les parents ont le sentiment qu'en lui disant « non » l'enfant les percevra comme « méchants », alors leur message est perçu de façon confuse, ce qui induit des comportements comme ceux du petit Thomas.

Le rejet des aliments est sans doute un signe qui doit vous faire réfléchir. Cela peut vouloir dire que l'enfant rejette ce qu'il ressent comme « indigeste ». Vu l'âge de Thomas et la phase d'évolution qu'il traverse, je crois que votre fils n'a pas envie d'avaler ce qu'il perçoit comme lourd. Afin de l'aider, il est important que vous vous interrogiez sur la nature des messages que vous lui transmettez, demandez-vous s'ils sont clairs ou confus, puis, dans un deuxième temps, essayez de verbaliser ce qu'il cherche à vous signifier par ses vomissements. Nommer sa colère, reconnaître son désir de contrôler le monde et exprimer sereinement, mais fermement, vos propres décisions, tel est, paradoxalement, ce que votre fils attend de vous.

Handicapé par l'encoprésie

Je suis la tante d'un enfant de huit ans qui, il y a encore trois mois, souffrait d'encoprésie. Ce problème l'a beaucoup handicapé dans sa vie sociale (les enfants sentaient l'odeur), mais il n'y avait pas moyen d'en parler en famille. Un oncle paternel a souffert du même symptôme, qui a disparu à peu près au même âge. C'est pour cette raison que ses parents ont toujours minimisé le problème. Le couple, à présent, s'est séparé et ma sœur a accepté que son fils dorme avec elle. Je suis inquiète pour mon neveu qui, bien qu'excellent élève, me semble triste et un peu maniéré, au point qu'il en devient presque antipathique.

Je comprends votre inquiétude au sujet d'un enfant qui exprime son mal-être par un symptôme si lourd. Face à cette situation, il faut toujours se demander trois choses : qui est présenté comme malade, qui est vraiment malade et qui peut être soigné. Dans le cas dont vous me parlez, il me semble que votre neveu est présenté comme celui qui est affecté d'un symptôme, mais, apparemment, la personne réellement malade, c'est la mère, qui a probablement des difficultés à se séparer de son fils.

L'encoprésie est un trouble précoce, qui se manifeste au tout début de la vie et qui est lié à la nature du rapport entre la mère et l'enfant et à la possibilité de pouvoir exprimer ou non ses propres sentiments hostiles. La mère est peut-être porteuse d'un message inconscient qui empêche l'autonomie de son enfant et il faut se demander quel rôle doit assumer un enfant quand le père est parti.

Votre neveu, intelligent mais peu sympathique, me semble pris en otage par une mère incapable de le rendre autonome. D'autre part, il est probable que, si sa mère se comporte ainsi, c'est parce qu'elle ne se sent pas elle-même libre d'exister, ni suffisamment sûre d'elle. L'incapacité de rester propre pourrait être le prix payé par cet enfant pour prouver sa loyauté envers sa mère. Huit années de dépendance correspondent toutefois à un prix très élevé. Espérons qu'une demande d'autonomie réelle, y compris sous forme de révolte, puisse émerger chez lui ; mais surtout que, bien avant cela, sa mère et son père reprennent leur juste place, en n'hésitant pas, au besoin, à demander de l'aide.

Il a beaucoup changé depuis le départ de son père

J'ai deux enfants, une fille de douze ans et un petit garçon de quatre ans, diagnostiqué comme autiste. Je l'ai emmené chez plusieurs spécialistes, qui n'ont fait que me confirmer ce terrible diagnostic. Jean est très affectueux avec moi et avec son entourage familial. D'ailleurs, à sa naissance, l'on n'avait rien décelé d'anormal.

Il a commencé à changer il y a deux ans, lorsque mon mari a quitté le foyer familial sans aucune explication. C'est comme si Jean ne s'était jamais rétabli du choc de ce départ. Je n'en ai jamais parlé à personne parce que j'étais moi-même bouleversée. Tout est allé très vite : il a commencé à ne plus parler, à s'enfermer sur lui-même.

À présent, il a toutes sortes de comportements étranges : il regarde tourner pendant des heures le tambour de la machine à laver ou bien il allume et éteint sans arrêt la lumière. On dirait qu'il vit dans un autre monde, auquel je suis la seule à pouvoir accéder. Il est très attaché à moi, d'une façon pour ainsi dire morbide, ce qui fait que je suis de moins en moins disponible pour sa sœur, qui commence à en souffrir. Les spécialistes ne me donnent aucun espoir, certains m'ont même conseillé de le placer dans une institution ! Je ne le ferai jamais, et puis, je n'arrive pas à me résoudre à l'idée qu'il n'y a rien à faire...

Je pense comme vous qu'il y a toujours quelque chose à faire, parce que les troubles de Jean, qui se traduisent par un syndrome si extrême, ont une signification qu'il faut s'efforcer de comprendre. En fait, nous n'en voyons que les manifestations les plus superficielles, comme sa fermeture défensive au monde, qui le protège de certaines stimulations, sans doute trop violentes et difficiles à supporter. Tout est bloqué et sous contrôle, tels la lumière que l'on allume et éteint ou le tambour de la machine à laver qui capte le regard par sa rotation continue. Un lien est protégé, le vôtre, un lien désespéré, toutefois, qui, en même temps qu'il le protège, peut devenir étouffant. Si vous êtes la seule à le comprendre, s'il n'y a pas un minimum de distance entre vous, il sera, pour ainsi dire, impossible pour lui d'exister. D'autre part, s'il vous a fallu le protéger et combler le vide laissé par son père, votre fils ne peut combler le vide laissé par le départ de votre époux.

Quand il est avec les autres, Jean a besoin de garder des distances de sécurité. Peu à peu, il parviendra à les raccourcir et à se frayer un passage. Il est important que vous lui parliez de ce qui est arrivé, avec des mots simples et vrais. Pourquoi lui cacher ce qu'il a déjà compris intuitivement ? Sa fragilité l'a conduit à se protéger d'une façon extrême, à s'abriter derrière une forteresse qui le protège du monde.

Une psychothérapie pourrait l'aider. Son issue dépendra du rapport qui s'instaurera avec le thérapeute, de la distance respectée, des empathies possibles. Ce sont des cas, je ne vous le cache pas, extrêmement difficiles, et qui nécessitent un énorme investissement.

Mais il faudrait que vous aussi puissiez bénéficier d'un espace d'écoute, où vous auriez l'occasion de parler de vos difficultés et de vos peurs, afin de retrouver votre identité et vos désirs qui, actuellement, se confondent avec ceux de

Jean. Avant cela, toutefois, il faut que vous puissiez accepter cette forteresse dans laquelle il vit enfermé. Jean est un enfant intelligent, sensible, attentif, mais bloqué. Avec beaucoup de patience, vous parviendrez peut-être à trouver la clef qui vous permettra d'ouvrir cette porte verrouillée.

La mort du père et l'encoprésie

Mon mari est mort depuis quelques mois d'une rupture d'anévrisme. Je n'ai pas précisé la cause de sa mort à mon fils Bruno, qui a huit ans, parce que les médecins m'ont expliqué que mon mari souffrait d'un problème héréditaire, dont mon fils pourrait être également affecté.

Depuis la mort de mon mari, mon petit garçon a un comportement étrange : une demi-heure avant la fin des cours, il demande à sa maîtresse la permission d'aller aux toilettes pour faire caca et il en laisse toujours un peu dans sa culotte. Ce qui me rend furieuse, car je ressens ce geste comme une agression, je n'ai pas encore très bien compris contre qui, si c'est contre moi ou contre l'école.

En outre, mon fils ne s'entend pas très bien avec ses camarades de classe et je lui ai proposé de changer d'école, mais il ne veut rien savoir, parce que c'est l'école qu'a fréquentée son père et il est très attaché à ce détail. Que puis-je faire pour l'aider à surmonter ce problème, à la fois si agaçant et inquiétant ?

Il est vrai que le symptôme d'encoprésie est inquiétant et difficile à comprendre. C'est sans aucun doute un symptôme qui ramène l'enfant à un stade primitif et qui déroute beaucoup les parents.

Toutefois, derrière un symptôme se cache toujours un message important et il convient d'en comprendre la signification latente avant de vouloir le supprimer. Votre fils a vécu la disparition de son père comme un événement d'autant plus tragique que sa mort est survenue brusquement, sans aucun signe avant-coureur, et donc, sans que votre mari ait eu la possibilité de vous dire adieu. Je ne sais pas quelle explication vous avez donnée à votre fils, d'ailleurs sans doute êtes-vous encore vous-même sous le choc d'une perte si brusque, mais je pense qu'il serait bon de revenir sur ce sujet, en lui disant la vérité, y compris à propos de l'hérédité génétique.

La meilleure façon de lutter contre notre destin n'est pas de l'ignorer, mais de le connaître et de définir notre histoire à la lumière de notre expérience, qui est nécessairement différente de celle de nos ancêtres. Votre fils perçoit, à un niveau inconscient, une angoisse familiale, le symptôme dont vous me parlez est peut-être le signe d'une peur et, donc, d'une perte de contrôle.

Le rituel que vous me décrivez me semble indiquer une difficulté de séparation, puisqu'il est accompli au moment de quitter l'école, un lieu qui lui rappelle son père. C'est probablement un rituel de séparation inconscient : laisser quelque chose de soi, au niveau symbolique, au père-école et rapporter quelque chose du père avec soi. Il ne faut pas oublier que votre fils et son père n'ont pas eu le temps de se dire adieu, toutes les émotions qui sont probablement restées enfouies en lui se traduisent d'une manière primitive. Comme vous le voyez, je suis en train d'essayer de donner un sens à un symptôme, mais je suis sûre qu'en connaissant votre histoire personnelle, je pourrais formuler d'autres hypothèses bien plus pertinentes. Je crois qu'il serait souhaitable que vous fassiez appel à un thérapeute, qui pourrait vous aider tous les deux à surmonter une phase si délicate.

Essayez de ne pas vous affoler et de ne pas dramatiser la situation. L'important est que votre fils est en train de vous signaler qu'il a besoin d'aide. Si un épisode aussi dramatique n'avait laissé aucune trace visible, il me semble que vous auriez beaucoup plus de raisons de vous inquiéter.

Y a-t-il une solution au météorisme ?

Je suis la tante d'un petit garçon de dix ans, qui a des difficultés à nouer des liens avec ses camarades de classe. C'est un enfant renfermé et peu communicatif, qui souffre d'un problème de météorisme qui l'amène à s'isoler encore plus. Ma sœur a essayé de changer son alimentation, de lui donner divers médicaments, mais sans succès. Pensez-vous qu'il existe une solution pour cet enfant ? Son ventre est constamment gonflé et tendu, il fait peine à voir.

Si le pédiatre a exclu un quelconque problème physiologique, je crois qu'il serait bon de se demander ce qui, dans ce ventre, a du mal à sortir. Est-ce que, dans son foyer, il y a un dialogue entre parents et enfants, est-ce que l'on peut se parler ou bien les choses doivent-elles rester « en dedans » ? Si c'est le cas, ces « non-dits » resteraient confinés, en quelque sorte, « à l'intérieur », en suscitant une colère qui, à son tour, engendre un dérèglement de l'esprit et du corps.

Mais tout cela dépend surtout de la façon dont votre neveu perçoit ses parents et la réalité extérieure. Il est possible que vous les considériez comme les meilleurs parents du monde, mais que l'enfant les perçoive autrement, comme très stricts et rigides, au point qu'il n'ose pas s'exprimer. Quoi qu'il en soit, à travers le météorisme dont il souffre, son corps envoie un message, qui doit être entendu. Si vous êtes proche de votre neveu, vous pouvez délicatement commencer à lui parler de « ce crapaud qui se cache dans son ventre » et qui a peut-être besoin de sortir.

Notre combat avec un enfant handicapé

Nous sommes les parents d'un petit garçon mongolien de quatre ans, très gentil et très doux. Nous voudrions témoigner, en tant que parents, de la difficulté de notre société, et en particulier de notre système éducatif à intégrer ces « enfants qui ne sont pas comme les autres ». Pour des parents, comme nous, faire accepter ces enfants comme des individus qui ont pleinement le droit de vivre et d'être aimés est un combat incessant.

Chaque enfant a un développement différent. Alors qu'entendons-nous par normalité ? Est-ce simplement tout ce qui rentre dans la norme et ce à quoi nous devons nous conformer ?

Je comprends à quel point il vous est difficile et douloureux de faire face aux réactions des enfants mais aussi des adultes à l'égard de votre petit garçon. Pour les adultes, il s'agit très souvent d'une réaction d'angoisse face à un enfant dont le comportement leur paraît déroutant.

Les enfants en revanche ont tendance à se moquer des petits camarades qui ont un développement différent du leur, parce que, dans l'amour qu'un enfant éprouve pour un autre enfant, il y a toujours le désir et le besoin de s'identifier à lui.

En somme, les enfants se défendent d'aimer leur petit camarade « retardé », parce qu'à leurs yeux il ne représente pas un modèle auquel ils peuvent s'identifier. Leur réaction s'explique pour ainsi dire par une sorte de prudence « inconsciente ».

Je crois que les parents doivent aider les enfants « normaux » à être tolérants à l'égard de toutes les infirmités et de toutes les différences, en leur faisant comprendre que cela aurait pu leur arriver, que ces enfants-là aiment la vie autant qu'eux et qu'ils ont d'autant plus besoin d'être soutenus et entourés d'affection.

J'espère que votre petit garçon a une vie sereine, grâce à votre amour et à votre soutien. En général, les enfants retardés sont très doux et sereins, ils sont très sensibles aux autres et ils ont une vie intérieure très riche. Quand ils sentent qu'on ne les aime pas, ils en souffrent plus que les autres, car ils n'ont pas ces compensations qu'ont les autres enfants en dehors de leur cadre familial, à la crèche, à l'école ou lorsqu'ils se découvrent des affinités avec leurs petits camarades. Les petits mongoliens sont très attachés à leur famille, qui reste le centre de référence de leur sensibilité.

Il est triste de constater que, une fois surmontée l'épreuve que représente la naissance d'un enfant mongolien, ses parents ne parviennent pas toujours à découvrir la générosité et la sensibilité de son caractère, ainsi que l'immense capacité de tolérance et d'indulgence qu'il peut manifester à l'égard de leurs difficultés.

Il est important d'aider un enfant mongolien à surmonter la « blessure » que ses parents ont pu lui infliger au départ, afin qu'il puisse au moins être sûr de leur affection et ne pas douter des personnes qui lui sont les plus chères au monde.

Le langage

Un langage incompréhensible

Est-ce qu'il est normal que mon fils Thomas de deux ans et demi ne parle pas encore ? En fait, il a un langage très bizarre, que seule ma femme parvient à comprendre, et il n'y a pas moyen de lui faire répéter quelque chose de sensé. De plus, quand nous ne répondons pas à ses questions, il se met en colère, mais comment pourrions-nous lui répondre puisque nous ne comprenons rien à ce qu'il dit ?

Pour le reste, c'est un enfant normal, très attaché à sa maman, juste un peu renfermé, peut-être parce qu'il se rend compte qu'il ne parvient pas à parler comme les autres.

Je sais qu'il existe des techniques qui pourraient l'aider à mieux s'exprimer et je voudrais savoir si nous devons consulter un spécialiste, d'autant que l'an prochain nous souhaitons l'inscrire à l'école maternelle...

La parole sert de pont entre deux personnes. Quand deux individus sont trop proches, ce pont n'est plus nécessaire, puisqu'il n'y a aucune distance à franchir. Le rapport entre votre fils et votre femme est peut-être encore si fusionnel et exclusif que Thomas n'éprouve pas le besoin d'entrer en communication avec les autres.

Chaque enfant évolue à son rythme et se sépare de sa maman lorsqu'il se sent suffisamment prêt et sûr de lui pour le faire, sans compter que pour sa maman aussi cette séparation peut représenter un écueil plus ou moins facile à surmonter, tout dépend de la façon dont, dans son enfance, elle a vécu elle-même ses propres expériences de séparation.

Souvent, les difficultés des enfants traduisent les difficultés de leurs parents. Je vous inviterai à réfléchir sur ce point, car les enfants sont très intuitifs et comprennent parfaitement nos difficultés.

D'autre part, le comportement de votre fils exprime clairement son incapacité momentanée de rentrer en relation avec le monde extérieur et, à son âge, il lui est difficile de prendre ses distances avec sa maman s'il ne se sent pas autorisé à le faire. Seule sa maman peut le comprendre, me dites-vous, ce détail m'amène à penser que votre fils et sa mère ont noué un double lien très exclusif, qui écarte le père. Il existe certainement une raison, plus ou moins obscure, qui explique que votre femme ait permis que cette situation s'instaure.

Pourquoi bégaye-t-il ?

Ces derniers temps, notre fils Henri, de quatre ans, a recommencé à bégayer. Cela s'était déjà produit, il y a deux ans, mais le problème semblait s'être résolu tout seul.

Henri a toujours été un enfant difficile et solitaire, il est très attaché à sa maman et il supporte mal l'intrusion de quelqu'un dans leur relation. Il a également toujours eu des difficultés à s'endormir et lorsqu'il était bébé nous avons vécu un véritable enfer.

À présent, avec ce bégaiement qui recommence, d'une façon plus accentuée et plus embarrassante que la première fois, nous commençons sérieusement à nous poser des questions. Ma femme et moi avons décidé de faire comme si de rien n'était devant l'enfant et de ne pas souligner le problème. Pourtant, il doit sûrement y avoir quelque chose à faire...

Pourquoi vouloir absolument faire quelque chose ?

Ne vaut-il pas mieux être à l'écoute de ce que signifie cette difficulté ? Les troubles du sommeil, le bégaiement sont des signes de mal-être que cet enfant vous envoie depuis déjà longtemps, un langage du corps, qu'il vous adresse et qui a besoin d'être entendu pour être compris.

L'histoire d'un enfant s'entrelace toujours avec l'histoire de ses parents et cette dimension doit être prise en compte. Les troubles du sommeil ou du langage peuvent avoir de multiples significations et il est difficile, sinon impossible, de vous donner une réponse pertinente sans connaître votre histoire. Mais, puisque vous êtes mieux placés que quiconque pour connaître votre histoire familiale, peut-être pourriez-vous commencer à l'explorer. Il serait simplificateur de prétendre que le bégaiement traduit une forme d'agressivité qui ne parvient pas à s'exprimer autrement.

Cette interprétation dépend toujours plus ou moins de l'âge de l'enfant. En ce qui concerne Henri, il me semble que cet enfant a des difficultés à renoncer à une relation privilégiée et protectrice avec sa mère.

La domination qu'il paraît exercer sur vous, son isolement et sa difficulté à entrer en contact avec ses camarades me font penser à une position de toute-puissance qui l'amène à vivre constamment ses désirs en termes de contrôle. Or ce genre d'attitude débouche toujours sur un état d'anxiété.

Peut-être faut-il l'aider à accepter les règles qui lui sont imposées par le monde extérieur, lesquelles ne sont pas toujours conformes à ses désirs. Il est possible que vous trouviez difficile de lui donner des limites parce que pour vous le mot limite signifie frustration, mais ces limites sont nécessaires pour aider Henri à grandir.

Il est paradoxal de faire semblant de rien, alors que, de toute évidence, son symptôme vous pose problème. N'est-ce pas encore une façon de nier la réalité ? Si l'on continue à nier les messages qu'il envoie, ces efforts n'auront servi à rien et, même si ces symptômes disparaissent, ils risquent de resurgir sous une nouvelle forme. Autant d'occasions perdues, autant de rendez-vous manqués pour accéder à la vérité.

La vérité, du reste, n'est parfois qu'une toute petite difficulté qui, à un moment donné, a besoin d'être regardée en face. Cette réflexion vous concerne tous les trois, car Henri doit comprendre que son mal-être a été entendu et accepté et que vous n'avez pas cherché à l'occulter à tout prix parce qu'il vous faisait peur.

Un langage chaotique

Mon petit-fils aura trois ans dans quelques mois. Ce qui m'étonne, c'est qu'il a commencé à bégayer d'un jour à l'autre. En fait, il s'interrompt au début de ses phrases, comme s'il cherchait péniblement à exprimer une idée et qu'il ne parvenait à l'énoncer qu'après quelques secondes de bégaiement. Mais, même quand il va jusqu'au bout de sa phrase, il omet toujours des mots. Jusqu'à présent, il a communiqué avec nous en prononçant des mots entiers, mais en les rattachant entre eux de façon chaotique.

Pourquoi bégaye-t-il ? Je suis très inquiet. Ses parents, qui ont la quarantaine, sont affectueux avec lui, même si parfois ils ont tendance à se disputer un peu (sans excès). Quant à nous, ses grands-parents, notre petit-fils nous voit tous les jours et, de toute évidence, il nous préfère à n'importe quel autre passe-temps ou jouet.

Les grands-parents sont très souvent sensibles à des détails que les parents considèrent comme insignifiants.

Votre inquiétude à propos de votre petit-fils me semble justifiée et mérite quelques remarques, non parce qu'un bégaiement, à cet âge-là, constituerait une pathologie sérieuse, mais parce que c'est toujours un signe de mal-être, dont vous vous êtes aperçus et auquel il faut prêter attention.

Le bégaiement peut avoir différentes significations, quoi qu'il en soit, il révèle toujours un état d'anxiété et d'agressivité, qui se traduit par une difficulté à s'exprimer. Très souvent, les gens qui bégayent ont des difficultés à extérioriser leurs émotions et en particulier des sentiments de colère, qu'ils subissent de façon passive.

Il est possible que, par son bégaiement, votre petit-fils décharge une colère qu'il subit, en assistant à des scènes ou à des tensions entre ses parents. À cet âge-là, l'enfant est très égocentrique et il a tendance à se sentir coupable des événements qui se produisent dans sa famille. Une discussion, donc, qui, pour nous adultes, est banale, peut être vécue de façon d'autant plus angoissante par l'enfant qu'il s'imagine être la cause du malaise qu'il perçoit.

Mais, grâce à votre inquiétude de grand-père, le symptôme de votre petit-fils acquiert un sens et nous indique que cet enfant subit une situation et des tensions qu'il ne parvient pas à exprimer clairement.

Je crois qu'il est important que ses parents rassurent cet enfant, en lui expliquant qu'il ne doit pas avoir peur lorsqu'il les entend se disputer, qu'il n'arrivera rien de grave et qu'il ne sera pas abandonné. Je sais que ce genre de réassurance peut paraître excessif mais de tels discours, loin d'être superflus, sont toujours nécessaires.

Il faut parler aux enfants de leurs peurs et les rassurer. En tant que grand-père attentif et affectueux, vous aussi pouvez parler à votre petit-fils, en lui disant que son bégaiement vous fait penser qu'il a peut-être peur de quelque chose. En revanche, je ne crois pas qu'il soit bon de faire comme si de rien n'était en ignorant ce symptôme. L'enfant se rend parfaitement compte de sa difficulté et il lui est douloureux de voir que sa famille ne le comprend pas. J'éviterais, pour le moment, l'intervention d'un spécialiste. À cet âge-là, un tel symptôme, en soi, n'est pas grave. Mais il peut le devenir, si l'on ne comprend pas son message implicite.

La réalité et l'imagination

Pourquoi ne veut-il plus dessiner ?

Michel est entré à la maternelle il y a déjà trois ans, mais je ne l'ai jamais vu faire de beaux dessins. C'est un enfant calme, plutôt sociable, mais qui refuse systématiquement de dessiner. Sa maîtresse lui a proposé des albums de coloriage, elle a essayé de le stimuler en le faisant participer à des jeux très amusants, mais il n'y a rien à faire.
Vers l'âge de trois ans, il avait commencé à faire des gribouillages, mais ensuite il s'est bloqué. Que puis-je faire pour l'aider ?

Le laisser tranquille. C'est à lui de décider s'il veut représenter son monde intérieur ou bien le garder caché. Donnons-lui cette liberté.

Les gribouillages d'un enfant de deux ans sont des dessins à part entière, ils ont exactement la même valeur que les dessins qui nous semblent plus construits. Je trouve parfaitement absurde de vouloir canaliser ou encadrer, par une technique quelconque, une impulsion qui jaillit directement de l'inconscient.

Le dessin d'un enfant nous permet d'accéder à son monde intérieur et il est merveilleux de voir tout ce qu'il peut nous révéler. Le plus important, c'est de demander à Michel ce que dessiner représente pour lui et de respecter ce qu'il dit. Demandez à votre fils pour quelle raison il ne veut plus dessiner et, selon sa réponse, vous pourrez mieux comprendre comment l'aider. Peut-être a-t-il besoin qu'on l'aide à avoir davantage confiance en lui ou bien tout simplement qu'on l'écoute et qu'on accepte ses explications.

Il reproduit en jouant des scènes vues à la télévision

Notre fils de cinq ans ne regarde pas beaucoup la télévision et dès qu'il y a un spot publicitaire nous changeons aussitôt de programme.

Pourtant, nous nous sommes aperçus que, lorsqu'il s'amuse, il répète souvent des slogans publicitaires et que, lorsqu'il joue à des jeux un peu violents, il lui arrive de reproduire des scènes vues à la télé.

La télévision est un média fascinant pour tous. Bon nombre d'adultes sont totalement captivés par le petit écran, d'autres préfèrent ne pas l'avoir chez eux, afin de ne pas se laisser tenter. Les enfants sont très sensibles au langage télévisuel et plus particulièrement aux messages publicitaires, qui proposent des images séduisantes et des slogans agréables à l'oreille.

Leur capacité d'imitation les amène à s'approprier ces slogans et à les utiliser comme un langage verbal ou gestuel. Le danger, c'est que ces messages pénètrent dans l'esprit sans aucune modulation ni médiation.

Contrairement aux fables, qui constituent un récit où le locuteur, le ton de la voix et le contexte physique peuvent être à chaque fois différents, la télévision propose un scénario qui peut être difficilement élaboré.

Une des façons de rendre le petit écran moins aliénant pourrait être de demander à l'enfant ce qu'il pense de ce qu'il a vu et de l'inviter à donner son avis. Ainsi, l'on transforme une expérience vécue habituellement par l'enfant d'une manière passive et solitaire en une expérience active.

Pour en revenir à votre fils et aux comportements qu'il imite à partir des images vues à la télévision, je crois qu'il est normal qu'un enfant exprime son agressivité à travers le jeu. Prendre pour modèle un dessin animé ou un film pour exprimer sa colère ou sa peur constitue une soupape de sécurité à laquelle l'enfant recourt pour trouver son équilibre. En revanche, il faut faire attention à ce que l'enfant ne soit pas victime de son imagination et ne perde pas pied avec la réalité. Quand cela se produit, c'est souvent le signe qu'un certain seuil est dépassé et il est important alors que l'adulte serve de médiation pour canaliser un surplus d'images et d'informations.

Faut-il dire aux enfants la vérité sur le père Noël ?

Tandis que je parlais avec mon mari des cadeaux de Noël que je pensais offrir à nos filles Claudine et Henriette, âgées respectivement de huit et cinq ans, je me suis aperçue que l'aînée était en train de nous écouter. Jusqu'à présent, elles ont toujours cru au père Noël, mais j'ai l'impression que Claudine a découvert la vérité et je ne sais plus comment me comporter. Elle fait semblant de rien, nous aussi d'ailleurs, mais je ne sais pas si c'est vraiment la bonne solution. Désormais, puisque le rêve s'est brisé, ne vaudrait-il pas mieux leur dire la vérité ?

Je crois que le choix de connaître ou pas la vérité dépend essentiellement de votre fille. Vous pouvez très bien continuer à nier et à faire semblant de rien.

Fort heureusement, chaque être humain dispose de ce que l'on appelle des mécanismes de défense, qui l'aident à affronter certaines situations lorsqu'il ne se sent pas encore prêt à les supporter. Le déni est sans doute le premier de ces mécanismes et il est possible que, inconsciemment, Claudine soit précisément en train d'y recourir. Cela est sans doute lié à son besoin de croire encore en ses parents, en une fable ancestrale, en un récit qui lui est proposé pour satisfaire ses désirs les plus profonds.

Mais, un jour ou l'autre, la vérité s'impose. C'est un stade qui représente presque toujours une rupture, une perte de repères pour l'enfant, que son rapport à la magie sécurisait et qui est d'autant plus difficile à vivre qu'il est marqué par la perte et l'abandon d'un rêve.

Malheureusement, la vie est une succession de pertes, l'important, c'est que ces pertes puissent être contrebalancées par de nouvelles prises de conscience. Il est possible que Claudine se sente, pour ainsi dire, trompée. Si c'est le cas, il serait bon de lui parler (à condition que ce soit elle qui aborde le sujet) et de lui expliquer que la connaissance de la réalité peut avoir des avantages, comme par exemple le fait de savoir qu'elle a des parents qui ont toujours cherché à satisfaire ses désirs, en somme que connaître la vérité ne signifie pas que l'on doive pour autant cesser de désirer. Je crois qu'il est essentiel de dire aux enfants qu'ils doivent écouter leurs désirs, mais que les désirs ont un prix, car, pour atteindre un objectif ou pour réaliser un rêve, il faut savoir attendre et accepter de faire des efforts.

De nos jours, en revanche, je vois des enfants qui n'ont même plus le temps de désirer et qui vivent dans un espace « saturé » par une quantité exorbitante d'objets. Je crois que les parents devraient faire en sorte de respecter l'espace imaginaire de leur enfant, en ne cherchant pas à le remplir par leurs propres projections. Si la structure psychologique de Claudine est saine, elle acceptera, certes, avec un petit pincement au cœur, ce moment de vérité, sans cesser pour autant de rêver.

Perd-elle pied avec la réalité ?

Récemment, nous avons déménagé dans une maison beaucoup plus belle et confortable que la précédente et nous avons préparé notre petite fille Élisabeth, âgée de cinq ans.

Au début, elle avait l'air plutôt contente mais, une semaine après notre déménagement, elle s'est construit une petite cabane sous la table du salon et, après y avoir rangé ses jouets, elle nous a dit que, désormais, elle mangerait et dormirait dans sa cabane.

Quand nous l'amenons dans sa chambre, elle commence à pleurer et elle fait des scènes épouvantables ! Je la vois souvent jouer avec son petit ours en peluche préféré, en fait, elle lui parle tout le temps, en faisant mine de nous ignorer. J'ai l'impression qu'elle commence à perdre pied avec la réalité ou bien c'est peut-être moi qui deviens folle.

D'après ce que m'a dit sa maîtresse, lorsqu'elle est à l'école, elle se comporte pourtant d'une façon tout à fait normale...

Grâce à votre lettre, nous parvenons à comprendre la fonction essentielle du jeu, qui est de permettre à l'enfant d'exprimer ses états d'âme, ses problèmes et ses désirs. Le jeu d'Élisabeth a certainement une fonction thérapeutique, car, en mettant en scène ce qui est vécu intérieurement comme difficile et pénible, l'enfant parvient à extérioriser ses émotions et ses fantasmes.

Je crois qu'il est important de respecter l'artifice d'Élisabeth, car j'ai tendance à penser que sans ce subterfuge votre enfant serait déprimée. Élisabeth est en train de vous montrer qu'elle est encore très attachée à son passé et peu lui importe si la maison d'aujourd'hui est plus belle que l'ancienne. Bien que vous l'ayez préparée à ce changement, il ne faut pas oublier que les enfants n'ont pas la même notion du temps que les adultes.

Le temps, pour un enfant, est une notion très floue,

qu'il n'apprivoise que très lentement, à mesure qu'il commence à intégrer certaines références du monde extérieur. En mettant en scène ses difficultés, petit à petit, Élisabeth parvient à faire la transition entre son ancien et son nouvel univers.

Il est important que vous compreniez ses besoins, afin de partager ce moment avec elle. Ne soyez pas pressés et ne cherchez pas à lui tenir des discours rationnels, cela ne servirait à rien, laissez-lui le temps de faire le « deuil » de son ancienne maison, car cette adaptation progressive constituera une garantie de son équilibre intérieur.

Les mensonges

Pourquoi ment-il ?

Mon fils Alexandre a commencé à mentir après la naissance de son petit frère. Ce qui m'inquiète le plus, c'est que non seulement ses mensonges ne servent pas à couvrir des bêtises ou à obtenir quelque chose, mais qu'il me les débite toujours sur un ton très sérieux.

Généralement, un enfant qui dit des mensonges a des difficultés à accepter la réalité telle qu'elle est, d'où son besoin de la transformer pour la rendre conforme à son désir.

C'est vers l'âge de trois ans que l'enfant acquiert le sens de la réalité, lorsqu'il dépasse sa vision égocentrique du monde et ses sentiments de toute-puissance, liés à ses récentes conquêtes enthousiasmantes du langage et de la déambulation. Après avoir « métabolisé » ces acquis, l'enfant est prêt à regarder autour de lui et à considérer les autres et le monde environnant. Or son acceptation de la réalité est liée à son assurance intérieure et à la qualité de ses relations familiales.

Lorsque son petit frère est né, Alexandre était dans cette phase d'élaboration, ce qui a probablement affecté son rapport à la réalité extérieure, trop pénible à supporter. Votre fils a-t-il été préparé à cette naissance ? Comment s'est-il comporté avec son frère ?

Très souvent, les petits changements échappent à notre attention. C'est pour cela qu'il est important d'être à l'écoute de l'enfant, de lui demander son avis, de l'interroger sur ses émotions et de lui consacrer un peu de votre temps durant la journée. Si minime soit le temps que vous pourrez lui consacrer, il faut absolument que votre enfant vous sente entièrement disponible. Par ses mensonges, Alexandre vous montre qu'il se sent tellement fragile et incapable d'accepter la réalité, qu'il préfère nier pour pouvoir construire son propre monde.

Je l'ai accusée à tort de vol

La semaine dernière, j'ai accusé à tort Alice, ma petite fille de dix ans, de m'avoir volé de l'argent que j'ai retrouvé ce matin, en rangeant mes tiroirs. Je me suis comportée comme un monstre, j'ai commis une grave injustice et je ne sais pas comment la réparer.

Je crois qu'il importe, avant tout, de comprendre les raisons de votre comportement. En apparence, il semble que le plus urgent soit de réparer l'injustice subie par votre fille. En réalité, le plus important, c'est que vous preniez le temps de réfléchir sur ce qui vous a poussée à trahir la confiance que votre fille avait en vous, car l'avoir accusée à tort signifie avoir trahi sa confiance. C'est précisément cela qui l'a fait souffrir. Vous vous sentez coupable, parce qu'une fausse accusation a enlevé à Alice cette confiance que, petit à petit, vous étiez parvenue à instaurer entre vous. Il est possible que vous ayez eu des expériences malheureuses concernant l'argent ou que l'on ait trahi votre confiance et il est possible que ces expériences vous aient marquée au point de provoquer chez vous une réaction si violente.

Il arrive souvent que nous nous identifiions à nos

enfants et que nous leur fassions subir des expériences vécues dans notre enfance. N'ayez pas peur de montrer que vous regrettez votre geste, en avouant votre faiblesse, votre fille comprendra alors que ce qui vous a poussée à l'accuser et donc à trahir sa confiance relève d'une réaction inconsciente, qui n'a rien à voir avec elle, et qui la blanchit de l'hypothèse odieuse de tout soupçon.

Un garçon timide qui invente des histoires

J'ai un fils, Alexandre, qui aura bientôt treize ans et une petite fille de neuf ans. Mes enfants ne s'entendent pas très bien. Mon fils traite mal sa sœur, la tourmente, se moque d'elle, non seulement à la maison, mais également lorsqu'ils sont entre amis. À l'école, il n'est pas brillant, mais il reporte toujours la faute sur d'autres, professeurs ou camarades, qui le perturbent.

Ce qui m'inquiète, c'est qu'il ne me parle jamais de ce qu'il vit, je voudrais qu'il y ait plus de dialogue entre nous. Parfois, il me répond mal, au point que je suis obligée de le reprendre, ou bien il grossit les choses et invente des histoires. Il souffre d'une forme de timidité qu'il tente de compenser en jouant les fanfarons, ce qui finit par le rendre antipathique. Je ne sais plus quelle attitude adopter à son égard, d'autant qu'il est en pleine croissance, ce qui ne signifie pas qu'il ne doive pas respecter les autres.

Choisissez un moment où vous êtes détendue pour lui parler, en essayant d'éviter de longs discours pédagogiques. Très souvent, les parents tendent à souligner uniquement les aspects négatifs de leurs enfants, parce qu'ils veulent les aider, en toute bonne foi. Cette attitude entame la confiance de l'enfant, qui finit par ne plus se sentir à la hauteur et qui se vit comme perpétuellement en manque de quelque chose.

Votre fils sait très bien comment il doit se comporter, la difficulté pour lui est de s'accepter de façon positive.

En ayant une meilleure estime de lui-même, en étant plus sûr de lui, l'enfant sera encouragé et incité à se dépasser. S'entendre dire que l'on est doué est toujours gratifiant, en revanche, ne jamais avoir la moindre confirmation de sa valeur entraîne un manque de confiance, qui peut déterminer l'orientation de toute une vie.

Vous dites être inquiète parce que votre fils ne vous parle pas de ce qu'il est en train de vivre. Je crois qu'il lui est très difficile, au cours de cette phase de préadolescence, de formuler explicitement une demande d'aide. Au lieu de s'exprimer par des mots, il agit de façon impulsive, mais son comportement n'en a pas moins la signification d'un langage.

En fait, votre fils vous parle de sa souffrance, de sa difficulté à se sentir bien dans sa peau, de ses efforts pour projeter à l'extérieur sa colère et son insatisfaction. Sans doute est-il effrayé et a-t-il besoin que quelqu'un le rassure, en lui donnant précisément une image positive de lui-même. Je crois que telle est effectivement l'aide qu'il vous demande. D'autre part, à son âge, la figure du père est plus importante que jamais, elle constitue à la fois un point de référence et de comparaison.

Votre fils a absolument besoin de sentir que son père est à ses côtés, et aujourd'hui plus que jamais. En ce qui concerne ses rapports avec sa sœur, je crois que cela ne concerne que vos enfants et il est inutile et dangereux que les parents jouent les arbitres. C'est une phase essentielle de leur vie, où se joue leur capacité de s'affirmer et de se situer les uns par rapport aux autres, de savoir s'écouter et se respecter mutuellement, sans oublier leur capacité à se débrouiller tout seuls. Il est nécessaire de reconsidérer la nature de ses liens avec son père, qui représente l'autorité familiale. Si la figure du père est perçue comme distante et inaccessible, Alexandre l'acceptera difficilement et, par conséquent, il aura du mal à s'accepter. Mais, bien entendu, il ne s'agit là que d'une simple hypothèse.

Quoi qu'il en soit, il me semble important que ces mensonges soient entendus comme un langage distordu, qui suscite de l'angoisse. L'angoisse que vous ressentez est probablement équivalente à celle que ressent Alexandre devant la vie, et c'est précisément celle-ci qu'il essaye de surmonter avec ses mensonges.

Un adolescent voleur

Depuis quelque temps, nous nous sommes aperçus que notre fils de quatorze ans volait. Après l'avoir surpris à plusieurs reprises en flagrant délit, nous lui avons expliqué la gravité de son geste et les dangers qu'il courait en continuant ainsi. Mais il n'y a rien à faire.

Il est fils unique, il manque d'initiative, il n'a pas d'amis et c'est un garçon plutôt renfermé. Il a l'air plus petit que son âge. C'était pourtant un élève brillant jusqu'à l'âge de dix ans et qui semblait avoir de grandes capacités. Je ne sais plus quoi faire. En outre, j'ai de graves problèmes avec mon mari. Nous ne nous entendons plus depuis longtemps et l'atmosphère à la maison est toujours tendue. Je ne sais pas s'il y a un lien entre nos problèmes conjugaux et le comportement de mon fils, quoi qu'il en soit, je puis vous assurer qu'il ne manque de rien.

À l'âge de dix ans, votre fils a sûrement été confronté à une situation qui l'a amené à régresser, qui a entamé sa fierté et bloqué son désir de devenir un garçon responsable. Il est probable qu'au moment où votre couple a commencé à battre de l'aile, sa capacité de s'identifier à son père, son désir de lui ressembler aient été entamés. Votre fils a pris conscience de votre souffrance en tant que femme. Lui avez-vous parlé de vos difficultés, ce qui lui aurait permis de comparer ses impressions avec la réalité que vous étiez en train de vivre ? Il est toujours difficile de parler de ses émotions et en particulier de sa souffrance.

Vous me dites que votre fils dispose de tout. Il ne manque peut-être pas d'objets, mais il lui manque sans doute la possibilité de parler et d'entendre quelqu'un lui parler des émotions qui correspondent à la réalité qu'il est en train de vivre. C'est cet état de confusion qui le pousse à voler des objets, peut-être dans l'espoir illusoire de remplir un vide affectif. Bien que votre couple soit en crise, votre mari n'en demeure pas moins le père de votre enfant. À ses yeux, il représente l'autorité, une figure à laquelle s'identifier, avec laquelle parler et qui ne devrait jamais être remise en cause, surtout en ce moment. Ce vide affectif que vous ressentez tous et qui pousse votre fils à voler doit être rempli d'urgence par un dialogue sincère, qui n'a peut-être jamais existé.

Ses mensonges m'inquiètent

J'étais sur la plage avec Gustave, mon petit dernier de cinq ans, et, malgré moi, j'ai entendu ce qu'il disait à ses camarades, qui faisaient cercle autour de lui, tandis qu'il gesticulait dans tous les sens.

Il racontait des choses absurdes : que je connaissais personnellement Zinedine Zidane, que nous l'avions invité à dîner chez nous et qu'il allait bientôt l'emmener dans son club d'entraînement pour lui présenter d'autres footballeurs. Ses amis semblaient captivés par ses mensonges, moi, en revanche, je commence à m'inquiéter sérieusement, car il raconte de plus en plus des histoires incroyables qu'il invente de toutes pièces.

Ces histoires incroyables sont le fruit de l'imagination de votre fils et de son désir de participer à la construction de cette réalité imaginaire. L'imaginaire des enfants est tellement riche qu'il doit être préservé. Les priver de ces rêves risque d'entamer leur capacité de désirer et de se détendre.

Imaginer ne signifie pas mentir, mais créer une réalité conforme à ses désirs. À cinq ans, votre fils est certainement encore dans une phase de toute-puissance, d'où son désir d'être aussi attirant, sinon plus, que son père.

Le mensonge, en revanche, relève du calcul et, très souvent, les enfants mentent parce qu'ils ont peur d'être punis ou humiliés. C'est à nous, donc, de nous interroger sur l'éducation que nous leur donnons et sur nos réactions, lorsqu'ils font quelque chose de mal.

Laissez rêver Gustave, en lui proposant éventuellement de dessiner les histoires fantastiques qu'il raconte. Encouragez son imaginaire et ne l'étouffez pas, en le soumettant à une douche froide et à un examen sévère de la réalité. Si vous le pouvez, laissez-vous aller à quelques rêveries avec lui. Peut-être pourrez-vous ainsi vous rapprocher de façon empathique du monde intérieur de votre fils et en comprendre mieux les besoins.

Il est certain que si Gustave avait huit ans, et non pas cinq, alors ses « mensonges » seraient le signe d'un refus de la réalité, autrement dit, ils auraient une tout autre signification, qui mériterait sans doute une analyse plus approfondie.

La sexualité

La curiosité d'une mère

L'autre jour, je regardais mon fils faire ses devoirs, tout émerveillée de constater à quel point il est grand et bien formé pour ses douze ans. C'est peut-être la raison pour laquelle je lui ai demandé, sur un ton amusé, s'il avait des poils sous les aisselles et sur le pubis.

Il m'a incendiée du regard et il s'est fâché, en me disant qu'il n'avait pas à me répondre et en me priant de sortir de sa chambre. Il m'a fait une scène incroyable, qui m'a mise mal à l'aise.

Après tout, il me semble que j'ai manifesté une curiosité plutôt normale pour une mère, et je ne pense pas lui avoir manqué de respect. Jusqu'à présent nous nous sommes toujours tout dit et je suis très fière de lui, car c'est un élève brillant et un très beau garçon. Pourquoi se montre-t-il hostile à présent, alors que je ne faisais que lui manifester mon intérêt ?

Heureusement, votre fils sait parfaitement se défendre contre une intrusion abusive. Sa réaction est d'autant plus légitime que vous avez une relation très étroite. À présent, vous devez commencer l'un comme l'autre à construire un espace privé et il faut absolument que vous appreniez à respecter l'intimité de votre fils. La sexualité de votre fils est une affaire privée qui ne regarde que lui.

Si votre fils a besoin d'informations, c'est lui qui vous les demandera. D'autre part, il est important que son père constitue désormais son principal point de référence. Il est vrai que les pères sont parfois absents, déléguant l'éducation de leurs enfants entièrement à la mère. Malheureusement, c'est une grave erreur, car l'absence de l'une des deux figures parentales constitue un risque pour la santé mentale d'un enfant. Le père est une figure essentielle pour aider le garçon à se séparer de la mère et il est nécessaire que l'adolescent puisse s'identifier à lui, après une période d'opposition.

Il en est de même pour la fille, la douceur et la compréhension d'un père, au cours de la première période de sa vie, l'aideront d'autant mieux, par la suite, à se sentir libre de vivre sa vie sentimentale et sexuelle. Tout cela pour vous dire qu'il est difficile qu'un seul parent puisse réunir la totalité et la complexité des fonctions dévolues au couple parental.

Dans votre cas, entendez la ferme opposition de votre fils comme un signal d'alarme. Ne soyez pas vexée, car votre amertume finirait par peser sur lui. En revanche, servez-vous de cet incident pour analyser votre difficulté à le voir grandir et à respecter son intimité.

Il achète des revues pornographiques

Je ne sais plus quel comportement adopter avec mon fils de huit ans. L'autre jour, je l'ai vu rentrer à la maison l'air tout gêné et je me suis aperçue qu'il dissimulait quelque chose sous sa veste. Je lui ai demandé de me montrer ce qu'il cachait, mais il a refusé, sous prétexte que ce n'était pas des choses pour moi. Je lui ai expliqué calmement que tout ce qui l'intéressait m'intéressait aussi ; finalement, il m'a tendu une liasse de magazines en me demandant de les lui rendre. C'était des revues pornographiques avec des photos vraiment obscènes.

Sur le coup, comme je ne savais pas quoi lui dire, j'ai essayé de gagner du temps, en lui demandant de me les confier. J'ai arraché quelques pages, qui me semblaient vraiment trop osées, et je lui ai rendu ses revues, en lui faisant clairement comprendre que j'aurais préféré qu'il les jette, ce qu'ensuite nous avons fait ensemble. Mais, à présent, je me demande si j'ai eu raison de l'obliger à jeter ces revues sans lui donner de longues explications, d'autant que j'étais vraiment trop embarrassée.

En fait, une question est restée en suspens entre vous : la sexualité.

Votre embarras initial est compréhensible, mais vous pouvez reprendre cet argument avec votre fils, en lui faisant part de vos difficultés à répondre et en lui expliquant que son père est la personne la mieux indiquée pour parler avec lui de ces questions. Bien entendu, vous pouvez lui expliquer pourquoi vous ne trouvez pas ce genre de revues intéressantes et ce qui distingue, selon vous, la pornographie de la sexualité.

De nos jours, les enfants sont soumis à de nombreuses informations et sollicitations qui peuvent les mettre en danger s'ils n'ont pas une ambiance affective qui les protège et qui les aide à élaborer les messages reçus. Ils doivent sentir qu'on peut traiter de ces questions de façon naturelle. Et cela dépend de la relation plus ou moins saine que nous avons avec la sexualité et l'expérience de l'amour. La difficulté d'affronter cet argument cache la peur de les voir grandir et s'éloigner du cercle familial. L'agressivité que vous avez démontrée en déchirant les pages est une tentative de le défendre d'un monde perçu comme inadapté et sale en le rendant néanmoins coupable de sa curiosité de la vie.

Si votre mari avait pris le temps de feuilleter ces revues avec son fils, sans doute aurait-il pu répondre aux questions que votre enfant commence certainement à se poser et qui nécessitent des réponses claires.

Le jeu du docteur

L'autre jour, j'ai surpris ma fille, de trois ans, et son petit cousin cachés derrière un meuble, complètement nus, en train de se toucher le corps. Je suis restée sans voix, je ne savais pas quoi faire. Finalement, j'ai eu la présence d'esprit de les prendre par la main et de leur proposer d'aller jouer dehors. Mais je vous avoue que je suis un peu choquée par ce qui s'est passé. Comment dois-je me comporter, à présent ? Dois-je en parler avec ma fille ?

Un jour ou l'autre, tous les parents découvrent que leurs enfants commencent à explorer leur corps. Rares sont ceux d'entre nous qui, enfants, n'ont pas joué au docteur.

À l'âge de trois ans, l'enfant entre dans la phase génitale qui, sur le plan psychologique et physiologique, se caractérise par un intérêt et un investissement d'énergie pour ses organes génitaux et pour ceux des autres. C'est l'époque des « pourquoi », des « comment ça fonctionne », de la découverte de l'autre. Il est normal que votre fille, comme tous les enfants de son âge, commence à explorer le monde et ses semblables.

Je crois que vous avez bien fait de ne pas souligner excessivement cet épisode, même s'il ne faut pas négliger l'importance de cette phase dans le développement de l'enfant. Il se peut que vous trouviez difficile de parler avec votre fille de ce qui s'est passé, tout dépend du genre d'éducation sexuelle que vous avez reçue. De toute façon, je ne pense pas que cela soit indispensable, à moins qu'elle ne vous le demande expressément. Mais n'oubliez pas que, dans ce domaine, les enfants sont d'excellents autodidactes.

Qui doit prendre en charge l'éducation sexuelle des enfants ?

Récemment, alors que j'assistais à une réunion de parents d'élèves à l'école primaire de mon fils, certains parents et enseignants ont proposé d'inviter un spécialiste pour dispenser des cours d'éducation sexuelle à nos enfants. Certains ont suggéré de faire appel à un pédiatre, d'autres à un psychologue. Qu'en pensez-vous ?

Il existe des enfants plus curieux que d'autres dont l'attitude ou les questions interpellent les parents en les incitant à parler de sexualité.

À cet âge-là, je crois que les personnes les mieux placées pour répondre aux questions des enfants sont leurs propres parents. Dans ce contexte, de même que le père est l'interlocuteur privilégié du garçon, de même la mère est la mieux placée pour dialoguer avec sa fille.

L'intervention d'un spécialiste dans une classe me semble plus appropriée au moment de la préadolescence car, à cet âge-là, il est toujours plus facile de parler à un étranger qu'à un membre de sa propre famille et il existe une demande explicite d'information.

Comment mettre en garde les enfants contre les pervers sexuels ?

Après les récentes affaires de violence sexuelle sur des mineurs, qui ont défrayé la chronique un peu partout en Europe, j'avoue que je suis réellement inquiète pour mes deux filles de cinq et huit ans. Ce sont des petites filles équilibrées et très sociables, un peu trop peut-être, car elles auraient tendance à se laisser aborder facilement par des inconnus.

Comment les mettre en garde contre les éventuelles

agressions d'un sadique, d'un pervers ou d'un exhibitionniste ? Mon mari me dit que j'exagère. Bien sûr, je ne veux pas leur communiquer mes peurs, mais je ne tiens pas non plus à ignorer le danger. Il est difficile de savoir comment mettre en garde des enfants.

Au-delà des recommandations habituelles, comme ne pas accepter des bonbons ou suivre des étrangers, il est important que les enfants ne se promènent pas tout seuls dans la rue, qu'ils soient accompagnés d'un ami et que, quand quelqu'un les aborde, ils puissent dire qu'on les attend à la maison.

Car, lorsqu'un enfant sait qu'il n'y a personne qui l'attend chez lui, il a souvent tendance à se laisser aborder par la première personne qui se montre gentille et attentionnée. D'autre part, il est pénible pour un enfant de rester tout seul chez lui et de devoir attendre éventuellement des heures le retour de ses parents. Dans ces cas-là, il est toujours préférable de s'organiser avec un ami ou un voisin.

Si vous le jugez nécessaire, vous pouvez informer vos filles de l'existence des exhibitionnistes, en leur expliquant que ce sont des personnes malheureuses, qui ne sont pas dangereuses, mais auxquelles il est préférable de ne pas prêter trop attention.

Les pervers, en revanche, sont beaucoup plus dangereux, car ils sont très bien organisés, ils se montrent toujours très rassurants, très gentils, et ils abordent les enfants en prétendant connaître leur papa ou leur maman.

Généralement, ils sont également très patients, ils peuvent guetter leur proie pendant des mois et lorsque l'enfant se sent finalement en confiance, ils lui parlent et lui proposent de le raccompagner chez lui. Ils préparent leur plan à l'avance et très minutieusement et c'est pourquoi il faut être vigilant avant qu'il ne soit trop tard. Si vous avez confiance en vos filles, si vous êtes habituée à leur parler et à les écouter, vous pouvez très bien leur dire qu'il est possible qu'elles rencontrent ce genre d'individus, tout en leur expliquant, sans dramatiser, comment se défendre.

Quel comportement adopter face à un enfant qui se masturbe ?

Je suis la maman d'un petit garçon de quatre ans et demi qui semble trouver du plaisir à frotter ses parties génitales contre le canapé. Cette situation m'embarrasse terriblement et je ne sais pas du tout quoi faire. J'ai essayé de le distraire, en lui proposant de jouer, mais à chaque fois il me répond : « D'accord, on jouera quand j'aurai fini de me gratter. » L'autre jour, j'ai fini par le gronder, je l'ai conduit dans la salle de bains pour le laver en lui expliquant que cela pouvait lui faire du mal. Mais, malgré mes remontrances, il continue de plus belle.

J'ai un rapport très affectueux et serein avec lui, il aime les câlins et en particulier les câlins du matin, que nous échangeons dans le lit conjugal. J'aimerais savoir quel comportement adopter et je vous remercie d'avance pour l'aide que vous pourrez m'apporter.

Les parents sont généralement très embarrassés par la sexualité de leurs enfants et, en particulier, lorsqu'elle se manifeste sous une forme quelque peu exhibitionniste, comme chez votre fils. À cet âge-là, l'enfant traverse une phase pulsionnelle et affective extrêmement conflictuelle. Un plus grand investissement de la zone génitale le conduit à développer des fantasmes érotiques qui, bien entendu, investissent les figures de référence primaires.

D'une manière générale, le garçon projette ses fantasmes de désir et de possession sur sa mère et la fille sur son père. Ce sont les parents qui aideront leur enfant à rétablir les rôles et les fonctions qui reviennent à chacun et qui veilleront à ne pas alimenter leurs fantasmes.

Mais les câlins que votre fils vous réclame le matin sont moins innocents que vous l'imaginez. Aussi, je crois qu'il vaudrait mieux les remplacer par des manifestations d'affection moins « physiques » et plus verbales. En cette phase de son développement, votre fils a besoin que son papa l'aide à « se sevrer », en se donnant comme un modèle d'identification.

Mais il reste tout de même une question que je voudrais vous poser. Comment se fait-il que vous considériez comme « sale » ce que fait votre fils, au point de l'emmener dans la salle de bains pour le laver ?

Votre réaction me semble révéler une certaine peur de la sexualité. Cela est peut-être lié à la façon dont vous avez été élevée et dont vous vivez votre propre sexualité, à la nature des relations que vous aviez avec vos parents et du rapport que vous avez établi avec votre mari.

Prendre conscience des influences que nous avons subies dans notre enfance et du type d'éducation que nous avons reçue peut nous aider à adopter un comportement plus ouvert à l'égard de nos enfants. Autrement, nous courons le risque de leur transmettre des messages confus.

Chez votre fils, la masturbation participe d'un processus d'investigation de son corps et, par conséquent, elle correspond à une phase de son développement. Tant qu'il ne s'agit pas d'une attitude compulsive, le mieux serait que vous acceptiez et teniez compte des explications de votre fils, sans dramatiser, en comprenant que son comportement correspond à un besoin.

Comment parler de sexualité avec ses enfants ?

L'autre jour, ma fille, qui est actuellement en vacances sur une île, me téléphone, en pleurs, en me disant qu'elle a un retard de règles.

Tout à coup, j'ai vu se transformer une jeune fille forte et sûre d'elle en une fillette apeurée qui avait besoin qu'on la rassure.

J'ai essayé de dédramatiser la situation, je me suis fait violence et je lui ai demandé si ses craintes étaient fondées (j'ai toujours beaucoup de mal à parler de sexualité avec elle). Elle m'a répondu de manière confuse, en me disant qu'elle voulait rentrer à la maison.

Elle sera de retour dans trois jours et j'espère qu'entre-temps tout sera rentré dans l'ordre. Dans le cas contraire, que me conseillez-vous de faire ?

Il est impensable que j'en parle à son père, je sais d'avance qu'il réagirait très mal. J'aimerais être sûre de pouvoir faire face à toutes les éventualités mais, en réalité, je suis très angoissée car, à son âge, moi aussi j'ai eu le même problème et j'ai peur de manquer de recul.

Vous êtes sans doute en train d'anticiper un problème qui, fort probablement, n'existe pas, mais je constate que l'éventualité de cette grossesse est au moins aussi angoissante pour vous que pour votre fille, précisément parce qu'elle vous rappelle une situation que vous avez déjà vécue et que vous n'avez peut-être pas encore définitivement réglée.

Il n'est pas facile de parler de sexualité, surtout si personne ne vous a enseigné à le faire et il semble évident à votre réaction que vous êtes en grande difficulté. Votre fille aura surtout besoin d'une mère compréhensive, respectueuse de ses choix et qui, dans la mesure du possible, ne fait pas peser sur elle le poids d'un passé, qui n'a rien à voir avec sa vie présente.

De drôles de jeux

Récemment, j'ai surpris ma fille Françoise, âgée de cinq ans, qui découpait des photos de femmes en petite tenue dans des magazines. Intriguée, je lui ai demandé à quoi elle jouait. Elle m'a expliqué que c'était pour un petit garçon de sa classe, qui avait menacé de la gifler si elle ne lui obéissait pas. Comme je n'ai pas du tout aimé cette histoire de menaces, j'ai proposé à ma fille d'en parler à la maîtresse, mais elle a refusé catégoriquement et a continué à découper ses photos, non sans un plaisir apparent. Dois-je prendre rendez-vous avec la maîtresse ? Ai-je raison de m'alarmer ?

Il est normal que vous perceviez une certaine connotation érotique dans les discours et les comportements de votre fille, puisque c'est précisément à son âge que les enfants découvrent la sexualité et donc la diversité. Le développement sexuel et la pulsion qui y correspond conduisent tout naturellement l'enfant à une exploration et à une connaissance de son corps et du corps des personnes qui l'entourent.

Il y a toujours des enfants plus curieux et plus entreprenants, qui entraînent leurs petits camarades dans leurs explorations ; c'est probablement le cas de ce petit garçon qui se sent obligé de donner des instructions à votre fille sous forme de devoirs à faire à la maison. Il n'y a rien de mal à tout cela, d'autant que votre fille accepte de bon gré ces consignes qui, de toute évidence, lui permettent de donner libre cours à sa propre curiosité. Puisque votre fille vous a parlé de menaces, demandez-lui si elle a besoin d'aide en lui précisant que, si elle le souhaite, vous êtes disposée à parler au petit garçon en question.

Mais, dans la mesure où votre fille ne semble pas particulièrement choquée par ces menaces, il me semble que lui proposer votre écoute et votre soutien est amplement suffisant.

En revanche, je crois qu'alerter la maîtresse, par rapport à une situation qui n'a rien d'anormal, serait une erreur, d'autant que votre fille ne semble pas le juger nécessaire, probablement parce qu'elle sait qu'elle peut discuter sereinement avec sa maman de tout ce qui se passe en classe.

Une grand-mère au centre de toutes les attentions

Je suis la grand-mère d'un petit garçon de quatre ans qui, à chaque fois qu'il me rend visite, me demande s'il peut caresser mes pieds, regarder mes seins ou d'autres parties de mon corps. Dernièrement, il se montre très curieux et il s'amuse beaucoup à jouer avec moi, surtout quand je fais semblant de dormir. Mais dès que je sens qu'il va un peu trop loin, je me « réveille » et je lui propose de jouer à autre chose. Mais, à vrai dire, je ne sais plus très bien comment me comporter avec lui, je ne voudrais pas me montrer trop brusque, comme peut l'être parfois sa mère qui, d'ailleurs, ne supporte pas de nous voir jouer ensemble.

Votre petit-fils traverse une période où sa curiosité pour l'« autre » est à son paroxysme. Cette période correspond au développement de sa phase génitale, au cours de laquelle l'enfant est amené à rechercher des sensations sexuelles associées à des fantasmes correspondants. Au cours de cette phase de leur développement les enfants sont curieux de découvrir l'autre, de savoir s'il leur ressemble, comment il est « fait », poussés par cette pulsion vitale qui s'appelle libido et qui conduit l'être humain à ne plus centrer son attention uniquement sur soi. L'universel « jeu du docteur » sert précisément à assouvir cette curiosité et les innombrables « pourquoi » auxquels ont droit tous les parents témoignent de l'ouverture mentale qui se manifeste au cours de cette phase et de l'insatiable soif de savoir qui est stimulée par cette nouvelle force sexuelle.

Vous avez raison de vous interroger sur la façon dont vous devez vous comporter avec votre petit-fils : vous avez perçu son excitation, sa fragilité, mais aussi le potentiel de transformation qui l'habite et, à ce titre, vous avez peur de lui faire du mal et de bloquer un processus d'évolution naturel. Néanmoins, je comprends votre gêne à l'idée d'être perçue comme un objet sexuel.

Ne vous inquiétez pas, car votre petit-fils ne va pas tarder à s'intéresser aux fillettes de son âge. C'est à elles qu'il demandera bientôt de pouvoir regarder sous leur jupe, afin de découvrir le mystère de la vie et de la différence.

Puisque vous êtes si proches et que vous vivez une relation privilégiée avec lui, vous pouvez très bien le féliciter, lui dire que vous avez remarqué qu'il est en train de grandir et qu'il s'intéresse à la vie, ce qui est une excellente chose, pour le reste, s'il a besoin d'explications, attendez qu'il vous en demande. Vous êtes l'objet de toutes ses attentions précisément parce que votre petit-fils partage avec vous cette intimité qui lui manque avec sa mère, laquelle, d'après ce que vous me dites, a un comportement assez rigide. Essayez d'éveiller sa curiosité pour le monde extérieur, pour ses petits camarades, par exemple.

Elle se déguise en garçon

Depuis qu'elle a commencé à s'habiller toute seule, ma fille refuse obstinément de mettre des jupes et s'acharne à dire à tout le monde qu'elle est un garçon. Elle décline son nom au masculin et semble fermement convaincue de pouvoir changer la réalité !

Même ses jeux sont des jeux de garçon. En fait, tout cela ne m'inquiéterait pas tant si ce n'était ma peur de l'avoir influencée inconsciemment car, avant sa naissance, j'ai ardemment désiré avoir un petit garçon.

J'ai toujours eu une relation déplorable avec ma mère et je suis triste de constater que ces tensions se reproduisent à nouveau entre ma fille et moi, son hostilité me ramène vers un passé douloureux. Je ne voudrais pas contrarier en quoi que ce soit son développement, mais je ne parviens pas à comprendre son obstination.

Les enfants aiment souvent se déguiser afin de jouer avec leur propre corps et leur propre identité sexuelle, en particulier lorsque celle-ci commence à se structurer. Il s'agit d'une quête importante qui explique le besoin d'essayer toutes sortes d'habits, pour choisir ensuite celui qui leur convient le mieux ou leur « colle » davantage à la peau.

Nous commençons enfin à sortir du clivage rigide fille-garçon, en permettant ainsi à nos enfants d'accéder à une multiplicité d'horizons, sans craindre que cela ne préjuge de quoi que ce soit. J'avoue ne pas comprendre l'inquiétude de certains parents qui s'affolent dès qu'ils voient leur petit garçon jouer à la poupée ou bien leur petite fille, un pistolet à la main. Il me semble, au contraire, tout à fait logique qu'un enfant sublime et compense par le jeu ce qu'il perçoit comme des manques dans son corps.

Votre histoire, cependant, est tout à fait différente. Ce que vous appelez l'obstination de votre fille me semble plutôt traduire une certaine confusion entre ses désirs et les désirs inconscients de sa maman, qui souhaitait avoir un petit garçon.

En assumant une identité masculine, votre fille a le sentiment de répondre à votre désir mais, ce faisant, elle entre aussitôt en conflit avec vous, reproduisant ainsi cette hostilité mère-fille que vous aviez si peur de voir resurgir. Si votre désir d'avoir un petit garçon était très fort et si la naissance de votre fille a provoqué, en quelque sorte, une déception, inconsciemment, votre fille l'a nécessairement perçu et il me semble important de l'informer d'une vérité qui la concerne et qui l'oblige à des efforts inutiles.

Il est important que vous lui parliez de votre histoire

personnelle. Vous pourriez, par exemple, lui parler de votre enfance, de votre relation difficile avec votre mère et de vos craintes à l'idée que ces difficultés puissent se répéter avec votre propre enfant.

N'ayez pas peur d'avouer vos sentiments, y compris votre déception lorsque vous avez appris que vous attendiez une petite fille. Cette déception concerne non pas l'histoire de votre fille, mais la vôtre et, puisque j'imagine que vous aimez cette enfant pour ce qu'elle est, dites-le-lui, en la libérant ainsi d'un passé douloureux.

L'école

Un échec scolaire douloureux

J'ai un fils de dix-huit ans qui a été recalé pour la deuxième fois au baccalauréat. Nous avons très mal vécu son échec, d'autant que nous nous sommes financièrement sacrifiés pour l'inscrire dans un des meilleurs lycées privés de la ville.

Pourtant, tous nos efforts n'ont servi à rien. De son côté, il ne semble pas particulièrement affecté par son échec, mais j'ai peur que cette apparente indifférence ne soit qu'un masque, derrière lequel se cache une grande souffrance.

Les causes d'un échec peuvent être multiples, mais elles doivent toujours être comprises à la lumière d'un parcours, d'une histoire. Quoi qu'il en soit, un échec scolaire est toujours le signe d'un mal-être qui doit être entendu et compris. Il peut être le résultat d'un manque d'estime de soi, d'un manque de confiance mutuel entre l'élève et les enseignants ou bien d'une demande indirecte que l'élève adresse à ses parents, afin de redéfinir les attentes et les désirs de chacun.

L'identité d'un être humain se construit précisément à travers un processus de reconnaissance des désirs de l'autre, lequel commence aussitôt après la naissance.

Il m'arrive souvent de me demander si les parents ne cherchent pas davantage à satisfaire leurs propres désirs à travers leurs enfants. Or, lorsqu'un individu n'est pas reconnu pour ce qu'il est, il ne peut instaurer avec les autres cette relation de confiance qui sert de base à la construction d'une identité solide.

Cela s'applique autant à la relation parents-enfants qu'à la relation enseignants-élèves. J'ai connu des enseignants intelligents et attentifs à l'évolution de leurs élèves et d'autres qui n'étaient intéressés qu'à défendre leur statut, incapables d'entrer en empathie avec leurs élèves, les laissant seuls et perdus, face à un sentiment de vide, qui se transforme souvent en une perte de confiance et en refus de tout apprentissage.

Il ne faut pas oublier que l'apprentissage est avant tout une expérience affective, qui suppose une relation fondée sur le respect de l'autre comme être humain. À défaut de susciter ces émotions, à court terme, les connaissances accumulées sont fatalement destinées à s'écrouler, tel un château de sable.

Combien de professeurs, qui prétendent être écoutés par leurs élèves, savent eux-mêmes réellement écouter ?

Précisément parce qu'ils ont un rôle difficile mais crucial, les professeurs devraient être formés à l'écoute et apprendre, tout au long d'une formation continue, à se remettre en cause, y compris au travers des émotions que suscitent en eux leurs propres élèves. Cela vaut également pour les parents. L'indifférence de votre fils doit être interprétée comme un signal d'alarme : elle peut masquer un mal de vivre, qui remonte à l'enfance, un sentiment d'insuffisance ou bien la conviction qu'il est inutile ou vain de prendre des risques ; son déni peut effectivement représenter une défense contre un échec vécu de façon traumatique. Il me semble important que vous amorciez avec lui un dialogue respectueux, en essayant d'exprimer ouvertement vos émotions les plus profondes, sans oublier, toutefois, qu'un adolescent est un être en pleine évolution, peu sûr de lui et dont il faut respecter les contradictions, tout en sachant qu'il désire qu'on lui impose des limites. Ces limites, toutefois, ne doivent pas prendre la forme d'une punition, elles doivent être discutées et fixées en commun. Le risque, dans ce genre de situation, c'est que chacun se mure dans sa solitude et son silence, au lieu de chercher à transformer un échec en une occasion pour une plus grande compréhension réciproque et une meilleure perception de la réalité.

Elle ne fait aucun effort

Ma nièce Sandrine est inscrite depuis quelques mois en CP. Elle est fille unique et c'est une enfant très intelligente, mais peut-être un peu trop gâtée par ma sœur.

Je suis surprise par son comportement à l'école. Elle ne s'applique en rien, elle écrit très lentement, on dirait qu'elle ne comprend pas ce qu'on lui dit. Quand on lui demande de dessiner, elle ébauche un dessin, puis elle laisse tout en plan. Sa maîtresse a demandé à rencontrer ma sœur et, d'après ce qu'elle lui a dit, il semble qu'elle soit plutôt découragée.

Il est évident que Sandrine a une réaction d'opposition vis-à-vis de l'école et cette opposition a sûrement une raison d'être. Mais en attendant, que faire ? Je crois qu'il serait bon de laisser cette enfant prendre conscience de sa nouvelle situation, de l'investissement qui lui est demandé et de son désir de satisfaire les attentes de sa maîtresse et de sa famille. Lui faire comprendre qu'elle a besoin de temps pour savoir si elle aime l'école, c'est lui permettre non seulement d'exprimer ses choix, mais l'aider à se sentir responsable.

Le problème dont vous me parlez concerne essentiellement Sandrine et sa maîtresse et il est important que, pour le moment, ses parents restent en dehors du dialogue qui doit s'instaurer entre l'enfant et son enseignante. Pour Sandrine l'école est son monde social et cela doit être compris clairement tant par elle que par sa famille. Intervenir signifierait priver Sandrine de la possibilité de se connaître et de se situer dans son nouveau milieu.

Il est possible que Sandrine ait peur de ne pas réussir et de ne pas être à la hauteur des attentes de sa famille et il faudrait peut-être en parler avec elle. Surtout, évitez de dramatiser la situation, car Sandrine est en train de faire ce qu'elle peut pour s'adapter à un monde nouveau, et il convient de ne pas créer d'alliance entre la famille et l'école, en l'excluant de tout dialogue.

Si son mal-être devait persister, alors sa maîtresse pourra lui demander si elle désire que sa famille en soit informée. Avant d'en arriver là, il importe de comprendre que l'enfant et sa maîtresse sont en train de vivre une étape décisive, où il leur faut apprendre, chacune à leur rythme, à s'appréhender et à se connaître réciproquement.

**Comment préparer son enfant
à un examen psychologique ?**

Mon fils vient d'achever son année de CP avec beaucoup de difficulté. Il n'arrivait pas à être au même niveau que les autres, il refusait de faire ses devoirs à la maison et, les derniers temps, il ne voulait même plus aller à l'école. Ses maîtresses m'ont conseillé de l'emmener chez un psychologue. Mais mon mari n'est pas du tout d'accord, je crois qu'il ne se rend pas compte de la gravité du problème. Quant à moi, j'ai peur que mon enfant se sente en quelque sorte différent des autres. Je voudrais savoir en quoi consiste une consultation chez un psychologue et comment je dois préparer Luc à cette rencontre.

Je ne pense pas qu'un examen psychologique puisse faire de mal à cet enfant, dès lors qu'il est bien préparé et qu'on prend soin de lui demander son avis.

Le conseil que vous ont donné ses maîtresses me paraît judicieux. N'oublions pas que, lorsqu'il évolue dans un contexte différent de son contexte familial, l'enfant peut avoir un comportement très différent de celui que nous lui connaissons et il peut être amené à décharger des tensions familiales qu'il ne parvient pas à défouler dans son milieu ambiant. Un examen psychologique doit permettre de vérifier le fonctionnement mental d'une personne, ses capacités cognitives et affectives, sa relation avec son milieu familial et avec la réalité extérieure, ses désirs et ses peurs.

Dans un cadre thérapeutique, tout à fait décisives sont l'histoire personnelle des parents et la façon dont ces derniers ont vécu leurs propres relations parentales, car une analyse de la transmission transgénérationnelle peut nous apprendre beaucoup sur l'héritage familial de l'enfant ainsi que sur la place qu'il occupe dans les désirs et dans l'histoire de sa famille. Généralement, avant de rencontrer l'enfant, le thérapeute s'entretient avec les parents. Ces derniers doivent toujours expliquer à l'enfant les raisons de leur démarche et obtenir son accord, même lorsqu'il s'agit d'un tout petit enfant.

Selon l'âge de l'enfant, le psychologue lui demandera de faire un dessin et le soumettra à des tests de personnalité, afin de définir son type d'intelligence et sa structure défensive. Le plus important, naturellement, c'est le dialogue que nous instaurons avec lui, y compris à travers le jeu. Cet échange doit nous permettre de lui expliquer clairement pourquoi il est là et comment nous pouvons l'aider. Après une série de rencontres et une analyse d'ensemble, le thérapeute peut brosser un portrait de la personnalité de l'enfant, formuler un diagnostic et donner des indications thérapeutiques précises.

Une réponse est alors donnée à la fois aux parents et à l'enfant, lequel est généralement ravi qu'on l'aide à comprendre ce qu'il ressent ou ce qui se passe dans sa vie, même si, éventuellement, les origines de son symptôme doivent être recherchées dans l'histoire de ses parents. Tout cela se déroule dans un climat de collaboration réciproque.

L'examen psychologique permet de donner un éclairage sur un moment particulier de la vie de l'enfant et de suivre son évolution. Réduire l'examen psychologique à l'application de tests, quels qu'ils soient, serait caricatural, et proposer un tel examen au tout début d'une scolarité me semble non seulement inutile mais même dangereux.

Malgré le caractère de plus en plus performant de certains instruments, la valeur d'un examen psychologique dépend essentiellement des capacités personnelles du thérapeute, de sa formation, de son expérience, de sa culture et surtout de sa curiosité. Le point de vue de votre mari ne peut se justifier que si votre enfant refuse clairement d'aller consulter un thérapeute. Seul votre enfant peut vous dire si le symptôme signalé par les enseignantes n'est pas grave et, dans ce cas, sa parole devra être entendue et respectée, mais, je dis bien, uniquement dans ce cas, autrement on risque de passer à côté du mal-être qui se cache derrière un symptôme, qu'il convient toujours d'éclairer à la lumière de la structure familiale dans laquelle évolue l'enfant. Il ne faut pas bien sûr dramatiser, mais le risque de banaliser certaines étapes difficiles peut amener l'enfant à exprimer son mal-être sous une forme de plus en plus complexe et au moyen d'un langage plus difficile à décrypter.

En échec scolaire suite à un faux départ

J'espérais que mon fils obtiendrait enfin son baccalauréat, mais il vient de le rater.

J'ai suivi de mon mieux sa scolarité, mais je crois qu'il a toujours eu du mal avec l'école et cela depuis le jour où je me suis vu refuser son inscription en première année d'école primaire, sous prétexte qu'il était trop jeune de six mois. À cette époque, je vivais seul avec lui (sa mère était partie avec un autre homme) et la directrice de son école m'avait conseillé de le réinscrire un an à la maternelle. Je me souviens de sa déception lorsqu'il a compris qu'il ne pourrait pas encore apprendre à lire et à écrire. C'est depuis ce jour-là qu'il a commencé à aller à l'école à contrecœur. Je crois que c'est justement ce faux départ qui explique son échec fracassant d'aujourd'hui.

Que me conseillez-vous de faire, l'inscrire dans un autre type de structure scolaire ou bien lui suggérer de chercher du travail ?

Il est vrai qu'un faux départ peut parfois compromettre tout un parcours scolaire et provoquer un blocage, c'est probablement ce qui explique le rejet de votre fils pour une institution, qui hélas ! n'a pas compris à temps ses besoins.

Ce gâchis aurait probablement pu être évité si, lorsqu'il était petit, on avait pris le temps de discuter avec lui, de sonder ses désirs et de lui expliquer ce qui motivait la décision des adultes, au lieu de lui imposer un choix qu'il a sans doute vécu comme une condamnation et un manque de respect de sa personne et de son désir de connaissance. Votre fils a-t-il pu s'exprimer à ce sujet ? Si ce n'est pas le cas, je crois qu'il est important qu'il puisse le faire maintenant, car il faut que quelqu'un entende ses explications et qu'on l'aide à comprendre ce dernier « échec » comme une réponse à ce faux départ.

Ayez confiance en son intelligence, mais n'oubliez pas que l'apprentissage passe également par l'affectivité et que votre fils est enfin libre d'exprimer ses choix, de les réaliser à son rythme et suivant les modalités qu'il désire. Jusqu'à présent, votre fils s'est plié à vos attentes, sans doute pour ne pas vous décevoir, mais ses résultats désastreux auraient dû vous alerter et vous faire comprendre que ses échecs contenaient un message de protestation sous-jacent.

Ne soyez pas trop déçu, car votre déception, dans ce cas, serait encore une forme d'égoïsme qui vous éloignerait l'un de l'autre. Votre fils a probablement besoin de prendre un peu ses distances par rapport à vous, mais aussi par rapport au modèle scolaire traditionnel. Laissez-le voler de ses propres ailes et ne vous tourmentez pas : lui seul peut décider s'il veut reprendre ses études.

Le mal-être d'une petite fille

Ma petite fille, Sabrina, n'est pas très douée à l'école, elle est étourdie, il me semble qu'elle a des problèmes de concentration et je trouve qu'elle est un peu trop souvent dans les nuages.

Elle a déjà huit ans et, avec le temps, nous espérions que les choses s'arrangeraient.

Sa maîtresse ne sait plus quoi faire et elle m'a conseillé de consulter un psychologue. Comme je suis agacée par son attitude, j'ai tendance à lui parler de façon autoritaire, à m'emporter et j'ai du mal à me montrer affectueuse.

Est-ce que mon comportement a pu la bloquer et aggraver la situation ?

J'ai moi-même une histoire familiale douloureuse, qui est restée enfouie en moi, et j'ai définitivement coupé les ponts avec ma famille.

Je n'en ai jamais parlé avec elle, j'ai tenu à garder ce secret entre nous, de peur de compliquer les choses.

Vous avez été marquée par votre enfance, ce qui explique qu'il vous est difficile actuellement de vous montrer affectueuse avec votre enfant. Il est probable qu'une part de la petite fille que vous étiez s'identifie à Sabrina et vous empêche d'établir une relation normale avec elle.

Ce secret, que vous voulez garder pour vous et qui est encore douloureux, affecte votre relation avec votre fille et, par conséquent, son équilibre. Les non-dits, les secrets de famille sont souvent perçus par les enfants et créent toujours une attente et un état de confusion qui ne permettent pas d'établir une relation authentique et vraie. À travers votre lettre, vous avez réussi à parler de cette période douloureuse et vous avez fait un premier pas important. À présent, il vous faut en parler avec votre fille. Faites-vous aider si vous en ressentez le besoin, je crois que cela en vaut la peine. La difficulté de concentration de votre fille, votre relation difficile avec elle constituent une raison suffisante pour tenter d'ouvrir cette porte qui, me semble-t-il, est restée trop longtemps fermée.

Un camarade de classe violent

Ces derniers temps, la maîtresse de mon fils m'a dit qu'elle le trouvait changé. Il a l'air perturbé, triste et il commence même à bégayer. Marc a neuf ans et, effectivement, j'ai constaté qu'il n'a pas d'amis et que c'est un enfant renfermé.

Dans sa classe, il y a un petit garçon très dissipé qui perturbe le cours et je crois que mon fils subit plus que les autres sa présence. Il semble perturbé par son comportement agressif mais, contrairement aux autres enfants de sa classe, qui l'évitent ou l'affrontent, Éric reste passif et il subit ses menaces.

Comment faire pour l'inciter à réagir contre ces agressions ?

Votre fils est un enfant sensible qui s'identifie aux souffrances de son petit camarade et qui, en quelque sorte, est fasciné par son agressivité. Autant son camarade parvient à exprimer ses difficultés, autant votre fils a tendance à réprimer sa difficulté de vivre qui se traduit par un repli sur soi et un blocage de la parole (son bégaiement).

Toutefois, l'un comme l'autre partagent un mal-être intérieur, qu'ils ne parviennent pas à élaborer. Je crois qu'il ne servirait à rien de lui donner des conseils pour qu'il s'affirme et se durcisse, pour qu'il se montre indifférent aux agressions de son camarade car, ce faisant, l'on nierait son intuition et sa capacité de percevoir les problèmes des autres (et donc les siens).

Essayez de l'aider à exprimer ce qu'il ressent ainsi que ses sentiments vis-à-vis de ce petit garçon et demandez-lui quelle serait, selon lui, la meilleure façon pour aider cet enfant à surmonter sa peur et à se sentir moins seul. Le faire parler de quelqu'un qui, apparemment, semble plus fort et plus menaçant que lui, mais qui, en réalité, est seulement plus effrayé, peut l'aider à se sentir moins seul, lui aussi, et à voir les choses autrement. Si vous parvenez à instaurer ce dialogue avec lui, en l'aidant à élaborer ses peurs intérieures, sa sensibilité meurtrie et passive se transformera en un atout, qui lui permettra d'accéder à une meilleure connaissance de soi et des autres.

Elle a peur d'aller à l'école

Dans quelques jours, ma fille doit rentrer à l'école. C'est une enfant qui a toujours eu des difficultés d'insertion, en raison d'un retard mental : tel a été, en effet, le diagnostic des spécialistes qui, toutefois, ne parviennent pas à en expliquer la cause. Depuis ce diagnostic, il me semble que ma fille, persuadée qu'elle ne sera jamais comme les autres, a tendance à se soustraire à toute responsabilité.

Le directeur de l'école dans laquelle nous venons de l'inscrire a tenu personnellement à me rassurer sur les compétences et le dévouement de ses enseignants. *En somme, je crois que cette école est beaucoup mieux adaptée que la précédente aux besoins de ma fille. Pourtant, Mireille est déjà effrayée à l'idée de retourner à l'école et, dès que j'évoque la rentrée scolaire, elle se met dans tous ses états, elle prétend avoir mal au ventre et à la tête. J'essaye de la rassurer, mais j'ai très peur d'un nouvel échec.*

Selon les spécialistes, votre fille souffre d'un retard mental, dont la cause demeure mystérieuse. Mais un diagnostic de ce genre ne veut pas dire grand-chose. Ce qui est certain, c'est que votre fille a des difficultés à comprendre et à élaborer ce que les adultes lui demandent d'apprendre. La question est de savoir en quels termes nous lui proposons ce qu'elle semble avoir des difficultés à assimiler.

Je ne connais pas l'histoire de votre fille, mis à part ces quelques précisions sur ses échecs scolaires à répétition et sur votre peur de voir se reproduire ces mêmes échecs. Il me semble compréhensible que votre fille appréhende cette nouvelle épreuve, car elle a peur de voir se confirmer vos craintes et en particulier le diagnostic de son retard mental, elle est convaincue qu'elle n'y arrivera pas et qu'elle ne comprendra pas aussi facilement que les autres élèves.

Il est important que vous vous demandiez sérieusement si cette école est réellement en mesure de prendre en compte ses besoins et de les satisfaire.

Commencez par lui expliquer ce que vous ressentez au plus profond de vous, parlez-lui de vos expériences d'enfant, essayez d'appréhender votre peur et celle de votre fille, comparez-les dans leurs moindres nuances.

Votre fille a besoin d'être confrontée à des émotions vraies, au risque de se sentir seule et différente, effrayée et incapable. L'arrivée dans une nouvelle école suppose toujours une rupture par rapport à un univers familier et tout changement engendre des peurs qui doivent être écoutées et non pas éludées.

Sa peur d'échouer, de ne pas être à la hauteur des désirs de sa maman et de ne pas parvenir à se séparer d'elle est une réalité qui doit être entendue. Il est vrai que sa maman aussi a peur, elle aussi craint de ne pas être une bonne mère et de ne pas avoir fait son possible pour sa fille, sa maman aussi, en somme, est inquiète et se pose toutes sortes de questions angoissantes. Si vous parvenez à lui parler avec sincérité, je crois que votre fille pourra vous sentir plus proche et, par conséquent, se sentir moins seule pour affronter cette nouvelle étape de sa vie.

Lucas trouve l'école ennuyeuse

Mon fils Lucas, âgé de quinze ans, n'a aucune envie d'étudier. À part une ou deux matières, rien ne semble l'intéresser, d'ailleurs, le mois dernier, il a décidé qu'il n'irait plus au lycée, en nous disant qu'il n'apprenait rien d'intéressant et qu'il avait l'impression de perdre son temps ! Ni son père ni moi n'avons réussi à lui faire changer d'avis et, vu son âge, je ne peux certainement pas le prendre par la main et l'y conduire moi-même.

Lucas prétend écrire un téléfilm avec des amis et il est vrai qu'il semble passionné par le cinéma, au point de passer tous ses après-midi seul ou avec des amis, à écrire des scénarios. Son père et moi travaillons dans le milieu du spectacle, en somme, Lucas baigne depuis toujours dans un climat artistique, ce qui ne nous empêche pas de vouloir qu'il fasse des études sérieuses.

Un psychologue auquel j'ai demandé conseil, mais qui n'a jamais rencontré Lucas, m'a dit qu'il souffrait probablement de phobie scolaire et m'a proposé de rencontrer régulièrement mon fils, lequel a refusé catégoriquement de le voir. Que pouvons-nous faire pour sortir de cette impasse ?

Je ne crois pas que l'on puisse parler de phobie scolaire dans le cas de votre fils, car il ne vous dit pas qu'il a peur d'aller au lycée, mais qu'il n'y apprend rien d'intéressant.

Il arrive souvent que les enfants et les adolescents les plus curieux trouvent l'école ennuyeuse et peu stimulante. Vous pourriez peut-être rencontrer ses professeurs et leur demander en sa présence si, de leur côté, ils ne peuvent pas essayer de faire un effort pour tenter d'éveiller son intérêt. Si cette dernière tentative devait échouer, pourquoi ne pas lui faire confiance, croire en lui et en ses projets ?

Si Lucas a toujours vécu dans un milieu artistique, il est normal qu'il ait tendance à suivre la même voie que ses parents et qu'il cherche un moyen d'expression personnel. Il est si rare de voir des adolescents passionnés, que votre fils me semble devoir être non pas freiné mais encouragé et soutenu.

Éprouver un désir est une expérience essentielle pour chacun de nous, et le réaliser au prix de sacrifices est sûrement structurant pour un individu, d'autant plus pour un adolescent en quête d'identité. Après cette épreuve, Lucas se sentira plus fort, surtout s'il sait qu'il est soutenu par ses parents, et il aura certainement envie de poursuivre des études plus conformes à ses aspirations.

Votre fils a besoin de s'entendre dire que vous croyez en lui et en ses projets. Même s'il ne parvient pas à faire un chef-d'œuvre, ce qui compte, c'est la force, le désir et la détermination dont il fait preuve lorsqu'il réclame le droit de réaliser ses rêves au lieu de perdre inutilement son temps, comme il le dit.

Elle a dit non à l'école

Cela fait maintenant deux mois que notre fille ne veut plus aller à l'école. Jusqu'à présent, elle a toujours été une élève brillante, tant à l'école élémentaire qu'au collège, mais depuis qu'elle est entrée au lycée elle a changé du tout au tout : elle est devenue renfermée et elle préfère rester à la maison, en compagnie de sa petite sœur, plutôt que de sortir avec ses amies.

En fait, elle ne parvient plus à aller à l'école. Elle nous a expliqué que, le matin, quand elle arrive devant son lycée, elle n'a pas le courage de franchir la porte. Cette attitude de rejet a commencé dès la rentrée scolaire, pour culminer actuellement en une véritable terreur. À présent, elle reste toute la journée à la maison et nous ne savons plus quoi faire.

Son père a très mal réagi, d'autant que, lorsqu'il était petit, lui aussi a eu des problèmes scolaires. Il a essayé de lui parler et de la raisonner, mais ils finissent toujours par se disputer.

La phobie scolaire est un symptôme qui doit être pris au sérieux et qui mérite la plus grande attention. Très souvent, ce n'est que la partie visible de l'iceberg. Chez une jeune fille brillante, qui a toujours répondu à vos attentes, ce genre de réaction pourrait signifier une sorte de rejet des attentes qu'elle a intériorisées et qu'elle perçoit désormais comme trop lourdes.

En outre, si son histoire familiale est marquée par des échecs scolaires, il est possible que votre fille ait senti inconsciemment qu'elle avait pour mission de réparer ces échecs. Les filles ont généralement tendance à percevoir les attentes du père, surtout lorsque le lien œdipien n'est pas encore totalement résolu. Aussi, ce genre de symptôme doit être conçu à la fois comme un signal d'alarme et comme l'occasion d'une réflexion. Votre fille n'avait probablement pas d'autre moyen pour exprimer un mal-être dont elle ne parvient pas elle-même à s'expliquer les raisons. Son symptôme est un message qui s'adresse autant à vous, ses parents, qu'à elle. En même temps que vous devez reconsidérer vos attentes à son égard, votre fille doit s'efforcer de comprendre la signification de son refus.

Si votre fille y consent, une thérapie pourrait l'aider à entendre ce qu'elle a peur d'exprimer, à condition que vous lui assuriez également votre soutien, ce qui ne signifie pas qu'elle soit ou qu'elle doive se vivre comme malade. Votre fille est tout simplement une personne très sensible qui porte le poids d'une difficulté familiale.

Une enseignante seule et déçue

J'enseigne dans une école élémentaire et je vous écris parce que je suis de plus en plus inquiète par tout ce que je vois dans ma classe. Il ne se passe pas un jour sans que je sois confrontée à des comportements étranges de la part des enfants qui, dès qu'ils évoluent dans un contexte différent de leur milieu familial, nous envoient des messages de mal-être. Il y a des enfants qui se dandinent toute la journée sur leur chaise, d'autres qui mordent continuellement leurs petits camarades, sans compter ceux qui sont totalement amorphes et qui ne manifestent jamais aucune réaction.

Il nous arrive, entre collègues, de parler de certains cas, parfois nous essayons de rencontrer les parents et d'évoquer à mots couverts les problèmes auxquels nous sommes confrontés, mais je suis toujours étonnée de voir à quel point ils font semblant de ne pas comprendre. À la fin, nous nous retrouvons face aux mêmes difficultés et plus seuls qu'avant.

Les enfants dont vous me parlez déversent probablement en classe toute l'anxiété et les tensions qu'ils n'ont pas la possibilité d'exprimer et d'élaborer dans leur propre milieu familial. Les parents s'étonnent fréquemment des comportements qui leur sont signalés par les enseignants, ils ignorent que, très souvent, dans un contexte différent, les enfants trouvent précisément le courage de se laisser aller à des attitudes moins contrôlées. Au lieu de douter de la parole des enseignants, les familles feraient mieux de s'interroger sur les raisons de ces comportements.

Malheureusement, les parents ont souvent du mal à accepter la moindre remarque formulée par des étrangers, si bien que les problèmes signalés par les enseignants ne sont jamais résolus, d'où leur colère, leur découragement et un sentiment de profonde solitude.

Les symptômes scolaires ont presque toujours une signification et une explication qui ont pour origine la façon dont l'enfant se perçoit et perçoit son propre milieu familial. Essayez de vous adresser aux parents, en leur demandant de vous donner leur avis sur le comportement de leur enfant. S'ils perçoivent vos questions, non pas comme des reproches, mais comme destinées à faciliter votre travail au quotidien, sans doute accepteront-ils plus facilement de collaborer avec vous et d'entendre les messages de leur enfant.

N'oubliez pas, toutefois, que les enfants dont vous me parlez expriment leur mal-être précisément en classe et donc devant leur maîtresse. Essayez de les observer et de comprendre quel genre d'émotions ces enfants suscitent en vous. Il est essentiel que vous soyez attentive à ce que chacun d'eux « remue en vous » car, souvent, ce que vous éprouvez n'est autre que ce que l'enfant ressent lui-même : mal-être, isolement, colère, anxiété, ennui. Lorsque vous aurez mieux compris ce que tel ou tel enfant suscite en vous, vous pourrez vous approcher de lui et le lui dire. Nous parlons toujours des enfants, mais nous oublions de leur parler et de leur restituer ce que nous pensons d'eux.

Il n'accepte pas les règles

Je suis une femme divorcée et je vis avec mon fils de sept ans, qui n'a pas de très bonnes relations avec son père, également parce que mon ex-mari est une personne violente. André, pourtant, ne refuse jamais d'aller passer quelques jours chez lui, même si, à son retour, j'ai constaté qu'il était très tendu et qu'il avait toutes sortes de tics qui ne disparaissent qu'au bout de plusieurs jours. Il ne parle jamais de ce qui s'est passé mais, connaissant son père, j'imagine qu'il doit souvent le rabrouer.

Ces derniers temps, à l'école, André a souvent des avertissements pour indiscipline (ses résultats scolaires, en revanche, sont bons). En fait, il a du mal à accepter certaines règles et il est incapable de rester en place plus de cinq minutes. Sa maîtresse m'a conseillé de l'emmener chez un psychologue.

Un comportement hyperactif a toujours une raison d'être et puisque, aux yeux d'un enfant, l'école représente l'autorité, il est probable qu'André se défoule en classe de toutes les frustrations ressenties avec son père.

Si malgré l'agressivité de son père, André continue à vouloir lui rendre visite, cela signifie qu'il espère à chaque fois constater un changement, d'où la frustration qui résulte de ses attentes déçues. Le danger, c'est qu'en se défoulant en classe, André finisse par se vivre comme un enfant méchant, qui mérite de mauvaises notes, inaugurant ainsi la carrière de l'« enfant difficile ».

Lorsqu'un enfant est maltraité par ses parents, il a besoin de justifier leur attitude en se sentant coupable de ne pas être à la hauteur de leurs attentes. C'est pour cette raison que, en présence de son père, André supporte ce qu'il lui fait subir mais se défoule à l'école, afin que l'on puisse dire de lui qu'il est un enfant méchant, qui mérite d'être puni à la maison par son père et à l'école par sa maîtresse.

Pour rompre ce cercle vicieux, il faudrait que vous parliez avec votre fils lorsqu'il revient de chez son père. Il est important que vous le questionniez avec beaucoup de tact, car il est très difficile pour un enfant de dénoncer son père, même s'il a un comportement sadique, comme vous le sous-entendez.

Essayez de gagner la confiance de votre fils, car André éprouvera certainement un grand soulagement à l'idée de pouvoir se confier à sa mère. Quand votre fils se sentira protégé par vous et suffisamment sûr que vous ne le trahirez pas, vous pourrez lui proposer d'aller consulter un psychologue, car il lui sera certainement plus facile de se confier à un étranger. Attention, toutefois, à respecter sa pudeur et sa discrétion. D'autre part, si nous voulons aider un enfant à surmonter la violence qu'il subit nous devons aussi le rassurer par rapport au sentiment de culpabilité qu'il risque d'éprouver pour avoir accusé une personne qu'il continue malgré tout à aimer.

Le soutien scolaire d'un enfant handicapé

Je suis institutrice et, cette année, je serai amenée pour la première fois à m'occuper du soutien scolaire d'un enfant handicapé.

Récemment, j'ai fait la connaissance de Louis, un petit garçon très turbulent, qui a des difficultés d'apprentissage et qui a l'habitude de piquer de grosses crises de colère, au cours desquelles il jette violemment à terre tout ce qui lui tombe sous la main. D'après le diagnostic qui m'a été communiqué, Louis est un enfant « caractériel ». Que vais-je pouvoir faire avec un enfant si difficile, qui ne parvient pas à rester en place un instant et qui, par conséquent, a des difficultés d'apprentissage ?

Si Louis a un diagnostic, cela signifie qu'un service de neuropsychiatrie infantile a considéré qu'il avait besoin de soutien. Un diagnostic est toujours délivré avec le consentement des parents, par conséquent, il est indispensable que vous parliez non seulement avec eux mais également avec vos collègues ainsi qu'avec le spécialiste qui s'est occupé de Louis.

Vous semblez un peu effrayée par vos nouvelles responsabilités et que vous vous sentez seule, pas assez soutenue pour établir un programme de travail qui doit être approuvé à la fois par les parents, les enseignants, la direction et le médecin de l'enfant. Ces réunions préparatoires sont indispensables au bon déroulement de votre travail et elles seront très profitables à Louis, qui doit être tenu au courant des décisions qui seront prises.

Cet aspect m'apparaît absolument nécessaire pour instaurer avec lui une véritable relation de travail et faire en sorte qu'il se sente concerné par les mesures qui seront prises pour l'aider. Attention, toutefois, à ne pas élaborer des projets qui se réfèrent à un enfant imaginaire et idéal et qui seraient peu adaptés aux capacités de Louis.

Le plus simple, c'est de lui demander ce qu'il pense du programme que vous aurez conçu à son intention, en le considérant comme un individu à part entière, qui a le droit d'exprimer son avis. Écoutez votre intuition, vos émotions et communiquez-les à Louis. À votre contact, Louis apprendra à entendre un langage différent qui lui permettra de rentrer en relation avec lui-même. Cette expérience peut se révéler une très belle aventure pour chacun de vous.

Elle ne travaille pas

Notre fille doit redoubler sa seconde. Nous aimerions l'inscrire dans un autre lycée, car c'est justement à cause de ses camarades de classe qu'elle a perdu son année scolaire. La communication entre nous est actuellement très difficile, elle refuse absolument de changer de lycée et nous demande de lui faire confiance. Pour le reste, c'est une jeune fille tout à fait normale, qui a d'excellents résultats dans les disciplines sportives et qui est très appréciée par ses camarades. Il n'empêche que, cette année, elle a fait totalement l'impasse sur ses obligations scolaires.

Votre fille s'intéresse au sport et a de bonnes relations avec ses camarades, ce qui prouve qu'elle est capable de passions et d'ouverture sur le monde. Un échec scolaire revêt toujours plusieurs significations mais, avant toute chose, il constitue un acte de provocation à l'égard de l'autorité.

L'école, en effet, représente l'autorité sociale, laquelle, à son tour, est le substitut de l'autorité parentale. Aussi, il convient de s'interroger sur la nature du lien entre votre fille et son père et de se demander si le comportement d'échec de votre fille n'est pas une façon d'attirer votre attention. L'inscrire dans une autre école signifierait projeter à l'extérieur les causes d'un mal-être qui réside principalement chez votre fille, laquelle a besoin que vous l'aidiez à en comprendre les raisons. Je ne pense pas qu'il soit nécessaire d'imputer son échec à ses relations et de vouloir à tout prix rechercher un coupable, le plus important, me semble-t-il, est de tenter de comprendre les raisons de cet échec.

Votre fille vous demande d'avoir confiance en elle : pourquoi la lui refuser et ne pas l'aider à exprimer les raisons qui l'ont conduite à cet échec ? Les causes peuvent en être multiples : un manque de confiance dans ses capacités intellectuelles, des problèmes affectifs, une demande de présence paternelle ou, tout simplement, peut-être n'est-elle pas encore assez mûre pour suivre des études secondaires. Comme toujours, il convient de considérer l'aspect positif de cet échec, lequel peut vous donner l'occasion de prendre des décisions et de réfléchir en famille. Il est inutile, donc, que vous vous sentiez obligés de la punir ou de recourir à des formes de chantage.

Votre fille est sans doute la première affectée par cet échec et il vaut mieux éviter de la mortifier davantage. En fait, il me semble important que vous la souteniez dans cette épreuve et que vous fassiez en sorte qu'elle participe pleinement aux décisions sur son avenir scolaire immédiat.

Un élève trop démonstratif

Je suis institutrice et, bien que n'ayant pas moi-même le bonheur d'être mère, j'ai parfois l'impression d'être la maman de tous les enfants qui sont dans ma classe. Ces temps-ci, je suis un peu inquiète pour un petit garçon qui est tout le temps pendu à mon cou et dont j'ai le plus grand mal à calmer les effusions. Il est vrai que Jean a changé d'école cette année et qu'il est confronté à un univers totalement différent.

Il est en classe de CE2, mais son niveau est à peine celui d'un élève du CP. Ses parents m'ont dit un jour qu'ils voulaient l'emmener chez un psychologue. Je leur ai demandé de me tenir au courant, mais ils ne m'ont plus donné de nouvelles.

Pourtant, ces renseignements me semblaient utiles, entre autres, pour que nous puissions adopter une ligne de conduite commune. En somme, je me sens un peu seule et désorientée : j'ai conscience que cet enfant a un immense besoin d'affection, en particulier de sa mère, mais en même temps, je ne sais pas très bien comment me comporter avec lui.

En fait, vous pouvez faire beaucoup pour cet enfant, même si vous avez raison de dire que votre tâche serait facilitée si vous étiez soutenue par ses parents.

Vous êtes enseignante, par conséquent, vous avez une grande expérience dans le domaine de l'observation des enfants. Mettez à profit cette expérience, en analysant la façon dont Jean se comporte lorsqu'il est avec vous. Essayez de vous souvenir de son comportement dans certaines situations précises.

L'idéal serait que vous puissiez prendre des notes et

que vous mettiez par écrit vos réflexions à la fin de votre journée de cours. En relisant plusieurs fois ce que vous avez écrit, vous parviendrez à mieux comprendre le comportement de cet enfant et à donner une signification à ses gestes. Par exemple, essayez de remarquer s'il vous embrasse lorsqu'il a du mal à faire ses devoirs ou bien après avoir dit au revoir au parent qui l'accompagne et si, lorsque vous ne faites plus attention à lui, il se distrait ou bien s'il a l'air triste et penaud. En l'observant attentivement vous pourrez mieux le comprendre et, par conséquent, mieux l'aider. Jean sentira très vite que vous avez pris le temps de penser à lui et je suis sûre que cela contribuera à modifier un peu votre relation.

N'oubliez pas de noter également vos émotions personnelles et efforcez-vous de les communiquer à Jean.

Si, lorsque le petit garçon vous embrasse, vous sentez qu'il a besoin d'affection et de protection, dites-le-lui, car c'est exactement cela qu'il attend : que l'on mette des mots sur son ressenti. Derrière ce genre de comportement se cache souvent un désir inassouvi. En fait, le plus important, c'est que vous aidiez Jean à prendre conscience de ses propres besoins.

C'est moi qui lui fais ses devoirs !

Mon fils André est en classe de CP et il me semble qu'il a déjà des difficultés scolaires. Lorsqu'il rentre à la maison, je le laisse regarder un peu la télévision, puis je l'oblige à faire ses devoirs et je m'assois à ses côtés jusqu'à l'heure du dîner. Mais il invoque toutes sortes de prétextes pour se lever de sa chaise, ce qui, bien sûr, m'irrite au plus haut point, de sorte que nous finissons toujours par nous disputer et soit il en profite pour ne pas faire ses devoirs, soit je me résous à les faire à sa place.

Il serait préférable que vous vaquiez à vos occupations et que vous laissiez André s'organiser à son rythme.

Pour acquérir une certaine autonomie mentale, l'enfant doit apprendre, dès ses premiers pas, à se séparer de ses parents et à découvrir la réalité extérieure avec une plus grande liberté et autonomie. Or cela n'est possible que si l'enfant sent que ses parents ont confiance en ses capacités et sont en mesure de supporter ses échecs.

André est confronté à une épreuve importante qu'il doit apprendre à gérer à son rythme et en fonction de ses capacités. Laissez-le s'organiser, en le réconfortant de temps à autre, par votre présence et un conseil, s'il vous le demande, mais en évitant de vous mêler de ce qui ne concerne que lui et son rapport à l'école.

Si vous le laissez faire, un jour ou l'autre il parviendra à s'organiser, surtout parce qu'il se sentira responsable de lui-même. Définir vos divers secteurs d'intervention pourrait vous permettre d'éviter d'inutiles tensions. Si votre enfant a besoin d'explications supplémentaires, sa maîtresse est la personne la mieux indiquée pour cela.

Essayez plutôt de partager des moments privilégiés avec votre enfant, afin qu'il puisse se ressourcer affectivement lorsque son « rôle » d'écolier deviendra trop fatigant.

À trois ans, il préfère les adultes

Que dois-je faire avec Maximilien qui a trois ans et qui n'apprécie que la compagnie des adultes ? C'est un enfant sympathique et enjôleur. Lorsque nous sortons ensemble, tout le monde semble conquis par son sourire et sa sociabilité qui, parfois, à vrai dire, me semble même un peu exagérée. En revanche, lorsqu'il voit un enfant, il se crispe, on dirait qu'il me demande de le protéger, de l'aider.

Cette année, j'ai retardé son inscription à l'école, car dès que je prononçais ce mot, il semblait terrorisé, mais il va falloir absolument que je le prépare pour l'année prochaine.

Il est possible que Maximilien préfère la compagnie des adultes parce qu'il se sent davantage pris au sérieux et écouté par eux. Ce choix est peut-être lié à sa sensibilité et à la nature des relations qu'il a nouées depuis sa naissance.

Ainsi, par exemple, a-t-il été habitué à vivre avec d'autres enfants ou bien a-t-il été principalement en contact avec un monde d'adultes ?

Le plus difficile pour Maximilien est de supporter la séparation que suppose son entrée à l'école et de se sentir projeté dans un univers inconnu qui ne correspond pas à ses modalités habituelles d'échange. Vous avez eu raison de respecter ses peurs et d'attendre un peu pour l'inscrire à l'école, afin d'éviter qu'il ne vive cette expérience de manière traumatique.

Pour que les séparations soient constructives, elles doivent être préparées, en tenant compte des peurs sous-jacentes de l'enfant mais aussi des parents. Parlez-lui de cette épreuve qu'il vous faudra affronter ensemble.

Pourquoi ne pas aller faire la connaissance de sa future maîtresse avec Maximilien, afin d'amorcer une relation de confiance réciproque et de lui donner quelques informations sur la personnalité de votre enfant ? La maîtresse de Maximilien constituera bientôt pour lui sa nouvelle référence et sa tâche consistera à trouver une façon de le rassurer, de sorte qu'il puisse vivre sa relation avec le monde extérieur sur un mode moins difficile et inquiétant.

Il est très lent à l'école

J'ai le sentiment que notre fils de huit ans n'est pas très à l'aise à l'école. Au dire de sa maîtresse, il est particulièrement lent et il lui faut au moins trois heures pour faire ce que les autres font en une heure.

J'ai essayé de l'aider et de lui montrer comment faire, mais dès que je le laisse tout seul il se perd dans ses rêveries et il met un temps infini à faire ses devoirs.

J'ai l'impression qu'il n'arrive pas à s'intéresser à ce qu'il étudie ; j'ai remarqué que, pour le reste, quand il joue ou quand il est devant son ordinateur, il est nettement plus rapide.

Vous avez raison de vouloir aider un enfant qui se sent découragé et qui risque de perdre le plaisir d'apprendre.

Il m'est difficile de vous donner un conseil précis, car je ne connais pas l'histoire de votre enfant et je ne sais pas si son manque d'enthousiasme date de cette année ou bien s'il avait déjà commencé à l'école maternelle, durant la phase de sa première socialisation.

Tout ce que je puis vous dire, c'est qu'à chaque fois que je suis confrontée à un problème d'apprentissage je m'efforce de me poser un certain nombre de questions.

Ainsi, par exemple, je me demande toujours quelle signification revêt pour tel ou tel enfant d'apprendre des choses nouvelles, combien d'attentes reposent sur lui et jusqu'à quel point il se sent libre de suivre son propre rythme, sans pour autant se sentir différent des autres, ou bien encore, quel genre de rapport il a avec ses enseignants et quel espace on lui laisse pour organiser son temps de travail.

Je me demande aussi quelle relation il a avec son père, lequel est censé définir à la maison les règles qui doivent être respectées, lui inculquer le sens du devoir et l'aider à surmonter la relation fusionnelle avec la mère, afin de créer la disponibilité mentale nécessaire à l'apprentissage et d'éveiller son intérêt pour tout ce qui se situe en dehors de la sphère familiale, en transformant cette expérience en une expérience sociale.

Enfin, je me demande quelle place a pour cet enfant le désir d'apprendre et jusqu'à quel point il se sent soutenu par sa famille dans ses choix personnels et la réalisation de ses aspirations. Tout cela vous semble peut-être évident, mais chaque fois que je parle avec un enfant de son désir, je me rends compte que j'ai du mal à me faire comprendre, non seulement par lui, mais par ses parents.

Or l'apprentissage est un processus qui passe par la sphère émotionnelle, d'où l'importance et le rôle essentiel que revêt la relation affective entre l'enfant et l'enseignant, lequel doit précisément faire appel à cette part de désir qui habite chaque être humain.

Si ces différentes médiations, nécessaires à n'importe quel processus d'apprentissage, ne sont pas respectées, je doute que l'enfant puisse trouver un sens à son existence, qu'il s'approprie son désir et qu'il parvienne à réaliser ses aspirations profondes.

Elle abandonne tout en cours de route

J'ai amené ma fille chez un psychologue, car sa maîtresse se plaignait de sa distraction en cours et d'une certaine difficulté à socialiser avec ses camarades. Je l'ai accompagnée à ses premières séances et, au début, Jeanne semblait plutôt contente de cette nouvelle expérience. Puis, lorsque le psychologue lui a proposé de la voir toute seule, elle a accepté d'y aller pendant quelque temps, mais maintenant je suis obligée de la forcer. Je me sens mal à l'aise de devoir la pousser ainsi, mais il est vrai qu'avec elle c'est toujours comme ça : elle commence par s'enthousiasmer pour tout ce qui est nouveau, puis elle abandonne en cours de route et ne persévère jamais.

Si Jeanne prend tout à la légère, c'est parce qu'elle se sent autorisée à le faire. De nombreux enfants commencent des activités et puis abandonnent, le plus souvent parce qu'elles ont été choisies par leurs parents et qu'elles correspondent davantage à leurs désirs qu'au désir des enfants eux-mêmes.

Dans votre cas, je crois que vous devriez discuter avec le thérapeute de votre enfant. Le mieux serait qu'il puisse décider avec votre fille de suspendre ou non ses séances. La prise en charge d'un petit patient est assez délicate, précisément parce que l'on croit, à tort, qu'un enfant n'est pas suffisamment responsable pour faire un choix. En réalité, même un tout petit enfant a le droit de décider. Il faut toujours commencer par lui demander son avis, ce qui, pour de nombreux parents, est loin d'être évident.

Dès qu'un enfant est capable de parler et de donner son consentement, il faut prendre en compte sa parole et agir en conséquence. Une thérapie psychologique, par exemple, est une expérience importante, mais il faut toujours aider l'enfant à comprendre que, puisque l'on a constaté chez lui un mal-être, s'il le désire, il peut recourir à un tiers qui l'aidera à dépasser ses difficultés.

Le pacte entre l'enfant et le thérapeute n'est en rien différent de celui qui s'établit avec un adulte. Aussi, il importe de respecter les rendez-vous fixés et de demander à l'enfant de payer sa séance avec un objet qui lui appartient : une pierre, un dessin ou un autre objet investi d'une charge affective.

L'enfant participe ainsi activement à sa thérapie et, lorsqu'il décide de ne plus rien donner, il prend la responsabilité de l'interrompre. Quand ce pacte est conclu dès le départ, l'enfant est généralement très content de pouvoir respecter certaines règles sociales et il ne pourra qu'en tirer bénéfice dans sa vie relationnelle.

Il arrive souvent que les parents, qui viennent me consulter pour leur enfant, me regardent bizarrement quand je demande à leur fils de deux ou trois ans s'il désire venir me voir pour parler avec moi. Leur étonnement me permet toujours de réaliser jusqu'à quel point cet enfant a acquis dans leur esprit le statut d'un « sujet » à part entière.

À qui revient le mérite ?

L'année scolaire vient à peine de commencer et je ne voudrais pas que Mathieu revive ce qu'il a vécu ces dernières années.

Son parcours scolaire est un vrai désastre : des avertissements incessants pour indiscipline et aucune envie d'étudier. Je n'arrive pas à le responsabiliser, et je me retrouve systématiquement à faire ses devoirs à sa place, pendant qu'il se défile pour aller jouer à ses jeux vidéo.

Finalement, je connais par cœur son programme scolaire et, quand je refuse de l'aider, il n'a pas l'air du tout de s'inquiéter d'aller en classe sans avoir fait ses devoirs.

Et voici, avec la rentrée scolaire, resurgir le sempiternel problème des devoirs à la maison, qui angoissent les enfants et les parents, alors même que ce moment de la journée devrait être destiné à la détente et à l'échange familial. L'exigence d'une productivité et d'une efficacité optimales n'épargne désormais même plus le monde de l'enfance et de plus en plus de parents s'acharnent à apprendre à leur enfant à lire et à écrire avant même qu'il n'ait l'âge d'être scolarisé. Cette recherche de performance cache une angoisse et un désir de compétitivité qui se transmettent des parents à l'enfant, en créant chez ce dernier un état d'anxiété non négligeable.

Je crois qu'il est important que les parents reconnaissent clairement, en présence de l'enfant, la compétence des enseignants pour juger des résultats et du comportement scolaire de leur enfant, qu'ils lui expliquent que, lorsqu'il est à l'école, l'enseignant constitue son interlocuteur privilégié et qu'à ce titre, il doit le respecter. Si l'enfant rencontre des problèmes à l'école, c'est l'enseignant qui, grâce au rapport qu'il instaure avec l'enfant, trouvera une solution et qui, avec son accord, pourra en parler avec ses parents, bien entendu, en sa présence.

Pour en revenir à votre problème, pour quelle raison, chère Madame, faites-vous les devoirs à la place de votre fils ?

Ce n'est pas vous mais Mathieu qui doit avoir honte d'aller à l'école quand il ne fait pas ses devoirs. Au lieu de vous mettre à sa place, aidez-le plutôt à organiser son temps de travail. Peut-être a-t-il des rythmes différents des vôtres ou tout simplement a-t-il envie de s'amuser, alors que les devoirs représentent pour lui une contrainte.

Demandez à Mathieu quelle est sa matière préférée et pourquoi. Essayez d'introduire un peu de plaisir dans ce quotidien qui, malheureusement, est vécu par l'enfant de plus en plus comme une corvée.

Lettre d'un proviseur

En tant que proviseur, je suis confronté chaque jour à des cas difficiles, des enfants de couples divorcés totalement désorientés, des comportements provocateurs auxquels nous ne savons plus comment faire face. Quand nous signalons certains cas aux services sociaux, nous n'avons presque jamais de nouvelles et, de toute façon, nous constatons rarement de grands changements.

À force d'assister à cette lente dégradation de la situation, je me sens de plus en plus impuissant et je me demande sans cesse ce qu'il faudrait faire pour ces gamins. Peut-être devrions-nous favoriser les activités extrascolaires au sein même de l'école puisque, en fin de journée, les élèves restent souvent dans la cour, avec l'excuse de jouer au foot ou de parler entre eux.

Avant de chercher à savoir ce que vous pouvez faire, j'aimerais vous proposer de réfléchir à la façon dont vous voyez les choses.

Si votre lettre montre clairement le désir d'aider vos élèves, elle révèle également beaucoup de préjugés : des enfants de couples divorcés, désorientés, provocateurs. Or l'attitude provocatrice des élèves constitue toujours une demande d'aide, une manière comme une autre d'exprimer un mal-être qui ne peut s'exprimer chez eux. C'est à nous, adultes, qu'il revient de contenir ce mal-être et, éventuellement, de le déchiffrer, en aidant l'adolescent à en comprendre les raisons et en jouant ainsi pleinement notre rôle d'éducateur.

Être proviseur signifie également assumer la fonction symbolique du père : d'une personne qui écoute et qui, dans le même temps, donne des règles. En somme, il ne vous reste qu'à ouvrir les portes de votre bureau et à établir un dialogue fondé sur une écoute respectueuse. Le plus difficile, c'est de nous libérer de nos préjugés, lesquels nous font voir l'autre non pas tel qu'il est, mais suivant l'idée que nous nous en faisons. C'est alors seulement que l'enfant d'un couple divorcé ou tel enfant « désorienté », comme vous dites, deviendra une personne qui, en vertu même des fonctions qui sont les vôtres, trouvera auprès de vous un interlocuteur réfléchi et ouvert.

Si les élèves restent à l'école après les cours, cela signifie qu'ils ont besoin d'investir ce lieu de transition entre la famille et le monde extérieur, qu'ils perçoivent comme protecteur et rassurant. Au lieu de proposer de nouvelles activités, il me semble qu'il vaudrait mieux aider les élèves à se sentir effectivement chez eux à l'école et impliqués avec vous dans la réalisation de tous les projets qui les concernent.

Il perturbe les cours

J'ai un fils de huit ans qui est très turbulent en classe et dont le comportement excède ses maîtresses. Comme il perturbe le cours, on m'a conseillé de consulter un psychologue pour son hyperactivité. Toutefois, ses résultats scolaires sont bons et, à la maison, avec ses amis, il est un peu vif, certes, mais son comportement est parfaitement normal. C'est un petit garçon doux et généreux, qui a été abandonné par son père peu après sa naissance et qui, bien qu'informé de son existence, ne veut plus en entendre parler.

Bien entendu, mon fils est très attaché à moi, il faut dire qu'il est aussi la personne la plus importante de ma vie.

J'ai un nouveau compagnon, qui vient de temps à autre à la maison. Mon petit garçon en est très jaloux, et tantôt il semble rechercher un contact, tantôt il le provoque ouvertement. En fait, comme j'ai peur de lui faire du mal, j'évite de vivre ma vie sentimentale en sa présence.

Je ne sais pas si j'ai raison d'agir ainsi et je me demande, parfois, si son comportement à l'école ne traduit pas un mal-être que j'ignore.

Comment se fait-il que votre enfant se comporte différemment à la maison ou en compagnie de ses amis ?

Il me semble que votre fils, qui a subi un abandon douloureux, déverse une colère accumulée depuis longtemps et jamais élaborée. Un enfant abandonné par l'un de ses parents garde souvent en lui un sentiment de colère et de culpabilité. Les enfants pensent que c'est leur faute si leur père ou leur mère est parti, d'où les comportements provocateurs qui en résultent et le besoin d'une punition qui vient précisément apaiser ce sentiment de culpabilité.

Le comportement de votre fils révèle, en revanche, en même temps que la peur de perdre sa maman, qui représente tout son univers, le besoin d'un contact avec votre nouveau compagnon et le désir sous-jacent d'investir cette figure des principales caractéristiques paternelles, afin de trouver auprès de votre compagnon les règles qu'il n'a jamais reçues de son propre père.

Si votre relation avec cet homme est importante, je vous conseillerais de la vivre au grand jour. Votre fils traverse une phase où il a besoin d'une figure masculine qui l'aide à grandir et qui s'interpose dans la relation peut-être trop exclusive et symbiotique qui s'est instaurée entre vous. Quelqu'un doit lui donner des règles, car ce sont précisément ces règles qu'il est en train de rechercher à l'école.

Les pères

Un père au foyer

Je suis le papa d'une petite fille de quatre ans. À la maison, les rôles sont inversés. Je suis au chômage depuis quelque temps, je reste donc toute la journée chez moi, tandis que ma femme travaille. Le soir, lorsqu'elle rentre, elle est fatiguée et elle n'est pas toujours d'humeur à jouer avec la petite. Henriette, d'autre part, semble de plus en plus hostile à sa maman. Le soir, quand elle rentre du travail, elle ne la salue même pas, parfois, elle l'ignore totalement, elle s'accroche à mon pantalon, en demandant que ce soit moi qui lui donne à manger et qui la mette au lit après son bain.

Vous n'avez peut-être pas suffisamment expliqué à Henriette que sa maman doit aller travailler et que le soir, à son retour, elle est parfois fatiguée mais que son papa, en revanche, a la possibilité de rester avec elle, parce que actuellement il ne travaille pas. Sa réaction de déni, lorsque sa mère rentre le soir, est une façon d'exprimer sa colère parce qu'elle pense que sa maman l'a abandonnée. Le lien possessif qu'elle a noué avec vous correspond à un désir tout à fait naturel à cet âge. Il faut simplement rétablir les rôles qui reviennent à chacun.

Votre fille a besoin d'avoir un rapport équilibré avec chacun de ses parents. Du reste, ses caprices et ses refus ostentatoires sont une demande d'aide, mais aussi une façon de vous dire qu'elle attend des réponses différentes de celles qu'elle a reçues jusqu'à présent. Il est possible qu'elle désire que sa maman lui consacre un temps spécial, rien qu'à elle, afin de pouvoir rétablir un dialogue, qui s'est peut-être interrompu par manque de disponibilité.

Lorsque votre femme n'est pas là, il est important que vous évoquiez sa présence et que vous attendiez ensemble son retour comme un événement important et que vous-même désirez.

Essayez de ne pas encourager les comportements manipulateurs et possessifs de votre fille, car Henriette ne doit pas se substituer à votre épouse. Il faut qu'elle comprenne clairement que la personne qui arrive le soir est sa maman et non pas sa rivale. Il faut qu'elle sente que son papa et sa maman forment un couple uni et que chacun d'eux assume des tâches et des rôles différents, qui ne doivent en aucun cas être confondus.

Passer des pactes avec son papa

Hier, alors que j'étais dans un autobus avec ma fille de quatre ans, Judith, voilà que, tout à coup, elle me demande avec beaucoup d'aplomb s'il faut qu'elle dise à sa maman à quel point elle aime boire de la bière et aussi du vin coupé d'eau. Sans doute ai-je été surpris par sa question, le fait est que je lui ai répondu qu'il était préférable de ne rien dire, pour ne pas fâcher sa maman. Je n'ai pas très bien compris comment Judith a entendu ma réponse, mais elle m'a lancé un regard triomphant. J'ai pris conscience que Judith me met souvent dans des situations embarrassantes, en sollicitant mon adhésion immédiate. Je n'exagère pas en vous disant que, par moments, j'ai l'impression que Judith est un peu diabolique...

J'imagine très bien la scène dans l'autobus et la satisfaction plus ou moins inconsciente de votre fille, venant de sceller, sous les yeux de tous, une alliance si importante aux dépens de sa maman. Le message, qui se cache derrière cette question apparemment naïve, est une véritable déclaration d'affinité avec le père, le désir de devenir une grande personne et d'être considérée comme telle, en excluant sa mère de ce secret, tel un pacte scellé entre vous deux. C'est pour cette raison que vous la percevez comme un peu « diabolique ». En réalité, Judith est en train de vivre une période d'attachement normal à son père, ce qui explique son désir de partager un lien privilégié avec lui. Rien de plus normal, mais attention à la façon dont vous répondez à ces questions.

C'est très bien de nouer des pactes et des alliances avec ses enfants – et Judith n'échappe pas à la règle –, cela fait partie du plaisir de jouer et de satisfaire leurs désirs. Mais n'oubliez pas que les enfants sont égocentriques, tout-puissants et bien d'autres choses encore et qu'il faut les aider à s'adapter à la réalité de leurs parents. Pour votre fille, la réalité consiste à intégrer son besoin de se sentir plus grande et d'accepter une règle familiale. Tout cela est si difficile à cet âge qu'en un sens il me semble légitime de recourir à quelques stratagèmes.

Les craintes d'un jeune papa

Je suis un tout jeune papa et j'ai une petite fille adorable de trois mois. Pourtant, bien que tout se passe au mieux pour ma femme, je me sens mal, je suis devenu anxieux et je ne ferme plus l'œil de la nuit. Je suis assailli par toutes sortes de peurs, je ne me sens pas à la hauteur dans mon travail et je crains de ne pas être suffisamment responsable pour m'occuper de ma famille. J'ai l'impression que je ne peux rien apporter ni à ma femme ni à ma fille. J'aimerais savoir si je suis le seul à éprouver ce genre d'angoisses.

Votre lettre aborde un sujet important : le rôle du père pendant la grossesse et au cours du développement de l'enfant. Il existe une abondante littérature centrée essentiellement sur l'importance de la relation mère-enfant et qui laisse la figure du père au second plan. Or j'ai l'impression que vous avez nourri quantité de désirs et de rêves concernant l'arrivée de votre enfant. À présent que vous êtes confronté à la réalité, vous devez adapter l'image rêvée avec l'image réelle et ajuster votre image d'homme à l'image du père qu'il vous reste à inventer.

L'accouchement peut être suivi d'une période de dépression, précisément parce qu'il entraîne quantité de transformations, tant sur le plan physiologique que mental, qui nécessitent un temps d'adaptation. C'est une étape délicate, durant laquelle peuvent émerger des peurs latentes, parce que la naissance d'un enfant – lorsqu'elle est vécue intensément – devrait correspondre également à la possibilité d'une naissance intérieure.

Je crois que votre peur de ne pas être à la hauteur quant à vos responsabilités familiales témoigne de ce processus de transformation, mais également de la profondeur de vos investissements. Au lieu de vivre ces sentiments comme une perte de votre rôle de référence familiale, considérez-les comme un enrichissement et un élargissement de la perception que vous avez de vous-même.

Comment reconquérir mon enfant ?

Je vis une situation très difficile avec mon ex-femme, qui a la garde de notre fils de huit ans, André. Sa mère a toujours eu une attitude très dévalorisante et agressive à mon égard, de sorte que, maintenant, quand je téléphone à André, il me dit qu'il ne veut plus me voir parce que je fais du mal à sa maman. C'est plutôt l'inverse qui est vrai, quand je repense à toutes ces années passées entre avocats et juges aux affaires familiales pour avoir la possibilité de voir mon fils quelques heures par semaine !

Vous trouvez juste que le père n'ait pas les mêmes droits que la mère lorsqu'il s'agit d'éduquer un enfant ?

Les relations avec mon ex-femme ont toujours été tendues et tout dialogue entre nous est impossible, sauf quand elle doit me demander de l'argent. Mais actuellement, elle dépasse les bornes : elle a fait lire à André le dossier du divorce en cours et, depuis cette lecture, qui n'est certainement pas recommandée à un enfant de son âge, André se montre très hostile à mon égard. Je ne sais pas s'il vaut mieux laisser passer du temps ou tenter de le reconquérir autrement.

Je comprends votre amertume et à quel point votre ex-femme est profondément injuste à votre égard, sans compter tout le mal que son attitude peut causer à votre fils. Il est toujours dangereux d'entamer l'image du père : l'enfant est profondément attaché à sa mère et dépendant de son amour, il croit aveuglément en elle et il se sent donc obligé de renier un objet d'amour auquel il devra ensuite s'identifier.

D'une façon générale, les femmes qui ont ce genre de comportement ont, dans leur histoire personnelle, des difficultés à nouer des liens avec les hommes et très souvent une relation non résolue avec le père. Quand bien même auriez-vous été le pire des maris, cela ne l'autorise pas à discréditer la figure paternelle car, malheureusement, cette attitude peut être lourde de conséquences pour l'enfant.

Continuez à téléphoner à votre fils ou à lui écrire pour lui témoigner votre affection et votre présence, même si, en apparence, André ne semble pas la réclamer. En réalité, votre fils n'a jamais eu autant besoin d'une figure paternelle capable de comprendre que son agressivité résulte d'une tension imposée de l'extérieur tout en étant une demande paradoxale de limites et de présence permanente.

Vivre seul avec son fils

Je suis séparé de ma femme depuis cinq ans et j'ai un fils de treize ans qui vit avec sa maman. Mon fils me demande depuis longtemps de vivre avec moi et j'ai toujours essayé de l'en dissuader, en lui expliquant qu'il n'a pas à choisir ses parents, en fonction de celui qui lui facilite le plus la vie. Pourtant, depuis quelque temps, je perçois chez lui un grand mal-être, je sens que sa mère est incapable de répondre à ses besoins. Que dois-je faire, prendre mon fils avec moi ? Quel genre de relation peut instaurer un adolescent avec un père qui vit seul ?

Accepter de perdre votre rôle de « protecteur » vis-à-vis d'une ex-femme sans doute encore très infantile, et décider de protéger un fils qui désire avoir à ses côtés une personne plus disponible à laquelle s'identifier et se confronter, constitue en effet une décision très importante. Cela ne signifie pas que votre fils perdra sa maman, mais plutôt qu'il instaurera avec elle une relation qui le protégera contre ses angoisses et ses peurs.

Votre fils, par conséquent, pourra se sentir plus libre d'exprimer son affection et d'accueillir l'amour de sa maman, sans pour autant devoir combler les « manques » de sa mère. Je ne vois pas pourquoi vous devriez vous inquiéter de vivre avec un adolescent. Pour le moment, vous vivez seul, mais vous ne le resterez pas toujours et, quoi qu'il en soit, vous êtes son père : c'est ce rôle que votre fils vous demande de jouer. Du reste, vous n'êtes pas vraiment seul puisqu'il existe une mère et donc un noyau familial. Même si vous êtes séparé de votre femme, il existe une référence féminine claire et précise. À treize ans, un garçon est parfaitement capable de décider avec qui il veut vivre. Toutefois, ce n'est pas à lui que revient la décision mais à ses parents.

Si votre fils est pris en otage par sa mère et par sa peur de la solitude, alors il est facile de savoir quelle est la bonne décision et j'ajouterai qu'il conviendrait que cette décision soit rapide et radicale.

J'ai lu son journal intime

Je suis le papa d'une adolescente de quinze ans. Depuis quelques semaines, ses nouvelles fréquentations m'inquiètent. Aussi, l'autre jour, j'ai cédé à la tentation de lire une sorte de journal intime qu'elle écrit à plusieurs mains, avec des copines du même âge. Inutile de vous dire à quel point cette lecture m'a troublé. Quoique de façon allusive et à mots couverts, dans les quelques pages que j'ai lues, il était question d'expériences sexuelles, de joints, en somme, d'un univers que, jusque-là, je croyais étranger à ma fille.

Je crois que le manque de discrétion de votre fille révèle, en réalité, le désir secret de vous parler des événements marquants de sa vie. Chez nos enfants, derrière l'interdiction explicite de lire leur journal intime, se cache presque toujours le désir implicite de nous informer de leurs transformations et de leurs réflexions. Le dialogue entre votre fille et ses amies est une tentative de s'expliquer et d'expliquer aux autres des événements et des expériences nouvelles, lesquelles, éventuellement, peuvent être grossies sinon inventées de toutes pièces.

Écrire un journal intime ne signifie pas seulement transposer par écrit des événements qui se sont réellement produits, mais créer un scénario où se mêlent imaginaire et réalité. Le journal intime est la représentation de cet enchevêtrement et celui qui l'écrit peut très bien lui donner une tout autre signification que celui qui le lit. De temps à autre, on peut céder à la tentation d'épier ses enfants, à condition d'être discret et de ne pas utiliser ouvertement ce que l'on a découvert, car cela signifierait la violation du droit au secret qui, dans l'intérêt des deux parties, doit être respecté.

En réalité, votre fille souhaite, d'une façon plus ou moins consciente, vous savoir complice de son évolution. C'est à vous de trouver la juste distance pour la protéger sans l'envahir et, au besoin, de poser des limites à la curiosité qui la pousse à vivre des expériences, qui ne sont peut-être pas encore de son âge.

Mes enfants refusent tout contact physique avec moi

J'ai une fille de six ans et un garçon de huit ans qui ont un comportement assez froid avec moi et qui refusent systématiquement que je les embrasse ou que je les câline. J'avoue que cela me contrarie un peu, car j'ai l'impression d'avoir perdu ce contact physique que j'avais avec eux lorsqu'ils étaient petits. Avec leur maman, en revanche, c'est tout le contraire. Ils l'assaillent, pour ainsi dire, de bisous, alors que quand je leur réclame une caresse, ils rient et j'ai vraiment l'impression qu'ils se moquent de moi. Comment puis-je faire pour retrouver ce contact que nous avons perdu et qui pourtant me semble nécessaire à leur équilibre ?

Vos enfants sont en train de vous demander de vous manifester sur un mode différent, comme par exemple de passer de la caresse au langage. C'est à partir des paroles du père que les enfants apprennent les choses de la vie, depuis les plus simples jusqu'aux plus complexes.

Il me semble qu'il vous est difficile de vous détacher

de vos enfants et c'est pour cette raison que vous avez besoin d'être rassuré par des câlins. Parce que vous n'avez plus leurs caresses, vous avez tendance à penser que vous ne comptez plus dans leur vie.

En fait, leur attitude un peu distante devrait vous faire comprendre que le moment est venu de changer et qu'ils attendent autre chose de vous et cela peut devenir pour vous une stimulation importante.

Comment annoncer mon remariage à mon fils ?

J'ai divorcé de mon épouse, il y a quatre ans, et j'ai un fils de six ans qui vit avec sa maman. J'ai décidé d'épouser la femme qui m'a soutenu ces dernières années, mais j'appréhende la réaction de mon ex-femme et le fait que mon fils puisse en subir les conséquences. Jusqu'à présent, les rapports entre mon fils et ma nouvelle compagne ont toujours été tendus. Comment puis-je lui annoncer la nouvelle sans faire trop de dégâts ?

Si vous vivez comme angoissant le fait d'annoncer une nouvelle qui devrait au contraire vous réjouir, il est évident que votre ancienne épouse doit vous apparaître comme une personne très forte.

Je me demande si vous n'avez pas adopté une attitude trop passive, qui pourrait déséquilibrer votre relation actuelle. La fonction paternelle est aussi de clarifier et d'introduire des règles dans la réalité que vit un enfant. En fait, il faudrait que vous puissiez informer votre ancienne épouse de vos décisions, et, dans un deuxième temps, que vous parliez à votre fils, de personne à personne, en le rassurant sur votre amour pour lui.

Votre fils ne peut pas s'attacher à votre compagne actuelle parce qu'il a peur de trahir sa mère, dont il se sent sans doute très proche. Son attitude est très compréhensible et il faudra que vous et votre future femme sachiez vous montrer patients et tolérants. Je crois que votre fils désire que vous lui donniez des précisions sur la situation actuelle, mais vous ne pourrez le rassurer que si vous prenez en compte à la fois vos émotions et les siennes. N'oubliez pas de lui parler de ce que vous ressentez et soyez à l'écoute de ses émotions.

Je ne m'entends pas
avec la nouvelle compagne de mon père

Je suis une jeune fille de dix-sept ans et, actuellement, je traverse une période très difficile. À l'âge de huit ans, j'ai été confiée par un juge pour enfants à mon père, parce que ma mère souffrait de dépression. Ma petite sœur de quatre ans est également venue habiter avec nous. J'ai toujours été une enfant très sage et obéissante, tant à l'école qu'à la maison, et je me suis longtemps occupée de ma petite sœur. Dernièrement, mon père a rencontré une femme avec laquelle je ne m'entends pas du tout et j'ai décidé de retourner vivre avec ma mère. Mon père voudrait que je revienne à la maison et que j'accepte sa compagne, mais je ne la supporte vraiment pas.

Je suis fiancée avec un jeune homme dont je suis très amoureuse et j'espère me marier bientôt pour pouvoir enfin partir de chez moi. Je ne sais plus quoi faire, d'autant que je ne peux pas rester chez ma mère, qui va de plus en plus mal.

Il me semble que les responsabilités que vous avez assumées depuis si longtemps vous ont conduite à confondre les rôles. À présent que votre père a trouvé une nouvelle compagne, vous vous sentez trahie et vous êtes partie de chez lui pour savoir laquelle de vous deux il choisira. Mais il s'agit d'un faux choix. Vous êtes sa fille et comme telle il ne vous a pas fermé la porte. À juste titre, il voudrait pouvoir réunir autour de lui les gens qu'il aime, sans que personne se sente lésé. Si vous vivez cette situation comme insupportable, cela signifie qu'il existe un lien trop fort entre vous.

Ce lien, qui n'a rien à voir avec l'amour d'une fille pour son père, crée chez vous une certaine confusion et, tant que vous n'en aurez pas conscience, il vous empêchera d'avoir des relations équilibrées avec les hommes. Vous-même parlez de votre ami comme d'un instrument pour fuir une situation conflictuelle. Mais où est votre vrai désir ? Si ce qui vous anime est la jalousie et la rivalité vis-à-vis de votre père, je crois qu'en agissant ainsi, vous ne pourrez pas trouver l'autonomie et la liberté nécessaires pour construire votre vie.

Actuellement, vous traversez à nouveau une phase de transition. Lorsque vous étiez petite, vous vous occupiez des autres et je pense que cela a dû être très pénible et douloureux. À présent, vous devez vous occuper de vous.

Un enfant a aussi besoin d'un père

Depuis deux ans, je vois très peu mon fils, car mon ex-femme trouve mille excuses pour m'en empêcher. Aujourd'hui, mon fils Jean-Luc a quatre ans. Lorsque nous sommes ensemble, nous jouons et nous nous amusons beaucoup et j'ai souvent l'impression qu'il préfère être avec moi plutôt qu'avec sa mère. Malheureusement, le juge a décrété que je ne peux le voir que deux demi-journées par semaine. Je me suis opposé à sa décision, je pense que mon fils a le droit de passer autant de temps avec son père qu'avec sa mère. Je me sens exclu par ma femme, qui trouve toujours un prétexte pour m'empêcher de le voir. Il est souvent malade et je sais qu'il consulte régulièrement des médecins. À entendre mon ex, je suis le principal responsable de ses problèmes de santé. J'oscille régulièrement entre colère et découragement.

Malheureusement, beaucoup de pères sont dans la même situation que vous. Ce qui me semble injuste, car, en agissant ainsi, on nie le droit de l'enfant de jouir de ses deux parents. Bien que le rôle des pères évolue selon les époques et les pays, il nous manque une culture de la petite enfance, une connaissance de l'importance des toutes premières relations entre l'enfant et ses parents et de la spécificité des figures maternelles et paternelles, lesquelles sont chacune nécessaires à la santé physique et mentale de l'enfant.

Par ses maladies à répétition, Jean-Luc vous envoie un signal de mal-être. Il faut que vous fassiez attention à ne pas le transformer en un enfant chroniquement malade, alors que sa fragilité a une tout autre signification.

Je comprends à quel point il vous est douloureux de ne pas voir votre fils ou de ne pas avoir suffisamment de temps pour le connaître et participer à son éducation. Je trouve parfaitement injuste et dangereux pour le développement de votre fils que cette situation perdure. J'imagine qu'il existe de fortes tensions entre vous et votre ex-femme, mais ces tensions ne doivent en aucun cas peser sur Jean-Luc, au risque de compromettre son équilibre physique et mental. Quand vous êtes avec votre fils, vous pourriez lui parler de votre désir de le voir, d'être à ses côtés, lui dire que vous aimeriez jouer plus longtemps avec lui. Ne vous découragez pas, car les choses peuvent changer, et votre fils a besoin de vous.

Un désir de justice

Mon ex-femme a décidé de me détruire par ses accusations infamantes. Elle prétend que j'ai des gestes obscènes envers ma fille, que je lui aurais fait des attouchements durant son bain et autres folies de ce genre. Résultat : mon droit de visite est suspendu et les frais de procédure pénale sont à ma charge.

Ce sont des accusations terribles, dans ce climat passionnel de chasse aux pédophiles. J'ai l'impression de vivre un cauchemar terrible.

Une enquête est prévue. Désormais, je l'attends et je la réclame comme mon dernier espoir. Mais qui va pouvoir expliquer à ma fille que son père a été éloigné d'elle par une haine dévastatrice et dans le seul but de me nier, pire, de salir mon image de la façon la plus ignoble qui soit ?

Que puis-je faire pour m'approcher de ma fille, pour lui faire savoir que je l'aime et que j'espère pouvoir sortir au plus vite de ce cauchemar ? Quelles questions va-t-on poser à une fillette de quatre ans et demi et dans quelle mesure cela ne risque-t-il pas de la perturber ?

Nous vivons dans une société civilisée et nous avons des lois qui protègent les droits des enfants. Il existe des personnes compétentes, qui sont habilitées à comprendre et à juger et qui ont pour mission de protéger un mineur contre ceux qui lui font violence. Bien entendu, je n'ignore pas que, dans certains cas, leur action se révèle impuissante, mais je continue à croire qu'il existe des institutions et des individus qualifiés et responsables, qui s'emploient au respect de l'individu. Parce qu'elles peuvent regarder la vérité en face, ces personnes agissent au nom d'une volonté de justice et non pas de pouvoir. Je vous renvoie à ces personnes-là, pour ce qui est de votre situation judiciaire, et à votre conscience, qui vous donnera, je l'espère, la force d'affronter ce chapitre douloureux de votre vie.

Vous me demandez ce que peut penser votre fille de ce brusque silence de votre part et ce qui l'attend, lors de l'enquête à venir. J'imagine que la suspension du droit de visite est due à la plainte déposée par votre ex-femme, suite aux déclarations de votre fille. Or c'est ici que réside le nœud du problème. Si votre ex-femme utilise votre fille pour vous nuire et pour entamer la figure paternelle, il est certain que ses arguments sont imparables. Toutefois, si cette accusation est une invention ou une déformation de la réalité, la première victime sera précisément votre fille, qui se vivra à la fois comme l'artisan et la complice involontaire de la mise à l'écart de son père, dans un climat très déséquilibrant, précisément parce que des éléments étrangers viennent perturber et bouleverser sa vie quotidienne.

C'est pour cette raison qu'avant de prendre une quelconque décision, il importe de cerner la personnalité de celui ou de celle qui porte des accusations car, très souvent, ces manœuvres sont le fait de personnalités dérangées, qui se servent d'un enfant pour satisfaire des pulsions de vengeance. Ce que je veux dire, c'est qu'avant d'écouter un enfant, il faut avoir une idée de la personnalité des parents et de l'histoire qui les a conduits à porter des accusations si graves.

La principale préoccupation des parents et des personnes qui s'occupent de ce genre de cas devrait être le respect de l'enfant et sa protection : quand un enfant dénonce un fait si grave, il doit être écouté, d'abord par son père ou sa mère, puis par des personnes compétentes, qui doivent être en mesure d'évaluer un certain nombre d'éléments et, en tout premier lieu, la véridicité de l'accusation. Ce qui n'est pas toujours facile quand il s'agit d'enfants de l'âge de votre fille, dont le monde imaginaire prévaut encore sur le monde réel. Malgré cela, l'on peut toujours parvenir à dresser un portrait de la personnalité des parents et à reconstituer la constellation affective dans laquelle s'est inscrit cet événement, en tenant compte, bien entendu, également de l'histoire familiale.

Dans la mesure où je m'occupe de ce genre de cas, je puis vous assurer que les enfants ne vivent pas ces enquêtes comme une violence supplémentaire, surtout si l'on prend certaines précautions, comme, par exemple, le fait d'être clair avec eux et de leur assurer que ce qu'ils diront sera respecté et pris en considération. D'une façon générale, lorsqu'ils sont confrontés à de véritables violences familiales, les enfants comptent beaucoup sur l'aide d'une justice qui se substitue à une justice familiale déficiente. Bien entendu, en ce qui concerne votre cas, je ne puis exprimer aucun jugement, je préfère penser que vous avez raison et vous conseiller d'attendre avec confiance les conclusions de l'enquête. Si vous le désirez, écrivez de courtes lettres à votre fille, qui pourra les lire à l'issue du procès. Ce sera une façon, pour chacun de vous, de rattraper le temps perdu.

Victime d'une accusation infâme

Je suis un père qui n'a plus le droit de voir ses enfants. Ce qui m'arrive est délirant, mon ex-femme m'accuse d'agression sexuelle sur l'une de mes deux filles. Le juge a demandé une enquête et je n'ai plus le droit de voir mes enfants depuis six mois ! Je n'ai jamais fait de mal à mes enfants, en revanche, je pense que ce que leur mère leur fait subir est d'une violence extrême. On est en train de détruire ma vie, ma crédibilité d'homme, je ne sais pas comment je vais pouvoir récupérer mes enfants, je ne peux pas les voir et, lorsque je leur téléphone, leur mère me raccroche au nez.

Si vous n'êtes pas coupable, ayez confiance en la justice. Je me demande ce que l'on a dit à vos enfants, comment ils vivent cette absence injustifiée de leur père et quel genre de lavage de cerveau ils sont en train de subir.

Aujourd'hui, malheureusement, la situation que vous vivez a de plus en plus tendance à défrayer la chronique. Ces derniers temps, l'on assiste à une véritable « chasse aux pédophiles » et, excepté les rares cas où l'enfant doit absolument être protégé et, donc, éloigné du parent qui lui a fait subir une violence, la plupart du temps ces allégations ne sont que des manœuvres utilisées par des couples qui se déchirent pour régler leurs conflits.

Ces accusations traduisent souvent une très grande détresse morale, qui malheureusement peut parfois être dangereuse. J'espère que les professionnels chargés de l'enquête ont parlé à vos enfants et leur ont expliqué ce qui est en train de se passer, en évitant de leur faire subir ainsi une violence supplémentaire. Si vous ne pouvez pas contacter vos enfants par téléphone, écrivez-leur des lettres dans lesquelles vous pourrez leur exprimer vos émotions et votre affection.

Même s'ils ne peuvent pas les lire tout de suite, ces messages témoigneront de vos sentiments et de vos efforts pour préserver les liens qui vous unissent. Cela les aidera à retrouver l'image paternelle qui a été entamée et qu'ils peuvent craindre d'avoir définitivement perdue.

Elle veut un enfant mais pas de mari

Je suis très inquiète à propos de ma fille, qui a mis au monde un superbe petit garçon, mais qui refuse absolument d'entendre parler de son père et qui n'accepte même pas qu'il le reconnaisse.

Je suis triste de voir à quel point elle s'obstine à rejeter les hommes en général. J'aimerais savoir ce que, nous, ses grands-parents, pouvons faire pour notre petit-fils, et quel genre de répercussions peut avoir sur la vie d'un enfant l'absence d'une présence masculine...

Un enfant, garçon ou fille, peu importe, a besoin d'une référence masculine. La présence de son grand-père sera donc très importante pour lui. Mais il est nécessaire que son père soit nommé et qu'il existe pour cet enfant, au moins dans les récits de sa maman, même si elle lui explique qu'elle a décidé de ne pas rester avec lui. Si l'enfant porte le nom de sa mère, il n'est pas impossible qu'un jour, il se demande s'il n'est pas le fruit d'une relation « incestueuse » entre sa mère et son grand-père ou entre sa mère et un oncle maternel, surtout si l'une de ces deux figures assume une fonction protectrice à son égard.

Le manque d'explications sur le nom du père, sur comment il a été conçu et sur les relations entre sa mère et son père, peut avoir des répercussions sur son développement intellectuel, sur sa vie affective et sociale. C'est pourquoi il vaut mieux être tout de suite très clair avec lui, autrement, il risque de se vivre comme un attribut de sa mère. Or cette illusion peut le marquer à vie en le plongeant dans un univers d'irréalité, dont les conséquences peuvent s'avérer dramatiques. En outre, il ne faut pas oublier que, vers l'âge de quatre ou cinq ans, tous les enfants ont peur de voir mourir leurs parents, de sorte qu'un enfant qui n'a pour toute référence que sa mère risque d'être plus angoissé qu'un autre. Toutes les mères célibataires devraient prévoir, au cas où quelque chose de grave se produirait, à qui elles aimeraient confier la charge d'élever leur enfant et en informer aussi tôt que possible les personnes concernées.

Très souvent, ces questions, qui ne sont pas formulées par les enfants et qui restent enfouies en eux, les plongent dans une grande insécurité existentielle. En somme, pour conclure, je crois qu'il est indispensable de donner au plus vite une explication claire et simple à l'enfant, même s'il ne parle pas encore. Si l'on reconnaît l'existence de son père, l'enfant pourra trouver un point d'ancrage pour élaborer ses rêves et ses identifications. Ces précisions sont indispensables pour qu'il puisse construire sainement sa vie et affronter la réalité.

Un enfant pris en otage après le divorce de ses parents

Je me suis séparé de ma femme il y a quatre ans, nous avons une petite fille de sept ans et je me demande s'il est juste de jouer avec ses sentiments.

Sa mère me déteste et, dans la mesure où elle a la garde de notre fille, elle peut jouer impunément et de façon destructrice avec ses sentiments. Elle invoque souvent toutes sortes de prétextes pour m'empêcher de la voir, mais dès que ça l'arrange, elle n'hésite pas à me demander de venir la chercher.

Je crois qu'il est temps de cesser ces petits jeux, car, nous, les pères, nous ne voulons pas être considérés comme tels uniquement lorsqu'il s'agit de satisfaire les exigences du parent qui a la garde de l'enfant.

Je me demande pourquoi les juges n'étudient pas chaque situation particulière avant de prononcer un jugement.

Il m'arrive souvent de me demander comment l'on peut en arriver à des situations aussi absurdes. Des parents, comme vous, pris en otages par le parent qui a la garde de l'enfant, des jugements différés de plusieurs mois, laissant le sort de l'enfant dans le flou le plus total, des parents qui n'assument pas leurs responsabilités et qui refusent d'élever leurs enfants, autant de situations hélas ! de plus en plus courantes.

Pendant ce temps, personne ne se soucie de demander à l'enfant ce qu'il souhaite, personne ne s'efforce de défendre ses intérêts et de comprendre ses désirs, alors qu'un enfant n'aspire le plus souvent qu'à trouver un peu de paix et à vivre sereinement avec ses parents. Quiconque s'oppose à ce simple désir commet un acte profondément égoïste, qui devrait être puni, parce qu'il transforme la vie de cet enfant en un enfer.

Il faut protéger les enfants contre ces violences familiales, contre ce « monopole » que s'octroie l'un des parents, car les deux figures parentales sont absolument nécessaires pour son développement.

Il existe des cas où c'est l'enfant lui-même qui ne veut plus voir l'un de ses parents et ce sont des cas rares qui méritent notre attention. S'ils n'ont pas été manipulés par le parent chez lequel ils vivent, ces enfants doivent absolument être écoutés, car ils savent toujours nous donner des explications claires, qui doivent être entendues et respectées.

Votre lettre exprime de la colère et du découragement, comme c'est souvent le cas chez les pères qui sont dans la même situation que vous. Ces pères, dont je me sens souvent solidaire, sont prêts à accepter les règles du jeu, pourvu qu'elles soient les mêmes pour tous. La plupart d'entre eux sont généralement attentifs au désir de leur enfant et ne souhaitent nullement déverser sur lui leur colère et leurs frustrations personnelles. Je sais qu'il existe diverses associations de pères divorcés qui défendent leurs droits, ce qui témoigne du besoin de faire entendre une voix, trop longtemps étouffée et niée.

J'espère que les juges pour enfants, de mieux en mieux formés, seront de plus en plus conscients de l'importance de leur rôle et des responsabilités qui pèsent sur eux.

Sa mère lui donne une mauvaise image de moi

Cela fait désormais quatre ans que je me suis séparé de ma femme. À l'époque, ma petite Louise n'avait que deux ans. Jusqu'à présent, elle a pu parfois dormir chez moi. Aujourd'hui, cependant, lorsque Louise demande de dormir chez moi, sa mère refuse. Je lui ai proposé de demander à sa maman les raisons de son refus. Elle lui a répondu : « J'ai déjà expliqué à ton père que tu grandis et qu'il n'est pas bon qu'une petite fille de ton âge dorme avec un homme. » Mais cet homme en question est son père, aussi je lui ai demandé : « *Quel mal y a-t-il à ce qu'un père dorme avec sa fille de six ans, de quoi as-tu peur, est-ce que tu sous-entend que je pourrais la violer ?* » Elle a rétorqué : « *On ne sait jamais.* »

Cette conversation s'est déroulée en présence de l'enfant. Croyez-vous que ce sont des choses à dire devant une petite fille ? Quelle image lui donne-t-on de son père ?

Quand j'entends des propos comme ceux prononcés par votre ex-femme, qui déclare : « On ne sait jamais » et qui sous-entend que vous pourriez avoir un comportement ambigu avec votre fille, je ne peux pas m'empêcher de penser aux conséquences catastrophiques qui peuvent en résulter pour l'enfant.

Ce n'est pas l'allusion à l'inceste qui me choque, car tous les enfants ont plus ou moins le désir inconscient de séduire leur parent, ce qui m'inquiète, c'est l'esprit dans lequel sont prononcés ces propos. Je pense qu'ils sont d'autant plus dangereux que la fonction des parents est de faire en sorte que cet interdit soit respecté, d'imposer des règles et des limites, de créer un ordre qui permette à l'enfant de se détacher lentement de ses relations primaires pour se tourner vers le monde extérieur.

Il est absolument essentiel que vous repreniez et commentiez avec votre fille les propos de votre ex-femme, même s'il est clair que sa principale intention est de vous blesser. Il faut à tout prix éviter le risque que ces phrases restent gravées dans son esprit, en créant en elle la plus grande confusion. Essayez de lui expliquer par des mots simples que les propos de sa maman ne correspondent pas à vos intentions et que de telles choses entre parents et enfants ne doivent pas se produire.

Dans ce climat de haine et de revendications, votre fille a besoin que quelqu'un rétablisse un ordre moral. N'hésitez pas à lui parler de votre conception de la morale et donnez-vous en exemple, car il faut que votre fille ait un point de référence stable auquel s'accrocher et ne vive pas dans la plus grande confusion.

La difficulté d'être mère

Une maman débordée

> *Notre fils Alexandre, âgé de dix-huit mois, est toujours très calme lorsqu'il est avec moi, alors qu'il est turbulent et colérique avec sa maman. Malheureusement, je suis chirurgien et, bien que j'essaye de suivre le plus possible son éducation, j'ai très peu de temps à lui consacrer.*
> *Alexandre passe toute la journée avec sa maman, qui a quitté son travail pour pouvoir s'occuper de lui. Le résultat, c'est que je les vois tous les deux angoissés et malheureux. J'ai essayé de proposer à ma femme de s'occuper un peu plus d'elle et de trouver une nounou à Alexandre, mais elle hésite, écrasée par des sentiments de culpabilité et un état de grande confusion intérieure.*

Je crois que vous avez raison de penser que votre femme est en difficulté et qu'elle doit être aidée, de même que votre fils d'ailleurs, qui doit absolument trouver chez ses parents un ancrage serein et non pas une source d'angoisse. Devenir mère ne signifie pas pour autant éprouver d'emblée un sentiment maternel. Tout dépend de la façon dont nous avons vécu nos relations avec nos propres parents et c'est précisément à la naissance d'un enfant, au moment où nous devenons nous-mêmes parents, que certains conflits resurgissent.

Votre fils, comme tous les enfants, perçoit les difficultés de sa maman, mais si personne ne lui explique leurs raisons, il risque de se sentir coupable de l'état de sa maman et de développer des comportements agressifs ou autoagressifs (troubles du sommeil, de l'alimentation, etc.). En ce moment, il est important que votre femme s'autorise à se sentir confuse, en sachant qu'elle bénéficie de votre soutien et que vous pouvez la seconder en assumant parfaitement votre rôle de père, complémentaire au sien. Elle pourrait parler de ses conflits à un psychologue, afin de trouver un soutien au cours de cette période où elle se sent fragile. Un sentiment dont, malheureusement, souffrent beaucoup de mères et dont il ne faut jamais sous-estimer la portée. Si sa maman parle de ses difficultés momentanées à Alexandre, votre enfant se sentira d'autant plus serein qu'il verra confirmé ce qu'il ressent. Si vous voulez qu'il continue à vous faire confiance, à l'avenir, il est essentiel de ne pas nier son intuition.

Combien de fois ai-je entendu répondre de façon évasive à un enfant qui posait des questions à propos d'un problème familial (séparation, deuil, etc.) : « Ne t'inquiète pas, tout va bien ! » Comment peut-on croire qu'un enfant ne remarque pas, chez un être qui lui est proche, un changement du timbre de la voix, du regard, de la démarche ! En fait, grâce à son intuition très développée, l'enfant a déjà tout compris, il a simplement besoin que les personnes qui comptent le plus pour lui, ses parents, confirment ce qu'il a ressenti. Or, très souvent, ce sont précisément ces derniers qui nient son intuition. Et, puisqu'un enfant ne saurait faire face à un tel déni à moins de croire en ses parents, il sera nécessairement amené, plus tard, à ne plus croire en lui.

Une mère inexistante

Je fais partie de ces rares pères séparés qui ont pu obtenir la garde de leur enfant. J'ai toujours souhaité et fait en sorte que mon fils reste le plus possible en contact avec sa mère, laquelle, malheureusement, ne vient pas le voir et lui téléphone rarement. Lorsque mon fils me demande pourquoi sa maman n'est pas là, j'invente des excuses, en lui expliquant qu'elle travaille et qu'elle habite très loin.

Vous ne me précisez pas l'âge de votre fils, mais je présume, à la lecture de votre lettre, qu'il est encore petit. Vous avez tout à fait raison de lui donner une image positive de sa maman et de ne pas incriminer son attitude et ses insuffisances. Si votre femme n'est pas en mesure de prendre soin de votre enfant, son renoncement est probablement lié à un événement de son histoire familiale. En vous laissant la garde de l'enfant, votre femme a reconnu que, pour le moment, vous étiez plus à même d'assumer cette charge. Son absence est sans doute le signe d'une difficulté à assumer ses responsabilités, qu'elle perçoit comme écrasantes. Or, lorsque l'un des parents pense ne pas être à la hauteur et qu'il délègue ses responsabilités à quelqu'un qu'il considère comme plus apte que lui, cela est toujours un signe de générosité. Avec le temps, les choses peuvent changer.

Actuellement, votre fils est petit, mais il a déjà commencé à demander pourquoi sa maman ne vient pas le voir. Il serait peut-être plus honnête de lui dire la vérité, en lui expliquant que sa maman, en ce moment, a des difficultés qui l'empêchent de venir le voir, mais que cela ne signifie pas qu'elle ne l'aime pas. Votre fils comprendra ainsi que les êtres humains ne peuvent donner que ce qu'ils ont et il acceptera l'idée que, même si ce qu'ils ont à donner est peu, ce peu a tout de même de l'importance. Lorsque, tout à coup, un bébé ne voit plus sa maman, non seulement il a peur qu'elle l'ait abandonné et oublié, mais il craint qu'elle soit partie parce qu'il n'a pas été gentil. Les enfants pensent que le monde tourne autour de leurs humeurs, de leurs désirs et de leurs peurs. En mettant des mots sur la réalité que vit sa mère, il cessera de vivre son absence de façon fantasmatique, et pourra la percevoir finalement comme une personne dont on peut parler.

Vivre pour soi

Est-ce qu'il est normal de ne plus pouvoir supporter ses enfants, d'avoir envie de quitter son foyer, sa maison pour s'accorder enfin le droit de vivre comme on l'entend ?

Je n'ai pas désiré mes enfants, ils sont arrivés par hasard, peut-être par inadvertance, ce qui est sûr, c'est qu'ils étaient désirés par mon mari et tout le reste de la famille. Je ne pense pas être une mauvaise mère sur le plan pratique, au contraire, parce que j'ai conscience de ce rejet latent, j'ai toujours essayé d'être rigoureuse et respectueuse des règles, à tel point que je suis d'un perfectionnisme qui frôle la maniaquerie. Le résultat, c'est que mes deux enfants sont gentils et tout compte fait normaux. En fait, je sais bien que la seule personne qui n'est pas normale c'est moi, puisque c'est moi qui veux m'en aller et les laisser à leur père, c'est moi qui n'arrive plus à faire semblant. Est-ce que vous avez déjà eu l'occasion de rencontrer des femmes comme moi ou bien dois-je me considérer comme un monstre ? Est-il possible de ne pas aimer ses propres enfants ?

J'ai déjà rencontré des mères comme vous, peut-être pas aussi lucides et dures avec elles-mêmes que vous l'êtes, mais tout aussi incapables de s'attacher à quelqu'un, y compris à leurs propres enfants. En revanche, j'ai aussi rencontré des mères qui prétendaient aimer beaucoup leurs enfants et qui, en fait, se servaient d'eux pour combler un vide, tout comme l'on achète un tableau pour décorer un mur vide.

Chacun de nous a le droit d'aimer à sa façon, je dirais même que chacun de nous ne peut aimer qu'en fonction de la façon dont il a été aimé. L'amour est une notion complexe et mystérieuse, aussi est-ce un mot que je préfère ne pas utiliser. C'est une notion, me semble-t-il, si personnelle qu'il faut la manier avec pudeur. Je crois qu'il faut être vrai avec ses enfants, même si cela est difficile et douloureux, car de toute façon, quand nous leur mentons, ils s'en rendent toujours compte. Pourtant, vous sous-entendez avoir menti à vos enfants et même que c'est grâce à vos mensonges qu'ils s'en sont sortis, mais que c'est vous maintenant qui vous sentez perdue. Il me semble qu'en mentant vous avez voulu les protéger, mais jusqu'à quel point ce mensonge vous a-t-il éloignée de vous-même ?

Si vous n'étiez pas aussi responsable et si désespérément lucide vous ne m'auriez pas écrit. Cela veut dire que vous attendez une réponse, que vous cherchez sans doute un consentement ou un jugement. La seule chose que je puisse vous conseiller, c'est de ne pas être trop sévère avec vous-même, et j'ai tout lieu de penser que cette incapacité d'aimer est peut-être le résultat d'une longue histoire de non-amour qui vous glace le sang et qui ne vous permet pas de profiter des bonnes choses de la vie. Votre envie de fuir ne date sans doute pas d'hier, peut-être aviez-vous commencé à ressentir ce désir bien avant la naissance de vos enfants, or les désirs frustrés remontent toujours à la surface, un jour ou l'autre.

Dire que vous êtes déprimée serait vous enfermer dans un diagnostic qui vous ferait sentir malade et insuffisante. Je préfère vous dire que vous êtes courageuse et fragile et j'aimerais que vous ne vous sentiez pas seule.

Une mère peut-elle provoquer elle-même les maladies de son enfant ?

J'ai un neveu de sept ans, que j'ai toujours vu rentrer et sortir de l'hôpital pour des maladies à chaque fois différentes. Je croyais qu'il avait une santé fragile, alors que nous venons de découvrir que c'était sa maman qui lui administrait des médicaments sans respecter les prescriptions des médecins et qui provoquait ainsi elle-même les maladies de son fils !

Le plus fou, c'est que, ma belle-sœur étant infirmière, il nous était impossible d'imaginer que cet enfant pouvait être physiquement en danger ! Que peut-on faire dans ce genre de cas et comment de telles choses sont-elles possibles ?

Je comprends à quel point vous êtes bouleversée après avoir découvert le comportement pervers de votre belle-sœur. À en juger d'après votre lettre, il est probable que votre belle-sœur souffre du syndrome de Münchhausen, lequel tire son nom d'un célèbre baron allemand mythomane et désigne le comportement de ces mères qui administrent des médicaments à leurs enfants pour les rendre malades : ce qui ne les empêche pas de faire preuve de beaucoup de zèle pour les soigner et de consulter de nombreux médecins, auxquels elles demandent toujours de participer scrupuleusement aux soins.

Généralement, ces mères passent de nombreuses heures à l'hôpital, gagnant ainsi la confiance du personnel. Ces comportements pervers, qui s'apparentent à de véritables sévices, s'expliquent souvent par la personnalité de la mère et peuvent donner lieu à diverses interprétations, comme le fait, par exemple, que la mère projette sur son enfant un rapport problématique avec sa propre mère, ce qui peut la plonger dans un état d'extrême confusion et la conduire à des actes sadomasochistes et à des comportements d'une perversité inouïe.

Presque toutes ces mères, comme dans le cas de votre belle-sœur, avaient une expérience professionnelle dans le domaine médical ou paramédical lié à l'enfance. Le syndrome de Münchhausen est encore peu connu et pour cette raison difficile à diagnostiquer. Il est évident que les personnes les mieux placées pour détecter ce symptôme sont les médecins et le personnel hospitalier, lesquels, en général, sont alertés par des hospitalisations à répétition. Seule une prise en charge psychiatrique de la mère peut, éventuellement, modifier ce cadre pathologique. Il importe par-dessus tout de protéger l'enfant de ce mécanisme profondément pervers. Pour ma part, je considère comme essentiel d'apporter un soutien psychologique également aux familles, afin de les aider à surmonter le choc émotionnel subi par la découverte de cette réalité à la fois si douloureuse et si inimaginable.

Une naissance impensable

Une amie de ma fille, de dix-neuf ans, a accouché d'un bébé alors que personne ne s'était aperçu qu'elle était enceinte, pas même ses parents, qui ne l'ont su que le jour de son accouchement, lorsqu'ils l'ont découverte étendue par terre dans une mare de sang, avec son bébé à ses côtés. Depuis son accouchement, cette jeune fille s'est retranchée dans le mutisme le plus total et elle refuse de garder l'enfant, alors que ses parents seraient prêts à l'élever. Si cette histoire n'était pas arrivée à quelqu'un d'aussi proche de ma fille, je n'y aurais jamais cru. Comment expliquer que personne ne se soit aperçu que cette jeune fille était enceinte ?

Il arrive qu'on lise dans les journaux ce genre de faits divers, lesquels peuvent parfois connaître une issue bien plus tragique, comme, par exemple, le meurtre du nouveau-né par la mère. À la base de ces événements douloureux, il y a souvent un enfant « impensable » que l'on ne peut protéger, ni même imaginer, et qui est presque toujours le fruit d'une histoire lourde ; à côté de cet enfant, il y a une mère victime de violences, d'un inceste ou d'un milieu familial perçu comme répressif et extrêmement culpabilisant.

La plupart de ces femmes sont dans un déni absolu de leur grossesse. Dans la majorité des cas, elles s'aperçoivent qu'elles sont enceintes alors qu'il est déjà trop tard pour avorter légalement, précisément en raison de ce mécanisme défensif qui les protège d'un vécu insupportable.

Aux premiers mouvements du fœtus, elles peuvent se rendre compte de sa présence pour la nier ensuite pendant toute leur grossesse, jusqu'au jour de l'accouchement qui, précisément parce que leur grossesse est niée, est presque toujours imprévu et traumatique, puisqu'il rend visible ce qui, pendant neuf mois, leur était impensable.

L'enfant réel risque d'être supprimé, précisément parce qu'il est symbolique d'un vécu impensable. Le mécanisme de déni qui a protégé la femme au cours de sa grossesse peut se transformer en un passage à l'acte, en un infanticide, afin de supprimer le produit impensable.

Naturellement, chaque femme a son histoire. Dans le cas de l'amie de votre fille, son mutisme pourrait être une défense supplémentaire qui la protège de son incapacité à vivre cette expérience insupportable. Bien entendu, il faudrait aider cette jeune fille à mettre des mots sur son silence et sur sa profonde solitude, mais cela doit être fait avec une extrême délicatesse et par des personnes compétentes. Je pense, en revanche, qu'il est très important de respecter son désir de ne pas garder son bébé, car aller contre ce choix signifie prendre le risque de mettre en danger tant la mère que l'enfant. Au lieu de lui proposer d'élever l'enfant, les parents de cette jeune fille feraient mieux de se demander comment un fait aussi grave a pu se produire !

En allant à l'encontre du choix de leur fille, ils ne respectent pas son désir et ils prennent des décisions qui ne les regardent en aucune façon. Je peux comprendre l'état de choc émotionnel de la famille et j'espère que cette jeune fille pourra bénéficier d'une aide spécialisée pour mettre des mots sur ce qui, jusqu'à présent, est pour elle absolument indicible. Quand on l'aura aidée à surmonter cette épreuve, je crois qu'elle parviendra à savoir ce qui est le mieux pour l'enfant et pour elle.

Certaines femmes sont soumises à des fantasmes si insupportables et si violents, qu'elles se sentent incapables de construire une relation avec leur enfant et ne peuvent faire aucun projet jusqu'à ce qu'elles parviennent à se libérer de ces fantasmes. En raison de l'intensité de cette violence, elles préfèrent ne pas créer de liens affectifs avec l'enfant parce qu'elles craignent qu'en s'identifiant à lui, elles ne soient pas capables de maîtriser ces pensées destructrices. En réalité, elles préfèrent renoncer à l'enfant pour le protéger contre les violences qu'elles ont elles-mêmes subies. Je crois que cette capacité de renoncer à une filiation porteuse de mal-être constitue encore un geste maternel. Seule cette jeune fille peut savoir si elle est capable d'assumer ou non son enfant. Si elle décide de donner son bébé en adoption, en déléguant à d'autres son autorité de génitrice, son choix témoignera d'une décision responsable, qu'il faudra impérativement respecter.

Je ne supporte pas mes enfants

On parle beaucoup d'amour. On dit qu'il faut aimer les enfants et leur parler affectueusement. Pourtant, parfois, j'ai vraiment envie d'étrangler les miens, tant je n'arrive plus à les supporter. Par moments, il m'est si difficile d'avoir un geste affectueux, un regard complice, un mot de compréhension que je me demande si je ne les déteste pas.

Vous dites qu'il faut leur parler avec des mots vrais. Mais comment pourrais-je leur avouer les sentiments que j'éprouve ? Quelle réaction peuvent avoir des enfants qui entendraient leur mère dire de telles gentillesses ?

L'amour humain est ambivalent, comment peut-on penser qu'il n'ait qu'un seul visage ? Du reste, vos enfants sont exactement comme vous, contradictoires et ambivalents. Combien de fois les enfants disent à leurs parents qu'ils ne les aiment plus !

Aimer ne signifie pas faire de faux sourires ou cacher des états d'âme agressifs mais donner une explication plausible à ce que l'enfant ressent déjà. Ce qui effraye le plus les enfants, c'est de ne pas être aimés, mais une fois rassurés, on peut leur exprimer notre désir de les voir prendre le large, pendant un certain temps, en leur faisant comprendre que nous avons un seuil de tolérance.

Chacun de nous a le droit d'exprimer sa colère, de même que nous avons le droit de revendiquer un espace privé, pourvu que cela soit clair pour tout le monde. Les enfants ont besoin de limites et les parents doivent faire respecter ces limites.

Il est probable que vous arriviez souvent à un point de rupture. Cela signifie qu'il vous est difficile de délimiter votre espace et que vous vous laissez trop souvent envahir. Il est normal qu'ensuite vous éprouviez de l'aversion pour vos envahisseurs. Construisez-vous un espace privé auquel vous ne permettrez aux autres d'accéder que lorsque vous le souhaiterez. C'est la meilleure façon pour aider vos enfants à construire leur propre espace. Ils apprendront ainsi à organiser leur temps et à composer, à l'occasion, avec leur sentiment d'ennui sans le décharger sur vous.

Un lien qui bloque

Je suis inquiète au sujet de mon neveu de quatorze ans, enfant unique de deux parents un peu âgés et qui privilégient leurs centres d'intérêt à l'enfant. Ma sœur ne voulait pas d'enfant et quand elle s'est aperçue qu'elle était enceinte, elle a pleuré pendant les neuf mois de sa grossesse. L'enfant et la mère ont failli mourir pendant l'accouchement. Par la suite, j'ai constaté un désintérêt croissant de ma sœur pour son fils et j'ai aussi remarqué qu'elle devenait de plus en plus hypocondriaque.

En outre, parce qu'elle a peur de l'eau, mon neveu n'a jamais voulu nager ; parce qu'elle ne se sent jamais bien, mon neveu a toutes les maladies possibles et inimaginables. Le résultat, c'est que cet enfant est toujours triste, peu apprécié par ses camarades, peureux, attaché à sa maman et très peu sûr de lui. Dernièrement, il a eu des comportements très étranges qui nous ont souvent fait penser, à mon mari et à moi, qu'il aurait peut-être des penchants homosexuels.

Tout cela nous angoisse, d'autant qu'il est impossible d'en parler avec ses parents qui ne s'aperçoivent de rien. Lorsqu'il est avec nous, en vacances, nous avons l'impression qu'il est plus calme et plus serein, et il semble avoir des préoccupations qui correspondent davantage à celles d'un enfant de son âge. Que pouvons-nous faire pour l'aider ?

Ce jeune garçon a un lien très fort avec sa mère, qu'il exprime en se conformant totalement à ses désirs et à ses peurs, pourvu qu'il puisse être près d'elle et se sentir comme elle. Même si personne ne lui a jamais raconté l'histoire de sa naissance (mais je doute qu'il n'en ait jamais entendu parler), il est possible qu'il ait développé inconsciemment un sentiment de culpabilité pour avoir provoqué un grand chagrin à sa mère et qu'il ne se sente donc pas totalement accepté par elle.

De tels sentiments ne peuvent certes pas l'aider à avoir confiance en lui, d'où le caractère que vous décrivez, si peu sûr de lui et un peu empoté. S'il vit dans une maison où l'on ne parle pas ou, pire, où l'on ne peut pas parler, ces secrets de famille peuvent peser lourdement et créer de graves malentendus, qui risquent de détruire une vie entière. Dans le cas de votre neveu, ce lien assez trouble avec sa mère est sûrement en train de bloquer son évolution.

Cette fixation pourrait expliquer les attitudes féminines que vous avez constatées chez lui, ce qui ne signifie pas pour autant qu'il faille en conclure à une homosexualité latente. S'il vous est impossible de parler avec sa famille, adressez-vous directement à votre neveu, en lui offrant la possibilité d'une écoute. Faites-le parler, en l'aidant à ouvrir son cœur, rassurez-le, en essayant de lui donner confiance en lui et en confirmant ce qu'il ressent. Si ce garçon perçoit que vous ne vous encombrez pas de préjugés et que vous êtes réellement disponible pour accueillir ses émotions, alors, il pourra peut-être commencer un parcours qui lui permettra de trouver son équilibre. En parlant avec lui, vous parviendrez peut-être à ouvrir une brèche dans cette fausse quiétude apparente et à faire bouger un peu les choses.

Peut-on détester son propre fils ?

Est-il possible de détester son propre fils ?
Je suis angoissée par ce sentiment qui grandit en moi de jour en jour et qui me donne l'impression d'être une mère dénaturée. Charles a dix-sept ans et il a décidé de vivre sa vie. Je suis lasse de lire dans ses yeux tant d'hostilité et d'indifférence. Je sais qu'il traverse une période difficile, j'ai lu beaucoup de livres sur l'adolescence, mais aucun ne parlait de ce sentiment

de haine que je ressens pour lui, de cette envie que j'éprouve de le voir partir et vivre sa vie. Pourquoi ces sentiments ?

Merci d'avoir eu le courage d'avouer vos sentiments et de nous parler de votre déception, car ce que vous dites nous donne à réfléchir. Il est vrai qu'il existe bien peu de livres de psychologie qui traitent des sentiments de colère et de déception que peuvent éprouver les parents à l'égard de leurs enfants.

Combien d'enfants ont senti qu'ils n'étaient pas aimés, sans toutefois pouvoir comprendre, sinon après de longues souffrances, la racine de ce non-amour et, donc, sans pouvoir donner à ce ressenti une explication et une signification.

Pour un enfant, ne pas être aimé par ses parents représente toujours une injustice insupportable, qui peut l'inciter à penser qu'il ne mérite pas d'être aimé. La totale dépendance physique et affective qui lie un enfant à ses parents rend cette certitude inévitable. Ce seront les sensations contradictoires, les attentes déçues qui feront ensuite surgir en lui des doutes. Mais, en général, il est trop tard. C'est seulement après avoir éprouvé un sentiment douloureux d'inadéquation qu'un enfant parviendra à admettre qu'il n'a pas été aimé et, pour les plus chanceux d'entre eux, que ses parents n'ont pas pu l'aimer. Car l'amour est un sentiment bien étrange et que nous ne pouvons témoigner aux autres qu'à la condition d'avoir été nous-mêmes suffisamment aimés, aussi, rien ne nous garantit jamais que nous soyons capables d'aimer.

Je pense qu'il est tout à fait possible de ne pas aimer son propre enfant. Tout dépend de notre histoire personnelle et, bien entendu, il est également possible d'éprouver de la haine s'il nous a blessé et déçu, pourvu que nous ne considérions pas cet enfant comme une propriété privée et que nous puissions le voir comme un individu autonome, qui mérite le même respect que nous attendons en retour.

Je suis sûre que votre fils sent et perçoit chacune de vos émotions et qu'il lui est douloureux de ne pas avoir accès à la vérité. Les raisons de votre non-amour ne regardent que vous, ce sont donc des raisons privées, mais elles ont certainement un sens et une explication, essayez seulement de faire en sorte qu'elles ne restent pas enfouies en vous. Personnellement, je crois qu'il n'existe pas une relation affective qui puisse faire l'économie de tout l'éventail de sentiments dont un être humain est capable, y compris la haine.

La dépression postnatale

Il y a six mois, notre fille a accouché d'un beau petit garçon, en excellente santé, mais qui ne parvient pas à dormir et qui confond le jour et la nuit. Le résultat, c'est que ma fille ne parvient plus à le supporter, elle est presque toujours en larmes et ne cesse de me dire qu'elle n'en peut plus.

L'autre jour, j'ai entendu ma fille hurler contre l'enfant et lui dire qu'elle ne le supportait plus. Est-ce qu'il ne vaudrait pas mieux que nous prenions l'enfant chez nous, le temps que notre fille se remette ?

D'après votre description, j'ai l'impression que votre fille est en train de sombrer dans une dépression profonde, qui nécessite des soins appropriés, une prise en charge non seulement pharmacologique, mais également psychologique, afin de pouvoir surmonter cette phase difficile.

Toutes les mamans savent que la dépression postnatale est une période de grandes tensions, de fatigue et de pleurs dus aux changements physiologiques auxquels les femmes sont soumises. Généralement, ces symptômes disparaissent après les premiers mois, lorsque la maman et l'enfant commencent à reconnaître ce « code affectif privé » qu'ils avaient créé entre eux au cours de la grossesse.

La structure mentale d'une femme enceinte se modifie lentement pour mieux l'aider à vivre cet événement particulier que constitue la rencontre d'une mère avec son enfant, lequel, au départ, est un être fantasmatique et ne devient réel que dans un second temps. Malheureusement, cette rencontre n'est pas toujours simple, de nombreux facteurs interviennent, comme par exemple l'histoire de la mère. L'effet traumatique de l'accouchement agit comme catalyseur par rapport à des blessures encore ouvertes et que l'enfant avec ses besoins pressants et continus ravive.

Ces états dépressifs prolongés ne doivent jamais être sous-estimés et ils nécessitent souvent la prise en charge de la maman et de l'enfant. La famille peut beaucoup aider la jeune maman à ne pas se sentir coupable de ne pas aimer son enfant et la soulager, avec son accord, en s'occupant des tâches quotidiennes et des soins dont a besoin le bébé.

Il faut expliquer à l'enfant, même s'il est tout petit, ce qui est en train d'arriver à sa maman, lui parler des décisions ponctuelles qui sont prises pour lui et le rassurer sur le fait qu'il est entouré par l'affection des siens. Il serait préférable que ce soit la mère qui parle à l'enfant, en lui expliquant avec ses mots à elle ce qu'elle ressent et les dispositions qu'elle est obligée de prendre. Ne croyez pas qu'un enfant, bien que petit, ne comprenne pas la situation. Ses troubles du sommeil sont la preuve d'une souffrance qu'il somatise de cette manière. Lui aussi ressent, de façon encore plus instinctive que son grand-père, que quelque chose ne va pas, que son besoin d'être rassuré et protégé n'est pas satisfait. Lui aussi a donc droit à une explication.

L'éloignement de l'enfant par rapport à la maman, dans des cas graves, est tout à fait souhaitable, à condition, encore une fois, qu'on explique à l'enfant les raisons de cet éloignement. Même s'il est petit, c'est toujours un individu capable de comprendre parfaitement ce qui se passe dans son milieu environnant.

Une envie de fuir

Après douze ans de mariage, notre couple traverse actuellement une période très difficile. Il n'y a plus d'estime ni de dialogue entre nous. À la maison, je me suis toujours occupée de tout et j'avoue qu'aujourd'hui je me sens fatiguée. J'aimerais bien que quelqu'un s'occupe enfin de moi. Nous restons ensemble à cause de nos deux enfants, qui ont sept et trois ans, et parce que je ne veux pas prendre une décision qui, dans une période aussi délicate de leur développement, risquerait de compromettre leur équilibre. Pourtant, j'ai l'impression de mourir à petit feu, je voudrais fuir, m'en aller très loin, mais je ne sais pas quoi faire, car, au fond, j'ai toujours été une personne responsable.

Que signifie pour vous être une personne responsable ? Quand j'entends ces mots, j'ai toujours l'impression que celui qui les prononce cherche avant tout à satisfaire une pulsion narcissique. Croyez-vous réellement que, si vous n'étiez plus là, tout irait à la dérive ?

Si c'est effectivement ce que vous pensez, cela signifie que vous considérez les membres de votre famille comme dépendants de vous et incapables d'affirmer leur autonomie. Je ne me réfère pas seulement aux adultes, mais surtout aux enfants. Même s'ils sont petits, vos enfants sont des individus à part entière, qui ont la capacité de comprendre ce qui se passe à la maison et qui peuvent être angoissés si personne ne leur explique la situation.

Un climat de tension et de manque d'amour est toujours très difficile à supporter. Je pense qu'une mère ou un père doivent absolument justifier leur changement d'humeur ou leur état de tension, en expliquant à leur enfant que cela les regarde et n'entame en rien leur relation avec eux.

Lorsqu'on est clair avec un enfant, on ne risque jamais de se tromper.

Actuellement, vous êtes très fatiguée et déçue et vous avez perdu cette énergie qui, autrefois, vous permettait de faire face à la situation. C'est peut-être le moment de ne plus chercher à tout contrôler et de vous laisser un peu aller. Si cela vous paraît difficile, c'est précisément parce qu'il vous faut aller à l'encontre de vos habitudes.

Si vous parvenez à comprendre la signification profonde de la crise que vous traversez, vous verrez s'ouvrir à vous des perspectives de changement et de transformation intérieure.

Les relations entre frères et sœurs

Je voudrais qu'ils soient frères et amis

Pensez-vous que des parents puissent aider leurs enfants à nouer des liens suffisamment solides pour que, plus tard, ils deviennent amis ? J'ai deux garçons (l'un de onze ans, l'autre de huit ans) et, l'autre jour, en parlant avec mon aîné (qui, depuis peu, est particulièrement jaloux et agressif avec son petit frère), je suis restée sidérée de l'entendre me dire que, contrairement à ses amis, on ne choisit pas ses frères !

Quand je pense que j'étais si heureuse à l'idée d'avoir deux garçons, je me disais qu'ils pourraient partager tant de choses...

Les adultes ont tendance à projeter sur leurs enfants leur propre expérience, mais rien ne dit que ces projections correspondent à leurs désirs. Dans les relations entre deux frères, il arrive souvent que l'aîné supporte mal de partager sa maman et de ne plus être au centre de son attention. L'amour qu'éprouve un enfant pour sa mère est totalisant : il ne supporte aucun partage et la jalousie, mêlée à la peur de la perte et de l'abandon, est un sentiment douloureux que connaissent tous les enfants durant les premières années de leur vie, et cela, quels que soient les efforts des parents pour nier une quelconque préférence.

Je pense qu'il est important de prendre en compte ces sentiments le plus tôt possible et de préparer l'enfant à l'arrivée de son petit frère, afin de l'aider à surmonter les émotions qui le rendent craintif et anxieux. C'est seulement après avoir été rassuré sur l'affection constante de ses parents que, malgré ses sentiments agressifs, l'enfant pourra ne pas se sentir coupable d'éprouver un sentiment meurtrier.

Penser qu'un enfant peut se satisfaire de quelques mots rassurants signifie ne pas être conscient de ses peurs et de sa colère et, par conséquent, ne pas l'aider à surmonter ces sentiments douloureux. Je sais à quel point il est difficile pour des parents d'aborder ces questions. Cette difficulté est souvent liée au fait qu'eux-mêmes n'ont pas eu la possibilité d'expliciter leurs propres sentiments conflictuels.

En ce qui vous concerne, vous pourriez essayer d'aider vos garçons à exprimer ce qu'ils ressentent, d'autant que leur comportement est déjà très explicite. Essayez de vous mettre à leur place et, au lieu de vous montrer étonnée, efforcez-vous d'accueillir leurs sentiments, en leur donnant votre point de vue d'être humain et de mère et en leur expliquant vos attentes et vos espoirs. Pour le reste, laissez-les se débrouiller tout seuls. Évitez de vous immiscer dans leurs relations et refusez d'être prise en otage par leur besoin de vous faire jouer les arbitres, cela ne servirait qu'à les conforter dans l'idée qu'il y a un vainqueur et donc un préféré.

Si, au lieu de les nier, les parents respectent les faiblesses de leurs enfants, ils peuvent très bien continuer à leur signifier leurs désirs pour l'avenir. C'est précisément cette attitude respectueuse qui permettra à vos fils de s'accepter et de se respecter mutuellement à l'avenir.

Il souffre de l'attention portée à sa sœur

J'ai un neveu, Michel, de huit ans, et une nièce, Catherine, de trois ans. Autant la petite est sympathique et enjôleuse, autant le plus grand est difficile et irritant.

Je crois qu'il souffre beaucoup de voir sa petite sœur attirer toutes les attentions, justement parce qu'elle est si extravertie et aimable, alors que lui fait tout pour se rendre antipathique et odieux. Dès que j'arrive chez ma sœur, il se précipite dans sa chambre et s'installe derrière son ordinateur et, quand je lui demande de sortir avec moi, il refuse systématiquement, en se montrant souvent grossier et impoli.

Vous avez raison de vous soucier de votre neveu, qui est en train de se tailler la réputation de l'antipathique de service, sans doute pour prouver qu'il est effectivement moins intéressant que sa sœur. Il est évident qu'il souffre et que sa jalousie à l'égard de sa petite sœur est telle qu'il se sent obligé de cacher ses sentiments derrière le masque de l'impolitesse et de l'arrogance.

Lorsque sa sœur est née, Michel avait cinq ans, une période généralement difficile, au cours de laquelle l'enfant est soumis à de nombreuses tensions, ce qui explique qu'il peut avoir du mal à supporter l'arrivée du nouvel intrus. C'est pour cette raison qu'il est si important d'accorder une attention particulière à l'aîné qui, en perdant sa place privilégiée, peut être amené à éprouver une jalousie féroce, mais normale et humaine, vis-à-vis du dernier-né.

Il est important de parler le plus tôt possible avec l'enfant de ce sentiment douloureux, afin de lui permettre de décharger les tensions accumulées et de surmonter sa culpabilité car, en fin de compte, on se sent toujours mesquin et injuste sous l'emprise de ce sentiment, ce qui explique que votre neveu finisse par croire qu'il mérite l'étiquette d'« antipathique » ou d'enfant difficile.

Je crois qu'il est important de lever au plus vite ce malentendu et d'aider cet enfant qui, de toute évidence, ne se sent plus ou pas assez aimé. Tant ses parents que vous-même, vous pourriez essayer de vous rapprocher délicatement de lui, de vous mettre à son écoute et de manifester de l'intérêt pour ses activités. Il faut, avant tout, que cet enfant se sente accepté et qu'il comprenne que vous l'aimez tel qu'il est. Lorsqu'il sentira qu'il y a une véritable disponibilité en vous, que vous ne prêtez pas attention à ses mauvaises manières et à son arrogance (qui le protège de sa peur d'être rejeté), il baissera lentement les armes et il aura à nouveau confiance en lui.

Est-ce que les enfants sont jaloux ?

Marc, mon petit garçon de trois ans, est très jaloux de sa petite sœur de quatre mois. Il déverse sa colère sur moi, en me repoussant avec ses bras, comme s'il me rejetait. J'ai remarqué qu'il a commencé à se comporter ainsi depuis qu'il est entré à la crèche. Je ne sais pas comment lui faire comprendre que je l'aime.

La jalousie qu'éprouvent les enfants est comparable, par son intensité, à la jalousie des adultes. Marc a l'impression que sa mère l'a trahi. Elle a fait « quelque chose » avec son papa qui a eu pour résultat ce bébé, vécu comme un intrus. Sa petite sœur n'est pas une invitée de passage, mais elle est bel et bien décidée à accaparer sa maman, même lorsqu'il n'est pas là. Du reste, qui peut lui garantir qu'un beau matin, on ne lui demandera pas d'accepter la présence d'un nouvel enfant ?

Parlez-lui de sa peur d'être abandonné, de la jalousie qu'il éprouve et qui est la cause de son mal-être. Il est important que son papa aussi puisse l'aider. Plus il aura l'impression que vous formez un couple solide, que vous êtes à son écoute et que vous le protégez, plus il parviendra à surmonter, à son rythme, cette première embûche que lui tend la vie.

Perturbé par la naissance d'un frère

J'aimerais comprendre pourquoi mon fils de trois ans, Marc, refuse de manger et pour quelle raison, dès que j'ai le malheur d'insister, il tousse et vomit tout ce qu'il a avalé. Il a été très perturbé par la naissance de mon second enfant. Il est devenu nerveux et irritable, il ne dort plus dans sa chambre et il prétend rester tout le temps accroché à moi. Mais le plus terrible, c'est à l'heure des repas, je suis obligée de lui courir derrière et de le suivre dans tout l'appartement, une cuillère à la main. Comment dois-je m'y prendre pour le faire manger ? J'ai tout essayé, je lui ai parlé gentiment, je me suis montrée ferme, je l'ai même laissé à jeun, mais rien n'y fait.

Marc a peur de perdre l'amour de sa maman, il est tourmenté par la colère qu'il ressent à l'idée qu'elle l'a trahi et par la jalousie qu'il éprouve à l'égard de son petit frère. Il me semble que tous ces symptômes signifient essentiellement qu'il vomit sa colère. Parce qu'il est en colère, il refuse la nourriture de sa maman et il occupe toute la place à ses côtés, pour empêcher son papa de s'approcher d'elle et de lui faire un autre enfant. Ce sont des comportements assez courants chez un petit garçon de trois ans, encore très attaché à sa maman et qui entame à peine sa phase de séparation.

Dès lors, quelle est la meilleure façon pour faire baisser cette tension, qui transforme la vie familiale en un enfer ? Tout d'abord, parler à Marc de sa peur de perdre l'amour des parents, comprendre sa jalousie, en lui expliquant que cette colère qui, actuellement, le terrorise et qu'il somatise en vomissant est un sentiment normal. Son refus de la nourriture est certainement un message qui a de multiples significations, lesquelles dépendent, entre autres, du sens que vous donnez vous-même à la nourriture ou de la façon dont vous la lui proposez. Si c'est avec une certaine anxiété, du type : « Si tu ne manges pas, tu me rejettes », ne soyez pas étonnée qu'il s'enfuie pour avoir la liberté d'exprimer des choix personnels et pour ne plus subir les événements, comme il l'a fait à la naissance de son petit frère.

Toutefois, quelles que soient ces raisons, le refus de la nourriture est toujours un signal d'alarme, qui traduit une difficulté relationnelle. Je ne crois pas qu'il soit bon de le suivre pas à pas dans tout l'appartement, également parce que, ce faisant, l'on instaure un jeu sadomasochiste, qui vous éloigne de l'essentiel. Essayez d'entendre sa difficulté à se nourrir comme une demande d'attention, comme un désir de choisir quand et comment se nourrir, comme une manière de défouler sa colère, parce qu'il se sent trahi.

Efforcez-vous de lui parler au moment des repas. La nourriture a toujours une signification symbolique. Pourquoi ne pas transformer les repas en un jeu, en lui laissant la possibilité d'arranger le menu, et de remplacer ainsi l'angoisse par un moment d'amusement ? Si Marc a choisi de s'exprimer de cette manière, peut-être a-t-il besoin de plus d'attention ou tout simplement d'être rassuré. Rassurez-le, jouez avec lui, mais restez à votre place.

Ce n'est pas lui qui doit commander, cela le conduirait à se sentir tout-puissant, ce qui ne pourrait que l'effrayer davantage. Laissez-le déambuler à sa guise dans l'appartement, en respectant son besoin d'exprimer son mal-être. Lorsqu'il se sentira profondément compris, il n'aura plus besoin de recourir à cette mise en scène épuisante.

Elle garde férocement son petit frère

Jeanne a quatre ans et Simon, son petit frère, dix-huit mois. Ils sont toujours ensemble et il est impossible de s'approcher du petit en présence de sa sœur qui, tel son garde du corps, le protège férocement et avec une extrême vigilance. En fait, petit à petit, elle a fini par prendre ma place à ses côtés. Ainsi, par exemple, quand je le couche, elle veut absolument aller lui faire des câlins, au point qu'elle préfère renoncer à ses propres câlins du soir, alors qu'avant la naissance du bébé elle semblait ne pas pouvoir s'en passer. Si, au début, j'étais ravie de tant d'amour pour son frère, à présent, je commence à avoir des doutes.

Jeanne est jalouse au point qu'elle préfère renoncer à ce dont elle a besoin (les câlins du soir), pourvu que son frère en soit privé.

La jalousie est un sentiment normal, à condition que l'on admette être jaloux et que l'on puisse en parler. Exprimer la rage et la peur d'être abandonné est une expérience qui peut devenir structurante. En revanche, la jalousie perverse est destructrice. Poussé à son paroxysme, ce symptôme se traduit par la conviction inébranlable de ne pas être jaloux. Cette jalousie, subtilement niée, prend la forme insidieuse d'une attitude trop attentive pour le nouveau-né. L'enfant se croit alors investi d'une fonction paternelle ou maternelle et se substitue à l'un de ses parents. Par un jeu inconscient, il se vit soit comme celui qui préserve l'union familiale, soit comme responsable de sa dissolution, en confortant ainsi, à son insu, une illusion de toute-puissance.

Ce genre de « générosité » se reconnaît d'emblée, car sa modalité est la rigidité et son moteur la peur : la peur que l'on découvre le mensonge qui sous-tend cet amour. Je crois que Jeanne alimente cette illusion par la peur d'être démasquée qui en résulte. Et puisqu'elle nie, tout d'abord à ses propres yeux, sa jalousie, elle se prive du réconfort du pardon.

Il est important que vous retrouviez votre place de parents et que vous lui parliez ouvertement et avec délicatesse de ce sentiment enfoui et douloureux.

Après la naissance de son petit frère, il a connu toutes sortes de mésaventures

Je suis la grand-mère de David, un petit garçon de vingt-deux mois qui, ces derniers temps, a connu toutes sortes de mésaventures. Deux mois après la naissance de son petit frère, il s'est brûlé avec de l'eau bouillante. Il a été hospitalisé vingt jours et il a subi une greffe de la peau. Quelques jours après sa sortie d'hôpital, David a commencé à se réveiller en pleurs, en réclamant son papa du matin au soir.

Mais ce qui m'inquiète le plus, ce sont ses crises de colère, qui éclatent au moindre interdit ou refus : il tape ses petits poings contre les meubles, les murs, et il frappe sa maman, au point qu'il devient difficile de le prendre dans les bras. C'est seulement lorsque sa maman y parvient qu'il se calme.

Pensez-vous qu'avec beaucoup d'affection et de patience, les choses rentreront peu à peu dans l'ordre ? Contrairement à son papa, sa maman serait d'avis de consulter un thérapeute, que nous suggérez-vous ?

Est-ce que nous, les membres de sa famille, devons adopter un comportement particulier ?

Le comportement de David est dû au traumatisme subi par ses brûlures et à la naissance de son petit frère. Deux épisodes trop chargés de tension qui ont fait sauter le système fragile de défense d'un enfant de vingt-deux mois.

Tout d'abord la naissance de son petit frère : j'imagine que David a certainement éprouvé de la jalousie à l'égard du nouveau-né. La jalousie est un sentiment très douloureux, qui peut engendrer beaucoup de colère, mais aussi des sentiments de culpabilité. Deux mois plus tard, l'épisode de l'eau bouillante. Je me demande comment l'a vécu David, peut-être comme une punition pour ses sentiments hostiles ?

Ce ne sont là que des hypothèses, car je ne connais pas

l'histoire de David et de ses parents, laquelle mériterait d'être approfondie. Son comportement actuel révèle une grande anxiété, dont il importe de comprendre l'origine, afin de pouvoir l'expliquer à l'enfant. Je me demande pourquoi il frappe sa maman et pour quelle raison il ne se calme que lorsqu'elle parvient finalement à le contenir. Peut-être est-il en colère en raison de l'arrivée de son petit frère ?

Pour sortir de cet état de tension, il faut d'abord essayer de comprendre la signification de son comportement et essayer de lui en parler. Il ne faut pas avoir peur de nommer les événements qui se sont produits, même si, comme dans le cas de David, ces événements sont dramatiques et effrayants. Si personne n'a le courage de le faire, l'enfant restera livré à sa peur, d'où les comportements que vous décrivez.

Je sais à quel point parler d'un épisode traumatique est difficile pour des parents ou des grands-parents. C'est précisément parce que, dans ce genre de situation, les adultes sont encore sous l'« effet de choc », que vous devriez vous adresser à un thérapeute qui vous aidera à trouver les mots justes pour parler à David. Car cet enfant a besoin de sentir qu'il vit dans un climat familial uni, il a besoin que l'un de vous puisse lui parler de vos peurs et des siennes, le rassurer et le contenir, également physiquement. Un enfant qui a subi des lésions si graves à la peau est, en quelque sorte, un enfant qui a perdu son écran protecteur. Il faut absolument l'aider à « réinvestir » cette nouvelle peau par des caresses, des mots et de l'affection. Ses parents sont mieux placés que quiconque pour faire cela.

Les grands-parents

« Mamie, je me sens si seul ! »

L'autre soir, alors que je voulais parler à mon fils au téléphone, c'est mon petit-fils (il aura bientôt sept ans) qui a décroché. Quand je lui ai demandé comment il allait, il m'a répondu qu'il était au lit, parce qu'il était malade, que son papa venait de sortir et que sa maman était sous la douche. Après avoir parlé un moment avec lui, j'étais sur le point de raccrocher, quand il m'a dit : « Mamie, tu peux rester encore un peu au téléphone avec moi ? Je me sens si seul ! » Je sais que cet enfant est très entouré par ses parents. En outre, c'est un enfant très extraverti qui a beaucoup de petits camarades. Dois-je m'inquiéter à propos de ce que mon petit-fils m'a dit, l'autre soir ? Est-ce que c'est un appel, un signe d'alerte par rapport à un problème qui m'échapperait ? Ou bien est-ce seulement les paroles d'un enfant qui, ce jour-là, avait de la fièvre et ne se sentait pas bien ?

Sans doute avez-vous raison de penser que les paroles de votre petit-fils étaient celles d'un enfant souffrant qui, ce soir-là, ne se sentait pas bien, mais quoi qu'il en soit une explication n'exclut pas l'autre.

Ce qui compte, c'est que cet enfant ait pu exprimer à sa grand-mère un sentiment et formuler directement et simplement une demande d'aide. Il est parfois très difficile pour un enfant, mais parfois aussi pour les adultes, de formuler une demande. Les enfants sont très souvent submergés par leurs états d'âme et ils les subissent d'autant plus qu'ils ne savent pas leur donner de nom. Je crois qu'apprendre à un enfant à parler de ses émotions est essentiel, mais à condition que les adultes leur parlent également de leurs propres émotions. Nous devons parler aux enfants avec un langage simple et vrai, je dirais même un langage du ventre, tel celui que l'enfant percevait dans l'utérus de sa mère ; quand celle-ci était angoissée, l'enfant le sentait.

Les enfants ont besoin que leur maman leur confirme ce qu'ils ressentent intuitivement, même quand ils sont tout petits. Plus les réponses qu'on leur donne sont vraies, plus ils grandiront en ayant confiance dans leur intuition et seront capables d'exprimer ce qu'ils éprouvent. Mais c'est un entraînement qui doit commencer très tôt.

Dans le cas de votre petit-fils il est important de savoir si ses parents ont régulièrement ce genre de dialogue avec lui. Bien sûr, se promener avec ses enfants ou les aider à faire leurs devoirs est une excellente chose, mais il est encore plus important de créer avec eux un langage affectif, auquel l'enfant puisse s'identifier. Autrement, tout le reste ne servira qu'à flatter notre ego, en faisant de nous des « parents modèles » bien plus aux yeux du monde extérieur qu'aux yeux de l'enfant lui-même.

Votre petit-fils a sans doute pu vous exprimer sa solitude parce que dans sa famille ces mots ne font pas peur. Par conséquent, ces mots ne devraient pas non plus vous faire peur, car la solitude est un état que l'on doit apprendre à apprivoiser, lentement, et cela dès que l'on est tout petit.

Aujourd'hui, nous avons trop souvent tendance à vouloir remplir tout l'espace de l'enfant, comme si le vide représentait pour lui une expérience angoissante. Au contraire, d'une façon générale, les enfants sont contents de pouvoir organiser leur temps : il n'y a rien de plus beau qu'un nouveau-né qui, après avoir cessé de pleurer et de réclamer sa maman, se résout à explorer son petit univers. C'est là que commence la véritable aventure pour lui et sa capacité d'appréhender un espace différent de celui de sa maman. Pour en revenir à votre petit-fils, vous pourriez lui proposer une autre occasion d'écoute, afin de voir s'il la saisit volontiers. Il est possible qu'il perçoive sa grand-mère comme plus attentive et plus disponible que ses parents. Sans dramatiser la situation, continuez à vous montrer disponible et demandez-lui si vous pouvez servir d'intermédiaire entre lui et ses parents. D'après sa réponse vous comprendrez certainement ses besoins.

Un enfant trop sage

Mon petit-fils se comporte d'une façon étrange. Il n'a que cinq ans et pourtant j'ai l'impression que c'est un enfant bizarre, beaucoup trop mûr pour son âge.

Il reste à l'écart des autres enfants, ils ne le dérangent pas, mais ils ne l'intéressent pas non plus. Il préfère regarder autour de lui, s'amuser avec ses jouets ou s'adonner à son passe-temps favori : la lecture.

Ce n'est pas un enfant difficile, au contraire, on dirait qu'il n'est pas là. Un enfant qui n'exprime pas le désir d'être avec d'autres enfants de son âge, qui ne demande rien pour lui, qui ne fait presque jamais de caprices, est-ce que vous trouvez cela normal ?

Vous êtes en train de me demander si un enfant apparemment sain et qui désire vivre sa vie sans trop déranger ceux qui l'entourent est « normal ». Ce genre de question, qui m'est posée fréquemment, m'irrite pour diverses raisons.

Premièrement, je n'ai pas la prétention de savoir ce qu'est la « normalité » et, honnêtement, je crois qu'il est dangereux de donner une signification trop étroite à ce concept, dans la mesure où cette notion est étroitement liée à la sensibilité d'un individu, à son échelle de valeurs, à sa liberté, à sa vision du monde. Deuxièmement (mais je pourrais vous donner quantité d'autres raisons qu'il m'est difficile d'aborder ici), mon expérience professionnelle m'a appris que les parents n'ont pas toujours la même vision du monde que leurs enfants. Quand ils sentent qu'on les considère comme des individus à part entière, au même titre que les adultes, les enfants n'hésitent pas à instaurer un dialogue sincère et profond.

Je me demande souvent pourquoi des parents ou des grands-parents, comme vous, ne parlent pas simplement à l'enfant, en lui faisant part de leurs doutes et de leurs difficultés à comprendre certains de ses comportements. Je suis sûre que votre petit-fils vous répondrait de façon satisfaisante. Une fois rassurée, vous pourriez lui confier que vous êtes inquiète et lui demander s'il désire parler avec quelqu'un qui s'occupe d'enfants.

Votre petit-fils comprendra ainsi que sa façon de vivre vous intéresse et que vous souhaitez l'aider. Il arrive souvent que ce soient les enfants qui conseillent aux adultes de s'adresser à un spécialiste pour résoudre leurs problèmes. Et je puis vous assurer qu'ils n'ont pas toujours tort !

Je suis aussi la grand-mère du lapin

Mon petit-fils de cinq ans, David, est un enfant qui n'exprime jamais ses émotions. Ces derniers temps, il me parle souvent de certains rendez-vous importants avec Tobie, son ami le lapin.

L'autre jour, il m'a dit que Tobie allait bientôt rentrer des États-Unis et que nous devions aller l'accueillir au port. J'ai d'abord hésité quelques jours, et puis j'ai fini par accepter de l'accompagner. Lorsque nous sommes arrivés, j'ai dit à mon petit-fils que je devais aller acheter du poisson, pour le laisser tout seul avec le lapin. À mon retour, je lui ai demandé comment s'étaient passées leurs retrouvailles et il m'a répondu, d'un air faussement détaché, que le lapin n'était pas encore arrivé.

Ma fille me dit que je ne devrais pas écouter toutes ses sornettes et que je devrais plutôt lui parler de la réalité.

Vous bénéficiez de toute la confiance de votre petit-fils, parce que vous respectez son imaginaire. Vous avez la disponibilité mentale pour accueillir, en écoutant les aventures de David et du lapin Tobie, toutes les émotions de votre petit-fils qui, autrement, n'auraient jamais l'occasion de s'exprimer. Il me semble que la possibilité d'accéder au monde secret de votre petit-fils est un privilège extraordinaire, qui vous permet d'instaurer une relation aussi enrichissante pour vous que pour lui.

Une grand-mère séductrice

Je ne sais pas quelle attitude adopter avec ma mère, qui me demande de lui envoyer mes enfants pendant les prochaines vacances. Avec elles, les petits font tout ce qu'ils veulent : télévision à n'importe quelle heure et des repas qui ressemblent à des goûters. La plus jeune, qui a trois ans, dort avec sa grand-mère et la mène par le bout du nez. Depuis qu'elle est veuve, j'ai l'impression que ma mère n'est heureuse que lorsqu'elle joue avec ses petits-enfants. En un certain sens, je vois bien que mes enfants sont contents d'être avec elle, mais lorsqu'ils reviennent à la maison, il est très difficile de leur faire suivre des règles, même les plus élémentaires. Quand j'essaye de lui parler, elle me regarde, vexée, et semble rechercher la complicité des enfants pour mieux me contrer.

Je comprends qu'il vous soit difficile de refuser d'envoyer vos enfants chez leur grand-mère. Surtout si vous constatez à quel point tout ce petit monde a l'air heureux d'être ensemble. J'ai l'impression que votre mère a régressé depuis la mort de son mari, c'est ce qui explique que son comportement ressemble davantage à celui d'un enfant qu'à celui d'un adulte. Il faudrait peut-être lui suggérer de fréquenter des personnes de son âge, l'aider à trouver des activités qui lui permettent de rester intellectuellement active et intégrée dans la vie sociale. Autrement, lorsque vos enfants grandiront, elle se sentira abandonnée et cela risque d'être encore plus douloureux.

Cependant, je ne crois pas que gâter ses petits-enfants ou les laisser faire tout ce qu'ils veulent signifie les aimer, mais plutôt les séduire et se laisser séduire en jouant un jeu qui ne mène à rien de constructif. Ce n'est pas en les laissant toute la journée devant la télévision ou en leur achetant sans cesse des jouets que l'on se montre généreux à leur égard. Ce qui compte, en revanche, c'est notre disponibilité, le temps que nous leur consacrons et la constance avec laquelle nous leur témoignons notre affection. Quand l'enfant est avec l'un de ses grands-parents, il sait que celui-ci est entièrement à sa disposition, qu'il ne le quittera pas d'un moment à l'autre, qu'il n'a pas mille et une occupations ou obligations à respecter. Les enfants sont heureux que quelqu'un puisse leur consacrer du temps pour jouer avec eux et les écouter, ils sont contents qu'une grande personne les initie à la vie pratique, en leur faisant faire les mêmes choses qu'eux, en leur racontant des histoires de famille et en gardant les secrets qu'ils ont envie de confier.

Bien entendu, dans ce genre de relation, chacun profite un peu de l'autre, mais en toute connaissance de cause, et, lorsque l'échange est équitable, le bilan est toujours positif.

Ma fille traite mal ses enfants

Ma fille traite mal ses enfants. Elle est toujours nerveuse. C'est une maniaque de l'ordre et ses trois pauvres enfants peuvent à peine bouger en paix. Je vois bien qu'ils sont plus sereins quand ils sont avec moi, qu'ils s'amusent et sont heureux. Je pense qu'elle a tout faux, qu'elle n'a rien compris à leur sujet. Quant à son mari, il n'a absolument pas le droit à la parole. J'ai expliqué aux enfants que, même si je ne suis pas d'accord avec elle, je ne suis que leur grand-mère et que je dois respecter ses décisions. Mais ils savent bien qu'ils peuvent compter sur moi. Que puis-je faire pour les aider ?

Rien de plus que ce que vous êtes en train de faire. Vos petits-enfants ont la chance de pouvoir compter sur une grand-mère à l'écoute de leurs désirs et qui a compris qu'elle ne peut pas et ne doit pas prendre la place de leur maman. Que peut-on faire, en revanche, pour faciliter les relations entre vous et votre fille, qui est si pleine de colère et d'insatisfaction ? J'ai l'impression qu'elle souffre d'un manque de confiance en elle et qu'elle est insatisfaite de sa vie. En revanche, si j'en juge d'après son comportement, c'est une personne forte, qui a besoin de s'affirmer, quitte à brimer et à étouffer les gens qui l'entourent.

Vous êtes très différentes, mais vous avez un point commun : vous êtes toutes les deux très en colère, et je crois qu'il serait important que vous puissiez trouver un terrain d'entente. Il faudrait que vous essayiez de communiquer, en sortant de vos rôles respectifs de mère et de fille, que vous vous parliez de personne à personne. En ce moment, la maman de vos trois petits-enfants a surtout besoin d'être aimée pour ce qu'elle est.

Il sert de bouclier à sa maman

Je suis la grand-mère d'un petit garçon de six ans, qui vit seul avec sa maman depuis qu'elle s'est séparée de mon fils, l'an dernier. Je pense que cet enfant a beaucoup souffert de l'éloignement de son père, d'autant que mon ex-belle-fille s'acharne à le diaboliser, en lui racontant que son papa les a abandonnés pour aller vivre avec une autre femme.

Mon petit-fils commence à détester son père. Il refuse de le voir et il a noué une alliance très forte avec sa maman, qui s'en sert, en quelque sorte, comme d'un bouclier. Je sais que, la nuit, il dort avec sa mère, et je ne pense pas que ce soit une bonne chose.

Comment dois-je me comporter avec lui, les rares fois où je parviens à le voir ? Je trouve qu'il est triste et désorienté, je pense qu'il a besoin d'explications.

Très souvent, ce sont précisément les grands-parents qui peuvent accueillir les émotions que les enfants, soumis aux difficultés d'une réorganisation de la vie familiale, ne peuvent pas exprimer à leurs parents. C'est pourquoi vous devriez lui parler de ce sentiment de tristesse et de cette confusion que vous avez perçus chez lui, en vous montrant à son écoute et en l'aidant à trouver les mots qui lui permettent d'expulser ce qu'il ressent comme si douloureux. Il ne sert à rien que vous gardiez pour vous vos impressions : précisément parce que votre petit-fils vous a permis d'entrevoir ses sentiments, il importe de les expliciter et de les partager avec lui.

Ses rapports conflictuels avec son ex-mari incitent votre belle-fille à diaboliser le père de son enfant, ce qui constitue une grande violence à l'égard de son fils et peut avoir des conséquences douloureuses. Lorsque l'un des parents quitte le foyer familial, il est important que les adultes rassurent l'enfant sur les responsabilités que, la plupart du temps, il s'attribue. Dans le cas de votre petit-fils, le fait de lui expliquer que son père les a abandonnés pour partir avec une autre femme risque d'engendrer chez lui tout d'abord un sentiment de culpabilité, puis de la colère pour ce vide et cette absence qui ont bouleversé sa vie.

L'alliance avec sa maman, surtout lorsqu'il s'agit d'un petit garçon, est très dangereuse, parce que l'enfant est mis dans une situation où il désire prendre la place du père et devenir le protecteur de sa mère mais, à long terme, cette situation peut engendrer des déséquilibres et avoir des conséquences sur le développement de son identité sexuelle ou sur la structuration de sa personnalité. Je dis souvent aux parents qui se séparent de ne pas dormir avec leurs enfants, même s'ils se justifient en prétendant que c'est une façon de combler une certaine solitude et de se rassurer mutuellement.

Mis à part les câlins du dimanche matin, qui représentent une entorse à la règle, l'enfant doit clairement comprendre que la sexualité de sa mère ou de son père ne peut pas être comblée par sa présence et qu'elle appartient à un espace privé qu'il doit apprendre à respecter.

L'enfant ne peut pas comprendre ce principe s'il n'est pas aidé par des parents responsables, qui prennent soin de son développement psychologique et qui savent qu'il est important de lui imposer des règles claires, qui ne doivent en aucun cas être transgressées.

Elle refuse de mettre des chaussures

Ma petite-fille Catherine est une enfant très enjouée et sympathique, mais elle a une lubie qui commence à nous poser problème : elle ne veut pas mettre ses chaussures et elle prétend marcher pieds nus, même en plein hiver ! J'ai souvent peur qu'elle s'enrhume et qu'elle tombe malade. Lorsqu'elle vient chez moi, je la laisse faire, mais avec sa mère cela provoque des bagarres incessantes.

Heureusement que sur cette terre nous sommes tous différents ! Malgré son jeune âge, Catherine a déjà le désir de s'affirmer.

Tant qu'il ne s'agit que de chaussures, je ne pense pas que son comportement soit très déviant. Je crois qu'il faut essayer de comprendre son attitude en s'interrogeant sur sa signification la plus profonde : il pourrait s'agir d'une opposition à la mère, perçue comme trop stricte, mais il est possible que Catherine cherche tout simplement à se rendre intéressante. Cela pourrait signifier qu'elle a envie de se sentir libre mais aussi, tout bêtement, que ses chaussures sont trop étroites.

Le plus simple serait de le lui demander et de lui permettre, de temps à autre, de marcher nu-pieds comme elle vous le demande. Sa réaction, dès que vous lui permettrez de se sentir plus libre, devrait vous aider à comprendre rapidement la nature de sa révolte.

Quels jeux peut-on lui offrir ?

Je suis la grand-mère d'une ravissante petite fille de quatre ans. Je passe beaucoup de temps avec elle et je m'amuse à lui faire des cadeaux. J'aimerais savoir quel genre de jeux l'on peut offrir à des enfants de cet âge, et ce que vous pensez en particulier des poupées qui parlent.

Personnellement, j'ai toujours trouvé certains jeux monstrueux, surtout ces poupées qui répètent de façon obsessionnelle les mêmes choses. En général, l'enfant ne s'intéresse pas à ce qui est répétitif, il aime qu'un objet le fasse rêver. Je crois que votre petite-fille pourrait apprécier ces poupées au corps souple, qui ont un joli visage et de nombreux habits. Ce qui amuse une petite fille, lorsqu'elle change les vêtements de sa poupée, c'est de pouvoir jouer à la maman et de s'identifier à elle. La poupée devient une projection d'elle-même, elle lui permet de représenter des désirs et des états d'âme qui ne peuvent s'exprimer qu'à travers le jeu. En revanche, dans le cas de la poupée Barbie, il s'agit d'un principe tout à fait différent, et qui ne fait qu'attiser chez la petite fille le désir œdipien d'identification à la mère, en lui proposant un imaginaire à deux sous, qui reflète des valeurs sociales plutôt consternantes.

Malheureusement, dans le choix de leurs jeux, les enfants sont souvent conditionnés par la télévision, alors qu'il vaudrait mieux les laisser exprimer un désir qui ne corresponde pas simplement à un caprice passager. Emmenez votre petite-fille dans un magasin de jouets et laissez-la regarder et toucher des jouets, en lui proposant de revenir le lendemain, après avoir réfléchi et parlé avec elle.

La violence et la maltraitance

Que faire face à un enfant maltraité qui nie ?

Je me fais beaucoup de souci pour mon fils qui vit avec mon ex-femme. C'est un enfant de cinq ans, gentil et affectueux, auquel sa mère fait subir de véritables violences physiques et psychiques. Je connais le caractère de ma femme et je sais qu'elle peut traverser des phases où elle ne se contrôle plus et se met dans tous ses états, hurlant et frappant son fils sans aucune raison. Elle n'a jamais voulu se faire soigner et, malheureusement, j'ai dû la quitter parce que je ne supportais plus ce climat angoissant, mais elle a obtenu la garde de mon fils et je crains que la situation n'ait empiré. J'ai remarqué des ecchymoses sur le corps du petit et lorsque je lui ai demandé si c'était sa mère qui les lui avait faites, il s'est entêté à nier. En fait, il est très attaché à elle, du coup je ne sais plus quelle attitude adopter...

Malheureusement, plus un enfant est maltraité par ses parents, plus cette violence lui devient inconsciemment nécessaire. La relation qu'il entretient avec la violence lui procure une excitation, qui le rend dépendant de la personne qui le violente. L'enfant adopte alors un comportement masochiste, qui structure une personnalité pathologique. Votre fils est attaché à sa mère et il est difficile de connaître une vérité qu'il dénie. D'autre part, cet enfant a le droit de grandir dans un climat de sécurité affective et de respect de sa personne et il me semble juste que son père se soucie de son intégrité physique et psychologique.

Il n'est pas facile de résoudre une question aussi épineuse que celle de la violence familiale, et avant de recourir à des mesures parfois drastiques, comme l'éloignerde sa mère, je vous conseille de suggérer à votre ex-femme, éventuellement en vous faisant aider par un membre de sa famille, de parler à quelqu'un de ses difficultés psychologiques.

Si elle en arrive à de tels extrêmes, il est possible qu'elle ait elle-même subi et intériorisé une violence non encore suffisamment élaborée ou exprimée. Au lieu d'être culpabilisée, votre femme a besoin d'aide car, pour pouvoir aimer, elle doit apprendre à s'aimer. En attendant, avec l'accord de votre femme, vous pourriez vous occuper de votre fils. Il est très important que vous vous concertiez avec votre femme à ce sujet, non seulement pour que la maman ne se sente pas culpabilisée, et donc angoissée, mais aussi pour que l'enfant ne s'imagine pas être responsable de cette angoisse. Vous avez l'un et l'autre besoin d'un soutien extérieur, qui vous aide à protéger votre fils contre les violences de sa mère, sans pour autant le traumatiser en prenant des mesures drastiques, ce qui constituerait une nouvelle forme de violence. Il est important d'expliquer aux enfants les raisons d'un éventuel changement. Si votre fils doit s'installer chez vous pendant quelque temps, il faudra que vous lui expliquiez que sa maman, actuellement, a besoin de se reposer et de s'occuper d'elle mais que cela ne signifie pas qu'il ne la reverra plus.

Une colère incroyable

Je n'arrive pas à m'expliquer la façon dont je me comporte avec mon fils. Lorsqu'il ne m'obéit pas, ce qui est presque toujours le cas, cela me met tellement en colère que je le frappe sans plus pouvoir m'arrêter, c'est comme si je n'arrivais plus à me contrôler.

Mes réactions m'effrayent et m'angoissent. Après, je me sens coupable, je le couvre de baisers et je lui demande pardon. En général, François accepte mes excuses, mais, ces derniers temps, il a commencé à me frapper lui aussi et, ça, je n'arrive vraiment pas à le supporter. J'ai l'impression que je suis en train de répéter ce que j'ai vécu... Moi aussi, j'avais une mère qui m'a beaucoup frappée, et il me semble que je suis devenue comme elle...

Je crois que vous avez besoin de vous entendre dire que vous avez le droit d'être aimée. Que ressentiez-vous lorsque petite fille votre mère vous frappait ? Vous sentiez-vous coupable ? Sans doute pensiez-vous mériter ces gifles et ne pas avoir le droit à une confirmation positive de votre existence. J'ai bien peur que n'ayant pu parler avec votre mère, ni renouer avec elle un lien affectif réparateur, toute cette colère enfouie en vous se décharge à présent que vous êtes vous-même devenue mère.

D'ailleurs, à qui pourriez-vous vous identifier sinon à une mère violente ? Est-ce qu'un membre de votre famille a pu vous montrer une autre voie possible ?

Demander de l'aide est déjà une façon d'essayer de briser ce cercle vicieux et de mettre fin à une histoire qui risque de se répéter à l'infini. Prenez conscience de votre colère, mais aussi de votre besoin d'être aimée. Vous êtes une mère responsable et courageuse qui, en ce moment, a besoin d'être aidée. Si vous vous en sentez capable, parlez à votre fils de votre enfance. C'est une réalité dont il vous sera sans doute difficile de parler, mais qui donne un sens à vos réactions. Il est aussi important pour votre fils que pour vous de briser ce cercle vicieux et cette culpabilité qui se répètent de génération en génération.

Je reproduis avec ma fille la violence de ma mère

J'ai eu le malheur de naître femme et, comme telle, j'ai toujours eu le sentiment d'être une copie ratée. Surtout aux yeux de ma mère qui, en dressant entre nous un mur de silence, m'a communiqué ce sentiment, m'abandonnant à ma solitude et à ma détresse. Ce silence, désormais, je le porte en moi. Je ne parviens à le rompre que par une avalanche de mots, très souvent incohérents et emplis de colère. Écrasée par cette violence, à présent, je reproduis avec ma fille ce que ma mère a fait avec moi. Dans ses yeux effarés, je me revois, questionnant ma mère du regard pour tenter de comprendre. Mais c'est impossible, elle ne peut pas comprendre, tout comme moi, à son âge, je ne pouvais pas ou, plutôt, je ne voulais pas comprendre.

Comment expliquer qu'un enfant qui n'a pas reçu d'affection puisse se sentir coupable ? Votre mère pensait peut-être que son silence inciterait les autres à se rapprocher d'elle et à lui demander les raisons de sa souffrance.

Or son silence a engendré un autre silence : le vôtre, en créant une communication distordue et autodestructrice. Incapable de s'approcher de vous pour vous manifester son affection ou de se laisser aller à un sourire, à travers sa colère, votre mère vous communiquait toute la violence de ses sentiments. Derrière ces émotions extrêmes se cachaient sans doute bien d'autres sentiments, comme cet amour que vous auriez aimé recevoir mais que votre mère ne parvenait pas à vous communiquer.

Aujourd'hui, dans les yeux de votre fille, vous percevez les mêmes questions qui vous hantaient lorsque, enfant, vous tentiez désespérément de comprendre ce qui vous arrivait. Sans doute avez-vous cru souvent y parvenir, avant de basculer à nouveau dans l'incompréhension et de vous réfugier dans vos silences et vos refus, telles des armes de défense, pour un combat toujours recommencé.

Je sens, en lisant ces quelques lignes, une profonde lassitude mais aussi une très grande souffrance, à la fois pour votre fille et pour l'enfant meurtrie que vous étiez. Le fait que vous m'ayez écrit signifie que vous êtes consciente de la situation, de ce cercle infernal qui risque de se répéter à l'infini, si on ne décide pas de le briser définitivement.

En prenant conscience de votre fragilité et de celle de votre mère, en sachant à quel point chacune de vous est aux prises avec une histoire familiale antérieure à ses propres désirs, je crois que vous parviendriez plus facilement à pardonner.

Vous ne pourrez commencer à vous aimer vous-même que le jour où, dans ce jeu impitoyable de miroirs qu'étaient vos yeux en colère, vous pourrez reconnaître la peur et, au-delà de cette peur, un manque absolu de sécurité affective.

Comment réagir face à une dénonciation d'inceste ?

Je suis très angoissée par ce que vient de me dire ma nièce de douze ans. Marine m'a dit que, la nuit, son père la rejoint dans son lit et lui fait « des choses bizarres ».

Il semble que cela dure depuis des mois. La petite a même essayé d'appeler sa maman qui, apparemment, n'a pas bougé. En fait, c'est moi qui, ces derniers temps, la trouvant changée, ai insisté pour savoir s'il lui était arrivé quelque chose. Je ne peux pas y croire. J'essaye de la regarder droit dans les yeux et d'étudier son comportement, mais je n'ai pas l'impression qu'elle affabule. Que dois-je faire ?

J'imagine votre angoisse ainsi que la responsabilité que vous ressentez vis-à-vis de cette enfant. Ce qui m'apparaît positif, dans ce que vous me dites, c'est que votre nièce qui, jusqu'à présent, a le sentiment que les adultes ou, pire, ses propres parents, n'ont su ni la respecter ni la protéger, a trouvé en vous un adulte en qui elle peut avoir confiance. Restez à son écoute et demandez-lui si elle veut se confier à un thérapeute. Il faut qu'elle comprenne qu'elle vit dans une société où il existe des personnes prêtes à l'écouter, à accueillir ses paroles, à prendre acte de ce qu'elle dit et à la défendre.

Adressez-vous aux services sociaux de votre commune, parlez avec une assistante sociale qui l'aidera à surmonter cette épreuve. Il faut que votre nièce soit informée de ce que sa tante est en train de faire pour elle et que son opinion soit prise en compte. Il est certain que le parcours qui l'attend risque d'être pénible, mais si cette enfant sent qu'elle est entourée par des adultes qui la respectent et la protègent, si douloureux que soit cet épisode de sa vie, il pourra se transformer en une expérience positive qui l'aidera à grandir.

Les séparations et les divorces

J'aimerais lui présenter mon nouveau compagnon

Je suis une femme séparée et je vis avec mon petit garçon de cinq ans. Mon fils passe une fin de semaine sur deux chez son papa et il me semble avoir avec lui un bon rapport. Depuis quelque temps, j'ai une relation sentimentale qui commence à devenir sérieuse. J'aimerais présenter mon nouveau compagnon à mon fils, mais j'appréhende la réaction de mon ex-mari qui a toujours été très jaloux et possessif. Je suis sûre qu'il est prêt à tout pour m'enlever la garde de mon enfant et me mettre des bâtons dans les roues.

Est-ce que présenter mon nouveau compagnon à mon petit garçon pourrait le perturber ?

Je crois que vous seule pouvez décider, car vous êtes la mieux placée pour connaître la sensibilité de votre fils et la façon dont il peut réagir, en cette phase particulière de sa vie.

Présenter son nouveau compagnon ou sa nouvelle compagne à un enfant n'est pas un événement qui devrait le perturber, surtout si on lui explique que cette personne n'entend pas se substituer à son père ou à sa mère, mais tout simplement contribuer à la sérénité et à l'harmonie de votre nouveau foyer.

Les enfants, bien entendu, sont très jaloux de tous ceux

qui pourraient leur enlever une « part » de l'affection de leur maman ou de leur papa. À cette occasion, on peut très bien leur expliquer que le mot amour ne signifie pas possession mais compréhension et qu'il implique le partage des joies et des souffrances de l'autre. Il est évident que changer continuellement de partenaire peut perturber un enfant et, dans ce cas, il est préférable de vivre sa vie affective en dehors de chez soi, en protégeant la relation parent-enfant, sans que celle-ci soit vécue pour autant sur un mode exclusif, autrement, l'enfant risque de penser qu'il est indispensable à l'un de ses parents et d'assumer ainsi une responsabilité beaucoup trop lourde.

N'oublions pas que les enfants savent très bien lire dans notre regard si nous sommes tristes ou gais pour des raisons qui n'ont rien à voir avec eux. Il est bon de préciser à un enfant que sa maman ou son papa peut encore tomber amoureux, sans que cela remette en cause la figure de leur ex-conjoint. En revanche, il est toujours dangereux de mentir à un enfant.

Il n'y a rien qu'un enfant désire le plus au monde que de savoir que ses parents sont heureux et il peut très bien renoncer à l'idée de voir à nouveau réunis son papa et sa maman si, tout en respectant sa sensibilité, on lui explique qu'il n'est pas responsable de ce qui est en train de se passer et que, en aucun cas, il ne perdra l'affection de ses parents.

Elle ne parle jamais de son père

Depuis que mon mari m'a quittée, je vis seule avec ma fille.

Je n'ai pas l'intention de refaire ma vie, j'avoue avoir été un peu échaudée par cet échec. Ma fille m'a constamment aidée et soutenue durant ces moments difficiles. Ce qui me trouble, c'est qu'elle ne me demande jamais des nouvelles de son père et je ne sais vraiment pas quelle attitude adopter à ce sujet.

Que dois-je faire ? Prendre les devants et lui expliquer comment se sont passées les choses ou bien respecter son silence, comme un pacte implicite entre nous ? Sa maîtresse est très contente de ses résultats, mais elle la trouve un peu triste et esseulée.

J'ai l'impression que votre fille est en train d'assumer des responsabilités trop lourdes pour elle. Il est vrai qu'il est bon de parler aux enfants et d'être sincère avec eux, mais toujours en respectant leur capacité de comprendre et d'élaborer les expériences auxquelles ils sont confrontés. Les faire participer à des décisions qui ne devraient concerner que les adultes, comme leur demander s'ils désirent un petit frère ou s'ils aimeraient vivre avec le nouveau conjoint de leur parent, c'est les charger d'une responsabilité qu'ils ne sont pas en mesure d'assumer.

En les mettant dans une position d'adulte, nous leur nions le droit à l'enfance. Les enfants sont des personnes en devenir, qui ont besoin de s'appuyer sur des adultes suffisamment solides pour se sentir soutenus, c'est grâce à ce soutien qu'ils pourront ensuite emprunter d'autant mieux le chemin de l'autonomie.

L'enfance est une période difficile, marquée par des mutations incessantes, d'où le besoin de protection et de sécurité affective, face au danger d'un déséquilibre constant. L'enfant doit pouvoir vivre jusqu'au bout chacune des étapes de sa vie, au risque de voir se prolonger excessivement l'adolescence, comme on le constate de plus en plus de nos jours.

D'après votre lettre, il est clair que votre fille n'a pas la place pour vivre sa vie de petite fille, justement parce qu'elle est plus occupée à consoler sa maman qu'à créer ses propres références personnelles. Si, inconsciemment, nous leur faisons porter le poids de notre vie d'adultes, les enfants auront tendance à se sentir responsables de ce qui se produit autour d'eux. Aussi, il me semble préférable d'expliquer clairement à votre fille les raisons du départ de son père, en la dégageant de toute responsabilité ou sentiment de culpabilité. Confiez-vous à une amie et partagez des expériences plus légères avec votre enfant, en l'encourageant à nouer des relations avec des camarades de son âge.

Si votre fille vous voit plus sereine et plus détachée, elle pourra retrouver son espace, lequel, jusqu'à présent, a été indûment occupé par des préoccupations qui ne sont pas de son âge.

Priver un père de son droit de visite

Après une séparation difficile, je suis finalement en train de divorcer de mon mari.

L'homme avec lequel j'ai refait ma vie a toujours très bien accepté la présence de mon fils, aujourd'hui âgé de cinq ans.

Depuis ses dernières vacances chez son père, André a changé : il est sombre, taciturne et il fait souvent des cauchemars la nuit. Je suis sûre que c'est à cause de son père, qui est probablement aussi violent avec lui qu'il l'était avec moi.

André ne me parle jamais de ses visites chez son père, et, quand je l'interroge, il se mure dans un mutisme obstiné et soupçonneux. J'ai parlé avec mon avocat, qui m'a conseillé d'engager une procédure contre son père pour le priver de son droit de visite.

Je suis tout à fait consciente de la gravité d'une telle démarche et je sais parfaitement à quel point elle peut s'avérer pénible pour nous tous, aussi, avant d'en arriver là, je souhaiterais connaître votre avis.

La question que vous me posez est beaucoup trop délicate pour que je puisse y répondre en quelques mots. Personnellement, je suis contre les mesures qui éloignent un enfant de l'un de ses parents, d'autant plus si l'enfant vit avec un beau-parent. Je sais par expérience que, loin de correspondre au désir réel de l'enfant, la plupart des fois ces mesures se fondent sur les supputations hasardeuses des adultes.

Le silence soupçonneux de votre fils pourrait avoir plusieurs significations, la première, qui est aussi la plus simple, serait que votre enfant ne se sent pas libre de parler. Il est possible que votre divorce imminent engendre chez lui une certaine peur de perdre son père et de ne plus jamais le revoir, et cela d'autant plus s'il perçoit que c'est aussi le désir de sa mère.

Cet enfant de cinq ans se sent peut-être pris entre deux feux, cela expliquerait son anxiété, ses insomnies et ses cauchemars nocturnes.

Je ne doute pas que votre compagnon actuel ait bien accepté l'enfant, l'important, c'est de comprendre jusqu'à quel point André se sent coupable d'aimer un homme qui n'est pas son père. Vous semblez craindre que votre ex-mari se montre violent avec son fils, mais rien ne dit que cette violence soit la même que celle que vous avez subie au cours de votre mariage.

Je suis convaincue de votre bonne foi, toutefois, je vous invite à réfléchir sur votre désir de supprimer la figure paternelle et sur les répercussions que cette décision pourrait avoir sur votre fils. Il est possible que votre ex-mari ne soit pas parfait, mais il n'en reste pas moins le père de votre enfant et il représente une figure fondamentale dans sa constellation affective.

Il serait bon qu'André puisse parler de sa difficulté à exprimer ses émotions avec un thérapeute, autrement dit, avec une personne qu'il perçoit comme neutre et, dans l'idéal, il faudrait qu'il soit accompagné à ses rendez-vous, tantôt par sa maman, tantôt par son papa.

Comment l'aider sans prendre la place de sa mère ?

Je suis une femme divorcée qui vit depuis sept ans avec un homme également divorcé et père d'un adolescent de treize ans (qui vit chez sa mère). Nous avons une petite fille de trois ans qui grandit sereinement dans un climat affectif harmonieux. Le « hic », c'est le fils de mon compagnon. Je connais cet enfant depuis qu'il est petit et je lui suis très attachée, nous avons de bonnes relations, quoique parfois un peu houleuses.

Ces derniers temps, Julien a énormément grossi et il ne se lève de sa chaise que pour aller se vautrer sur le canapé, il se tient à peine debout mais il continue malgré tout à faire du sport, même s'il se plaint tout le temps d'être fatigué. En fait, j'ai surtout l'impression qu'il est très fainéant. Il me dit que, lorsqu'il est chez sa mère, il passe ses journées devant la télé ou derrière l'ordinateur.

En somme, il est profondément seul. J'ai l'impression qu'il souffre dans sa tête et dans son corps. Je ne veux absolument pas me substituer à sa mère, mais je ne peux pas ne pas remarquer son apathie et je pense que sa boulimie est profondément liée à son insécurité. Je suis consciente de son mal-être, mais je ne sais pas si je suis la mieux placée pour l'aider.

Ce jeune garçon en pleine crise d'adolescence a la chance d'être proche de quelqu'un comme vous, qui êtes attentive à ses états d'âme et qui désirez entendre ce qu'il a à dire.

Il est certain que lorsqu'il est chez vous, ce garçon parvient davantage à exprimer son mal-être parce qu'il sait qu'il peut être entendu. Son surpoids et son apathie, toutefois, ressemblent fort à la somatisation d'un état dépressif, qu'il me semble important de prendre en compte.

En disant à ce garçon que vous vous faites du souci à

son sujet, vous ne vous substituez pas à sa mère, vous lui montrez simplement, avec affection et chaleur, que vous vous intéressez à lui. La préadolescence est l'âge des contradictions et le besoin de caresses peut très bien laisser place à la plus grande froideur et à un désir de s'isoler du monde environnant.

C'est dans le cadre de la structure familiale que se développe la nouvelle identité qui doit régler ses comptes avec les investissements affectifs du passé. Il s'agit d'une période difficile, tant pour l'adolescent que pour ses parents, qui se voient tour à tour interpellés et rejetés, sans aucune raison apparente.

Dans votre cas, il serait bon de l'encourager à se rapprocher de son père, qui doit l'aider dans son processus d'identification et cela d'autant plus que son fils ne vit pas avec lui. Le caractère flagrant de son mal-être pourrait précisément constituer un signal pour attirer son attention. Peut-être lui est-il encore difficile de communiquer avec des mots. C'est à vous de comprendre et de traduire ses besoins, en lui expliquant que la fatigue physique n'est souvent qu'une sorte de tristesse du cœur et le besoin de nourriture un moyen de combler un vide affectif.

Il ne veut plus aller chez son père

Je me suis séparée de mon mari récemment et notre fils de huit ans a décidé qu'il ne voulait plus aller chez son père les fins de semaine prévues.

En un sens, je le comprends, car mon ex-mari ne s'est jamais beaucoup occupé de lui. Lorsqu'il vient le chercher, il l'emmène aussitôt chez sa sœur pour qu'il s'amuse avec ses petits cousins et je suis sûre qu'il ne joue jamais avec lui. Le résultat, c'est que Jérôme revient à la maison contrarié et frustré et qu'il me supplie de ne plus l'envoyer chez son père.

Dois-je écouter le désir de mon fils ou bien l'ignorer et continuer à le tourmenter ainsi ? Bien entendu, j'ai essayé d'en parler à son père, mais il prétend que c'est moi qui le monte contre lui.

Les enfants choisissent d'aller là où ils se sentent accueillis et écoutés et il me semble évident que c'est aussi le choix qu'exprime Jérôme, lorsqu'il vous demande explicitement de l'aide. Il m'arrive souvent de voir des enfants de couples séparés qui ne veulent plus aller chez l'un de leurs parents, en particulier quand la présence de l'enfant ravive une situation conflictuelle, qui peut conduire le père ou la mère à injurier le parent absent.

Dans ces cas-là, soit les enfants subissent l'humeur de leur parent, en développant très souvent une agressivité latente, qui peut se traduire par toutes sortes de difficultés comportementales ou scolaires, soit, comme dans le cas de votre fils, ils parviennent à exprimer leur désir et demandent qu'on les protège contre une attitude qu'ils perçoivent comme dangereuse pour leur équilibre.

Il existe des parents qui souhaitent exclure leur ancien conjoint parce qu'ils ont noué un lien possessif avec leur enfant, mais il existe également des parents qui ont du mal à définir leur rôle et qui parlent sans cesse de respect de l'enfant, alors qu'ils sont les premiers à ne pas le respecter.

Jérôme a eu le courage de parler et cela est une excellente chose pour lui, mais aussi pour son père qui peut être incité à changer d'attitude, en sachant que, s'il continue ainsi, il risque de perdre son fils. Quoi qu'il en soit, la demande de Jérôme doit être entendue comme une demande d'attention, qu'il convient de ne pas sous-estimer, mais qui ne doit pas non plus être prise à la lettre, car l'enfant ne doit pas assumer la responsabilité d'éliminer une personne qui demeure essentielle à sa structuration. Cherchez de l'aide auprès d'une personne extérieure, un spécialiste qui sache écouter votre fils et aider son père à comprendre la signification d'une demande si extrême.

Il me reproche de ne pas l'avoir gardé avec moi

Je me suis séparée de mon mari il y a cinq ans et, au début, mes deux fils ont vécu avec moi. Mon mari a très vite refait sa vie et a eu deux filles avec sa nouvelle compagne. Peu à peu, en invitant de plus en plus souvent nos deux garçons dans leur jolie maison de campagne, mon ex-mari et sa compagne se les sont, pour ainsi dire, appropriés. Aujourd'hui, ils vivent avec leur père et passent les fins de semaine avec moi. Cette période de ma vie a été très douloureuse. Dernièrement, le cadet, qui a quatorze ans, m'a reproché de ne pas m'être suffisamment battue pour le garder avec moi. Or, si j'ai renoncé à me battre, c'est pour ne pas le faire souffrir, pour qu'il n'ait pas à subir des tests psychologiques et lui épargner ce qui me semblait une souffrance inutile. Pourquoi, à présent, cette vieille rancœur ?

Tout simplement parce que les enfants comprennent tout. Si nous ne leur expliquons pas, avec des mots très simples, les émotions ou les raisons qui motivent nos gestes, il peut en résulter des malentendus qui risquent de les marquer à vie. L'impétuosité qui caractérise l'adolescence a permis à votre fils d'exprimer une vérité douloureuse mais importante, en vous donnant du même coup la possibilité d'expliquer votre geste.

Je pense que votre fils a eu raison de vous dire ce qu'il ressent et que sa colère cache une souffrance liée à la peur de ne pas être suffisamment aimé.

À la lecture de votre lettre, je perçois chez vous une certaine passivité et votre renoncement m'incite à penser que la situation qu'ont vécue vos enfants fait écho à une expérience personnelle, qui remonte probablement à votre enfance. Peut-être avez-vous vous-même subi un abandon, qui a provoqué un blocage émotionnel et une incapacité à exprimer votre peur et votre colère. Cela pourrait expliquer votre passivité d'aujourd'hui et le fait que vous ne vouliez sans doute pas faire subir à vos enfants ce que vous aviez subi vous-même.

Le moment est venu de retrouver une part de la petite fille qui est en vous et qui a peur de s'affirmer. Les propos que vous échangerez aujourd'hui avec votre fils permettront d'apaiser une colère trop longtemps contenue.

Comment lui faire comprendre que je ne suis pas une marâtre ?

Je m'apprête à épouser un homme qui est veuf depuis deux ans et qui a une petite fille de six ans.

Après la mort de sa maman, c'est sa grand-mère qui s'est occupée de l'enfant. J'ai une relation harmonieuse avec elle, quoiqu'un peu distante. En fait, je ne sais pas très bien comment me comporter, j'ai peur qu'elle me perçoive comme une marâtre peu affectueuse...

Si vous avez peur d'être considérée comme une méchante marâtre, cela signifie que vous avez probablement idéalisé la maman de cette enfant, en pensant qu'elle était la seule « mère gentille » possible.

Ces mécanismes de scission, que l'on retrouve dans les contes, permettent aux enfants de projeter et de canaliser des sentiments de colère et d'agressivité qu'il leur est impossible d'adresser à leur propre mère.

C'est un moyen de faire coexister des sentiments opposés. Cette vision du monde, polarisée entre deux extrêmes, les bons et les méchants, représente le relâchement d'une tension, parfaitement normale durant les premières phases du développement de l'enfant, mais à laquelle de nombreux adultes ne parviennent pas à renoncer.

Il me semble que votre anxiété, liée à vos nouvelles responsabilités, a fait resurgir en vous d'anciennes peurs infantiles. La seule façon de surmonter ce genre de cliché, c'est d'être soi-même. Il me semble que c'est la voie la plus simple, tant pour cette petite fille que pour vous.

Depuis que je suis séparée de mon mari, ma fille n'en fait qu'à sa tête

Je ne sais plus comment me comporter avec ma fille quand elle fait des caprices.

Elle a cinq ans et elle vit seule avec moi depuis que je me suis séparée de mon mari. J'ai une bonne relation avec elle, même si elle fait absolument ce qu'elle veut, comme se coucher à n'importe quelle heure ou me rejoindre dans mon lit pour venir dormir avec moi.

Mon mari prétend que je ne sais pas lui donner des règles, pourtant, j'ai constaté que quand elle revient de chez lui, elle est encore plus insupportable et elle me dit régulièrement qu'elle préfère rester avec moi. Il n'empêche que, l'autre jour, alors que nous faisions des courses dans un grand magasin, elle m'a fait une comédie incroyable, en me demandant sans arrêt de lui acheter un cadeau. Comme je n'ai pas voulu céder à ses caprices, elle s'est mise dans des états épouvantables et elle est allée jusqu'à vomir.

Elle m'a fait peur et j'ai fini par me demander si je n'étais pas allée trop loin...

Je crois que votre fille est en train de vous montrer qu'elle nécessite des limites et des règles précises. Lorsque les enfants mettent en scène ce genre de tension, cela signifie que leur besoin de toute-puissance a dépassé certaines limites, en créant un état de confusion et de mal-être qui les déséquilibre. Il s'agit souvent d'une tentative pour obtenir un maximum d'attention, mais derrière ces caprices se trouve un sentiment narcissique qui, systématiquement satisfait, n'aide pas l'enfant à accepter les frustrations de la vie et, par conséquent, à grandir.

Vous pensez peut-être que donner des limites à votre enfant signifie la « limiter » ou bien vous avez peur d'être considérée comme une « mauvaise mère ». Même si, pour le moment, vous vivez seule avec elle et qu'il vous est agréable de partager votre espace avec votre fille, essayez de ne pas confondre l'espace et les rythmes de votre enfant avec votre espace et vos rythmes, à vous. Plus vous saurez faire en sorte que votre fille respecte cet espace et ces rythmes, plus vous l'aiderez à construire son propre espace et à trouver ses propres rythmes.

Allez faire des câlins à votre fille dans son lit, mais dormez seule. Votre lit est votre espace personnel ; ne l'autorisez pas à coucher avec vous comme le font souvent les couples séparés. Votre fille a probablement tendance à profiter de la situation parce qu'elle vous sent fragile.

Puisqu'elle n'accepte pas les règles que lui impose son papa, il faudrait lui demander pourquoi cela lui est si difficile, plutôt que de lui proposer, en échange, une attitude plus permissive. Autrement, sans le vouloir, vous risquez d'entamer l'autorité paternelle, ce qui, sur le long terme, est toujours préjudiciable au développement psychologique de l'enfant.

Mon fils ne veut plus vivre avec moi

J'ai quarante ans et je me suis séparée récemment de mon mari. J'ai vécu avec lui une vie triste, ponctuée d'incessantes trahisons, mais j'ai toujours essayé de tenir bon pour mon fils, afin qu'il vive dans un climat familial serein et qu'il ne subisse pas les erreurs de ses parents.

Aujourd'hui, il a quatorze ans et, quand j'ai pris la décision de divorcer de mon mari et d'aller vivre dans une autre ville, j'étais convaincue qu'il viendrait vivre avec moi. Or mon fils a décidé de rester avec son père, en m'expliquant qu'il n'avait pas envie de changer de ville et de quitter ses amis. Je suis sûre que son père le manipule et je me demande ce que je pourrais faire pour le convaincre de venir vivre avec moi. Après tant d'années de souffrance je me retrouve seule et je ne peux pas m'empêcher de penser que tous ces sacrifices n'auront servi à rien.

Une séparation est toujours une expérience douloureuse, même si elle traduit la volonté de mettre fin à une vie commune peu satisfaisante. Toutefois, c'est vous qui avez choisi de vous séparer de votre mari, de même que vous aviez choisi de supporter ses trahisons, malgré le mal-être qui en a résulté.

Vous êtes-vous jamais demandé si votre fils n'avait pas lu dans vos yeux votre amertume et le manque d'amour dont vous souffriez ? Pensez-vous vraiment qu'un enfant ne perçoit pas que sa maman souffre et qu'il vit dans un climat familial où la vérité et le respect de l'autre sont absents ? Votre fils a certainement compris votre mal-être et il vous a laissé la responsabilité de prendre une décision. Cependant, il ne faut pas oublier à quel point il peut être déstabilisant pour un enfant de vivre dans un milieu familial où règne un climat de faux-semblant.

Vos choix d'aujourd'hui ne doivent pas peser sur ses décisions, lesquelles méritent d'être perçues autrement que vous ne le faites actuellement. Si votre fils de quatorze ans veut rester avec son père et ne souhaite pas déménager, il me semble qu'il s'agit là d'un désir légitime, qui correspond au besoin d'un garçon de s'identifier au père et à la nécessité, au cours d'une phase de grands changements intérieurs, de garder le plus possible ses repères extérieurs (son milieu de vie, ses amis).

Cela ne signifie pas qu'il vous rejette ; votre fils vous demande simplement de prendre en compte ses exigences, au cours d'une période de sa vie douloureuse et difficile à élaborer.

La dernière phrase de votre lettre ressemble à un chantage affectif. En échange de votre patience vous vous attendiez à ce que votre fils devienne votre allié. Êtes-vous sûre de ne pas reproduire inconsciemment une situation que vous auriez déjà vécue dans votre enfance ?

Actuellement, vous êtes face à vous-même et vous avez la possibilité de construire une nouvelle vie ; c'est précisément ce à quoi votre fils vous invite car, contrairement à ce que vous pensez, il est en train de vous aider et non pas de vous abandonner. Essayez, à votre tour, de ne pas l'abandonner.

Elle provoque des malentendus entre nous

Je suis en train de me séparer de ma femme, nous avons une petite fille de cinq ans et nous voudrions faire en sorte qu'elle souffre le moins possible de la situation. Ma femme prétend qu'un enfant a surtout besoin de sa maman, par conséquent, elle me propose de la voir une fin de semaine sur deux et un après-midi par semaine, mais cela me paraît trop peu.

Ces derniers temps, je trouve que ma fille a un comportement étrange : lorsqu'elle est chez moi, elle prétend que sa maman ne veut pas qu'elle aille chez son papa et réciproquement, créant ainsi des malentendus qui, les premières fois, ont provoqué des disputes entre nous.

En cette période de crise conjugale, votre fille cherche à jouer les vedettes, car elle désire pouvoir gérer la situation et je n'exclus pas qu'elle use de sa séduction pour exercer un contrôle sur votre couple. En s'attribuant un rôle actif, votre enfant joue les « importantes », mais elle se sent peut-être aussi coupable de la rupture que vous vivez. C'est à vous de clarifier ce qui est en train de se passer, en lui faisant comprendre que votre décision concerne essentiellement ses parents et n'entame en rien ni votre affection ni votre disponibilité à son égard. En ce qui concerne votre droit de visite, j'espère que vous parviendrez à trouver un terrain d'entente avec votre femme, qui permettra à chacun de vous d'exercer équitablement vos responsabilités parentales.

Je crois qu'il est important de dépasser le vieux cliché selon lequel le petit enfant aurait surtout besoin de sa mère. De nombreux chercheurs ont désormais mis en lumière le rôle absolument essentiel, tant dans la phase prénatale que postnatale, de la figure paternelle dans le couple mère-enfant.

La séparation des parents présente toujours le risque d'entamer cet équilibre et le sentiment de sécurité de l'enfant. C'est ce qui explique qu'il est important pour l'enfant de rester le plus proche possible, y compris physiquement, du parent qui quitte le foyer familial. Lorsque l'enfant ne passe que quelques jours par mois chez l'un de ses parents, il est important qu'il trouve, dans sa seconde maison, un espace à lui. Il faut qu'il puisse passer dans ce lieu suffisamment de temps pour l'investir.

Il me semble, en effet, qu'un après-midi par semaine et une fin de semaine sur deux, ce n'est pas assez pour vous permettre d'élaborer et de construire cette nouvelle expérience. Si votre fille sent que ses parents parviennent à un accord, elle la vivra de façon enrichissante, dans le cas contraire, elle risque de vivre votre éloignement physique comme une séparation douloureuse.

Comment lui expliquer que je souhaite me remarier ?

J'ai divorcé, il y a trois ans, et je suis sur le point de me remarier avec un homme qui a déjà un petit garçon de cinq ans. Son père a essayé de parler à son fils, en lui expliquant que nous allions nous marier et qu'il souhaitait qu'il vienne habiter avec nous, mais le petit Marc ne veut rien entendre et il me semble qu'il est très perturbé à l'idée que son père se remarie.
Comment faire pour affronter cette nouvelle période de notre vie sans créer trop de dégâts autour de nous ?

Il est évident que le petit Marc n'a pas encore assimilé ce que vous lui avez dit ou n'est peut-être pas encore prêt à supporter les conséquences et la souffrance que ce choix comporte. Dans votre désir de tout expliquer en détail, peut-être n'avez-vous pas su trouver des mots adaptés à son âge ou à sa maturité ou peut-être n'avez-vous pas suffisamment entendu ses questions et ses non-dits.

Très souvent, les enfants préfèrent avoir le bénéfice du doute et garder le plus longtemps possible leurs illusions, plutôt que d'entendre une vérité qui les dérange. Leur faculté d'oublier rapidement nos réponses et de pouvoir nous reposer sans cesse les mêmes questions n'est-elle pas la meilleure preuve que leurs questions s'adressent principalement à eux-mêmes ?

Je crois que ce petit garçon de cinq ans, qui doit quitter sa maman (vous ne me parlez pas de la mère), cherche avant tout à se protéger de l'action d'un adulte qu'il perçoit, en ce moment de sa vie, comme intrusive. Marc a sans doute besoin de plus de temps pour accepter les changements qu'il pressent et qui, pour le moment, l'effrayent.

Il est irritable depuis que sa mère lui a présenté son nouveau compagnon

Je suis la grand-mère d'un enfant de cinq ans. Ma fille s'est séparée de son mari il y a deux ans, et elle est tombée dans une grave dépression. Son fils, bien entendu, en a beaucoup souffert. Dernièrement, ma fille a une nouvelle relation et je la sens beaucoup plus sereine, en revanche mon petit-fils est devenu très irritable. Je me demande si elle n'a pas eu tort de lui présenter cet homme.

Je crois que c'est à votre fille de savoir quel est le meilleur moment pour présenter son nouveau compagnon à son fils. La dépression dont elle a souffert, en raison de sa séparation, et les difficultés de donner des limites à son enfant reflètent un caractère fragile, peut-être trop dépendant d'abord de sa famille, puis de son mari, mais aussi un besoin d'affirmer son autonomie.

Votre petit-fils semble avoir occupé la place de son père, en se mêlant de façon tyrannique de la vie de sa maman. Je crois que l'arrivée de cet homme tombe à pic et il me semble normal que votre fille prenne des décisions qui la concernent sans le consentement de sa famille.

Il est possible que cette décision soit son premier choix de femme mûre et responsable et qu'elle annonce une plus grande autonomie, la recherche d'un nouvel équilibre et d'un espace privé qui ne pourront qu'aider votre petit-fils à retrouver sa place.

L'adolescence

Une adolescente paralysée par l'angoisse

À son retour d'un séjour linguistique en Angleterre, j'ai remarqué que ma fille avait changé. Il y a seulement quelques mois, c'était une adolescente enjouée, forte et expansive, à présent, elle manque d'assurance et elle a peur de tout.
Ce qui m'a le plus choquée, c'est que, la semaine dernière, le surveillant de son lycée m'a téléphoné pour me demander de venir la chercher, parce qu'elle était en larmes. J'ai essayé de lui demander ce qui l'avait mise dans cet état, mais elle-même ne pouvait pas s'expliquer les raisons de cette peur qu'elle ressent et qui la paralyse au point qu'elle n'a plus le courage de bouger.
Son père et moi commençons sérieusement à nous inquiéter. Notre médecin de famille nous a rassurés, en nous expliquant que ses peurs sont liées à son âge et que, par conséquent, elles sont passagères, mais je ne suis pas convaincue qu'il s'agisse d'un problème aussi anodin.

D'après les symptômes que vous me décrivez, il semble que votre fille souffre de crises de panique, qui sont apparues après une période d'éloignement du foyer familial. Cela laisse supposer que votre enfant s'est probablement sentie seule et incapable de gérer un état de grande tension émotionnelle.
Votre fille a tenu bon, tant qu'elle était à l'étranger et

qu'elle n'avait pas de filet de protection. À présent, en revanche, elle sait qu'elle peut se permettre de décharger l'anxiété accumulée à un niveau inconscient par un symptôme certes douloureux, mais qui peut être contenu dans le contexte familial.

Les raisons d'une crise de panique peuvent être multiples et dépendent de l'histoire personnelle de chacun. Ce qui est certain, c'est que ces crises révèlent une fragilité émotionnelle et un désir inconscient d'être rassuré par le monde extérieur, perçu comme terriblement effrayant. Il s'agit d'un symptôme beaucoup plus fréquent qu'on ne le croit et dont personne n'est à l'abri, et qui traduit toujours un blocage de l'autonomie et un état de dépendance vis-à-vis du monde extérieur.

Ce symptôme, toutefois, n'a rien à voir avec la peur, car les crises de panique peuvent survenir à n'importe quel âge et rendre le sujet incapable du moindre mouvement ou geste. D'où une très grande souffrance et un sentiment d'extrême impuissance, d'autant plus chez des individus qui n'ont jamais connu ce genre de problème et qui sont habitués à contrôler parfaitement et d'une manière très efficace leur propre vie.

J'ai souvent constaté que les personnes en proie à des crises de panique ont besoin d'être immédiatement embrassées, autrement dit, elles ont besoin d'être contenues physiquement et de sentir qu'on leur parle avec calme et disponibilité. En général, c'est en les contenant physiquement et émotionnellement que l'on parvient à les apaiser et à faire en sorte qu'elles retrouvent rapidement leur assurance.

Il peut s'agir d'un épisode isolé, ou bien d'un signal d'alarme, qui traduit une fragilité psychologique. Dans un cas comme dans l'autre, ce tremblement de terre émotionnel est toujours déclenché par une cause plus ou moins profonde. La décision de recourir à un spécialiste dépendra, bien entendu, de l'intensité et de la fréquence des symptômes.

Sans doute votre fille a-t-elle besoin en ce moment d'être aidée dans sa famille car elle a montré qu'elle n'était pas aussi forte qu'elle le semblait. Le symptôme qui en apparence la fait régresser peut avoir en revanche comme but de récupérer un lien affectif primaire qui nécessite d'être renforcé et réélaboré.

Une préadolescente triste et seule

J'enseigne le catéchisme à des enfants qui ont entre onze et douze ans.

Depuis quelque temps, j'avais remarqué la présence d'une fillette qui se tenait à l'écart, un peu renfermée et triste.

Petit à petit, j'ai essayé de gagner sa confiance et elle a fini par me confier qu'elle n'avait plus envie de vivre. Ses parents sont séparés, elle habite chez sa maman qui a un nouveau compagnon, tandis que sa sœur vit chez son père.

Elle m'a confié qu'elle avait peur que sa mère puisse mourir, parce que alors elle serait obligée de vivre avec le compagnon de sa maman, qui lui caresse les seins.

Ce qu'elle m'a confié m'a beaucoup troublée, et je vous avoue que je ne sais plus quoi faire ni penser.

Il arrive souvent que les enfants expriment plus facilement leurs difficultés en dehors de leur milieu familial et c'est pour cette raison que les « révélations » des enseignants sont souvent mal comprises par les parents. Cette fillette a trouvé chez vous une personne disponible et à laquelle elle a pu confier des choses qui ne seraient peut-être pas entendues ou crues par quelqu'un d'autre. Il est évident qu'en tant qu'adulte, vous représentez quelqu'un qui peut l'aider et éventuellement approcher ses parents.

Comment savoir si ce qu'elle dit est vrai ou si ce sont les propos d'une enfant qui vit une situation difficile ?

Proposez-lui votre aide et demandez-lui si elle veut que vous parliez avec un de ses parents, avec les deux ou avec une assistante sociale ou un psychologue. Si vous avez perçu chez elle une grande tristesse, dites-le-lui, car ainsi elle se sentira moins seule. Nous pensons souvent qu'il est superflu de parler aux personnes que nous côtoyons des émotions qu'elles suscitent en nous. Or, au cours de la préadolescence, il est plus que jamais important d'avoir un renvoi sur son identité et donc sur son existence, car le jeune adolescent se sent terriblement fragile et changeant, impuissant et imparfait au regard du monde des adultes, alors même qu'il se sent exclu du monde de l'enfance. Si vous parvenez à établir avec elle une relation de confiance et de respect, alors ce sera cette fillette elle-même qui vous dira quoi faire, justement parce qu'elle aura la certitude que vous la respectez suffisamment pour ne pas la trahir.

Je suis blessée par les propos de mon père

Je me sens profondément blessée. De quel droit un père peut-il dire à sa fille de seize ans qu'elle perd la tête dès qu'elle voit un homme ? Comment peut-il me parler ainsi, alors que tout ce que je souhaite, c'est d'être ouverte aux autres ? Je refuse et rejette absolument l'image qu'il me renvoie. J'ai l'impression qu'il me prend pour une traînée, ce que je ne suis pas. Ou bien a-t-il perçu dans mon regard quelque chose que j'ignore moi-même ? Car, au fond, qui peut me connaître mieux que mon père ?

Tu dois absolument avoir confiance en ce que tu ressens, car toi seule peux te connaître. La souffrance que tu éprouves est un cri de révolte contre une phrase blessante qui a meurtri ton innocence. Il arrive souvent que les adultes projettent leur propre vision du monde sur des êtres plus fragiles et c'est une des formes de violence les plus dangereuses, parce qu'elle s'insinue sournoisement dans l'esprit de la personne qui la subit.

Du reste, fais attention à ne pas vouloir satisfaire à tout prix, et par amour pour ton père, ses propres projections. Rien n'aliène autant les êtres humains que de les faire douter d'eux-mêmes. Oublie ses propos blessants, fie-toi à ton ressenti. Reste ouverte et confiante.

Le dialogue est coupé entre nous

Je suis une maman divorcée qui vit seule avec sa fille de dix-neuf ans.

Jusqu'à présent ma fille a toujours eu d'excellentes relations tant avec son père qu'avec moi, mais depuis quelque temps elle est désagréable et grossière ; elle se montre sarcastique à mon égard et ne supporte plus aucune remarque. Elle a toujours vécu avec moi et, jusqu'à présent, il existait entre nous un dialogue profond et sincère. Maintenant, elle me regarde avec haine et mépris, elle me reproche de ne pas avoir été présente dans les moments importants de sa vie, de ne rien avoir compris à ce qu'elle ressentait.

J'ai parlé avec son père de mes difficultés avec notre fille et il semble confirmer sa vision, en me reprochant également de ne pas avoir été assez présente. Pourtant, quand elle était petite je lui ai expliqué pourquoi je tenais tant à mon travail, à quel point il comptait pour moi, et je pensais que cet exemple valait bien celui d'une mère qui passe sa journée derrière les fourneaux. Il est vrai qu'elle se moque peut-être éperdument de mon travail et qu'elle préfère savoir que le frigidaire est plein, mais comment être ce que je ne suis pas ?

Ne baissez pas les bras, justement maintenant, car il est difficile de communiquer avec une adolescente et en particulier lorsque l'on est une femme seule et absorbée par son travail comme vous l'êtes.

Votre fille est parfaitement consciente de vos points faibles et elle cherche précisément à vous atteindre là où le bât blesse, elle sait que vous vous sentez coupable, comme toutes les mères qui travaillent (un sentiment, il est vrai, auquel les pères échappent), et elle sait aussi à quel point vous vous êtes investie dans votre travail. Actuellement, elle traverse une phase égocentrique, comparable à celle qu'elle a connue lorsqu'elle avait trois ans.

Elle pense que tout lui est dû et elle ramène tout à ses besoins. L'« autre », en l'occurrence vous, n'est plus vécu comme une personne forte et fragile à la fois, mais comme un obstacle à la réalisation de ses désirs, comme quelqu'un sur qui elle peut déverser la colère qu'elle ressent et qui naît de ses propres contradictions. Vous allez mal toutes les deux mais, actuellement, il est important que vous vous montriez plus forte que votre fille.

Soyez à son écoute, mais non pas au point d'endosser tous ses reproches et de transformer votre vie commune en un enfer. Retrouvez votre place, en donnant à votre fille des limites infranchissables car, paradoxalement, votre fille vous provoque pour se différencier de vous, mais aussi parce qu'elle cherche des limites qui la contiennent. Si vous êtes une mère passionnée par son travail, ce sera cette valeur que votre fille retiendra comme exemple plus tard.

Je ne crois pas qu'il existe un modèle de parent parfait, la seule conduite idéale et souhaitable consiste à être sincère avec ses enfants, à ne pas leur cacher nos limites ou nos faiblesses et à ne pas se laisser écraser par elles.

L'agressivité de votre fille peut signifier qu'elle vous est très attachée et qu'il lui est difficile de se différencier de vous.

Tenez bon, le découragement dans ces cas-là est humain et sans doute inévitable. Votre fille est en train de se séparer de vous, mais il importe que, de votre côté, vous sachiez en faire autant. Ne répondez pas à ses provocations par une rupture qui ne peut qu'être dangereuse.

Dites-vous que c'est une phase qui s'apparente à une guerre et dont vous pouvez triompher ensemble si vous évitez tout conflit frontal. Au besoin, défoulez-vous avec des personnes qui vous sont proches, pleurez dans votre coin, mais montrez à votre fille que vous êtes la plus forte et que vous pouvez supporter, même si c'est difficile, ces provocations hélas ! inévitables.

Une adolescente provocante

Je suis une jeune mère très dynamique qui aime son travail, mais qui ne parvient pas à établir un rapport chaleureux et serein avec sa fille. J'ai désiré et j'ai eu cette enfant à l'âge de dix-sept ans. Son père est parti peu après sa naissance et ne m'a jamais apporté le moindre soutien affectif.

Enfant, Sonia était une petite fille gentille et douce, mais aujourd'hui, à dix-huit ans, elle ne sait plus communiquer que sur le mode de la provocation. Elle emprunte mes vêtements, mes cahiers, mon ordinateur. Il faut toujours qu'elle s'approprie ce qui m'appartient, si bien que je suis obligée de ranger mes affaires dans une armoire, que je ferme à clef, pour éviter son intrusion destructrice.

En outre, elle fait régulièrement des fugues de plusieurs jours, qui me mettent dans des états d'angoisse épouvantable. Elle s'amuse à recouvrir son corps de piercings, de tatouages, tout en sachant que je déteste ce genre de choses. Elle a des liaisons avec des hommes qui ne la désirent pas, et quand elle rencontre un jeune homme qui l'estime, elle fait tout pour qu'il la quitte.

Chacune de nos discussions se transforme en conflit, si bien que je finis par me sentir incapable de la comprendre et de gérer la situation, alors que, par ailleurs, je traverse une période où j'ai justement l'impression d'avoir atteint un certain équilibre, tant sur le plan sentimental que professionnel.

Sonia vous provoque tout en vous disant qu'elle ne se sent pas encore capable d'assumer son autonomie. Je crois qu'elle n'est pas prête à se séparer d'une mère qu'elle perçoit comme attentive, intelligente, fascinante, mais aussi comme quelqu'un qui désire vivre sa vie sentimentale et sexuelle.

L'enfant qui sommeille en elle a peur d'être abandonnée par une maman qui, aujourd'hui, a peut-être envie de trouver un peu d'espace à soi. Alors, elle s'introduit de force dans votre esprit, elle s'approprie vos vêtements et votre ordinateur pour vous dire confusément qu'elle est encore attachée à vous, qu'elle a besoin de vous, qu'elle n'est pas encore prête à suivre ses impulsions d'adolescente.

Sonia semble confuse également dans ses relations amoureuses, qui reproduisent la blessure de l'abandon paternel. Elle est en proie à une contradiction fondamentale, qui s'exprime par la peur de rester seule, alors que dans le même temps elle fait tout pour être abandonnée.

Son rapport conflictuel avec vous est dû au fait que votre fille tente de surmonter ses revendications infantiles tout en s'accrochant désespérément à elles. Son changement, toutefois, est nécessaire, car Sonia n'est en conflit avec vous que parce qu'elle cherche sa propre voie et sa propre identité.

Il est important que votre fille trouve chez vous la mère qui rassure son côté infantile, mais aussi une femme qui lui donne des limites et qui l'oblige à respecter son intimité.

J'ai des problèmes avec ma mère

J'ai des problèmes avec ma mère. Elle prétend qu'elle m'estime, mais quand je lui demande quelque chose, comme sortir ou dormir chez des amies, elle commence toujours par me dire « non ».

Puis, dès que nous en discutons un peu, elle finit par changer d'avis, mais il faut toujours que nous commencions par nous disputer. Que puis-je faire pour éviter de vivre sans cesse le même scénario ?

J'ai quinze ans et ma vie n'est pas toujours facile, encore que, tout compte fait, je ne m'en sorte pas si mal ; pour le reste, j'ai des relations normales avec mes amis, même si je me rends compte qu'ils ne me satisfont pas entièrement.

Quand elle me suggère certaines lectures ou activités, comme aller au cinéma ou au théâtre avec elle, moi aussi je lui dis toujours « non ». En somme, j'ai vraiment l'impression que nous ne parvenons pas à nous comprendre.

Vous avez toutes les deux envie de partager vos émotions, toi, avec ton désir de nouvelles rencontres, elle, en voulant te transmettre ses goûts, afin de voir germer en toi un intérêt pour ce qu'elle juge important.

Je ne crois pas qu'elle t'impose quoi que ce soit ; te communiquer ses passions ou ses idées fait tout simplement partie de sa fonction maternelle. Actuellement, tu peux refuser ses choix, parce que tu as surtout besoin de comprendre quels sont tes propres désirs, mais les suggestions de ta maman constituent des références importantes vers lesquelles, un jour, tu pourras te tourner.

Si ta maman, impulsivement et sans réfléchir, commence toujours par te dire « non », je crois que cela signifie qu'elle a du mal à te voir grandir et à se séparer de toi. Il est juste d'aider ses enfants à s'émanciper et à vivre leur vie, mais pour vivre cela comme naturel, il faut être soi-même suffisamment autonome.

Actuellement, est-ce que ta mère peut compter sur le soutien affectif de quelqu'un ?

Du reste, n'oublie pas que, toi aussi, tu peux l'aider, surtout si tu continues à lui demander de t'expliquer ses réactions, en privilégiant le dialogue, comme tu sembles le faire.

Je ne reconnais plus mon enfant

J'ai une fille de dix-sept ans qui déambule du matin au soir dans l'appartement comme un zombie et qui passe des heures devant la télévision ou derrière son ordinateur, sans m'adresser un seul mot de toute la journée. Du moins, plus maintenant. Nous avons toujours vécu ensemble. Je suis séparée depuis longtemps de son père, qui n'a jamais été présent. Il y a quelque temps encore, nous étions très proches, nous riions beaucoup, nous mangions ensemble devant la télévision et elle se moquait de ma façon de m'habiller (qui n'était jamais à son goût). N'empêche que, maintenant, on dirait une quincaillerie, son beau visage est caché par des tonnes de maquillage. Je la regarde et j'ai du mal à reconnaître mon enfant.

Ce qui m'inquiète le plus, c'est que je la sens malheureuse, tout empêtrée qu'elle est dans son incertitude. L'autre jour, elle m'a dit qu'elle voulait consulter un psychologue, mais elle n'a pas su très bien m'expliquer pourquoi. Peut-être devrais-je l'accompagner ?

Je ne crois pas que les messages que vous adresse votre fille soient si confus : tout ce qu'elle souhaite, c'est prendre un peu ses distances par rapport à une mère trop proche et trop aimée, ce qui, bien sûr, signifie aussi des rythmes de vie différents et des changements d'habitudes. Votre fille a simplement besoin de trouver un nouvel espace qui lui permette de se sentir différente de la petite fille d'autrefois. Elle a besoin d'être entendue et perçue autrement, elle a besoin qu'on lui renvoie une autre image d'elle-même.

À dix-sept ans, l'image de soi reste encore entièrement à définir, elle est floue, imprécise et c'est ce qui explique que, parfois, on préfère la cacher sous des tonnes de maquillage, comme vous dites. Actuellement, il n'est pas facile pour votre fille d'exister, car elle doit apprendre à se détacher et à se différencier de vous, elle doit se transformer et trouver son identité.

Tout cela peut paraître simple et pourtant il s'agit d'un processus complexe et douloureux. D'autant plus lorsqu'une mère ne comprend pas que se réfugier derrière un ordinateur constitue pour son enfant un moyen comme un autre d'échapper à un jugement vécu de toute façon comme négatif.

Car votre enfant, qui d'ailleurs n'est plus du tout une enfant, se sent sûrement fragile et imparfaite, tout comme vous-même vous vous sentez fragile et peu sûre de vous à l'idée du vide qu'il vous faudra combler. Votre fille ne sait pas pourquoi elle souhaite consulter un psychologue, il me semble que c'est déjà une excellente raison.

Les adolescents ne cherchent pas des réponses, ils veulent comprendre quelles sont les questions qui les angoissent et qui font qu'ils se sentent bizarres. Un étranger peu les aider à sortir de leur coquille trop étroite, pourvu qu'il respecte le temps dont ils ont besoin pour pouvoir formuler les désirs qui les tenaillent, mais qui demeurent encore obscurs.

Ne précipitez rien, laissez à votre fille du temps pour affirmer sa nouvelle identité. Ne cherchez pas auprès d'elle les traces d'un passé qui vous aideraient à vous sentir moins seule. C'est une phase de transition aussi bien pour elle que pour vous, profitez-en pour porter également un autre regard sur vous-même. Changer signifie se donner la possibilité d'accéder à d'autres opportunités, sans pour autant jeter à l'eau ce que l'on a construit autrefois.

Faut-il être rigide ou compréhensif ?

J'ai une relation très conflictuelle avec mon fils de seize ans qui s'oppose continuellement à moi et qui passe son temps à m'insulter. En tant que père je ne peux le supporter.

Je ne supporte plus son attitude, mais je ne sais pas quel comportement adopter. Quand il était petit, il était très attaché à moi, puis nous nous sommes éloignés, peut-être aussi à cause de mon travail.

À présent, toutefois, j'ai peur qu'il ne devienne de plus en plus violent et je ne sais pas si je dois être plus strict et plus sévère ou bien si je dois me montrer plus tolérant et compréhensif.

Malheureusement, cette situation, comme vous dites, dure déjà depuis longtemps. N'ayez pas peur d'assumer jusqu'au bout votre rôle de père car, paradoxalement, c'est ce que votre fils vous demande. Vous n'avez peut-être pas réussi à instaurer avec lui la bonne distance, en vous laissant aller, quand il était petit, à des moments d'effusion intenses et d'abandon sans parvenir à poser des limites. Vous avez sans doute eu peur de vous opposer suffisamment à lui, en pensant qu'un conflit entre vous aurait été dramatique. Se montrer permissif pour préserver une certaine tranquillité ou affection ne permet pas à un enfant de se structurer et crée une situation où les parents sont vécus comme une intrusion permanente.

D'où la violence toujours plus grande de l'enfant et de l'adolescent qui se révolte, injurie ses parents et qui finit par les maltraiter, parfois même physiquement.

Il ne vous reste plus qu'à répondre à la demande inconsciente de votre fils, à son besoin, pour s'affirmer et exister, d'une figure de référence qui comprenne sa difficulté de vivre comme une phase de transition, mais qui ne renonce pas à sa fonction principale, laquelle consiste à lui donner des limites qui puissent le protéger contre ses peurs.

Je n'ai plus d'autorité sur ma fille

Je suis le père d'une adolescente de quatorze ans sur laquelle je n'ai plus aucune autorité.
Elle est devenue arrogante et insolente. Elle s'habille n'importe comment et fréquente un groupe d'amis qui ne brillent pas par leur intelligence, mais à chaque fois que je lui propose de sortir avec moi, elle refuse. Je la vois uniquement en fin de semaine, car elle vit avec mon ex-femme. Je me demande si je ne devrais pas la surveiller davantage, même si cela me paraît difficile, vu le peu de temps que je passe avec elle. Avec sa mère, elle a une relation moins tendue, mais, avec moi, chaque fois qu'on se retrouve, ce sont des prises de bec incessantes. Je lui ai expliqué clairement que, jusqu'à ses dix-huit ans, elle devra faire ce que je lui dis, après elle sera libre de mener sa vie comme elle l'entend.

Je ne crois pas que les enfants soient un bien dont nous puissions disposer jusqu'à un certain âge. Même lorsqu'ils sont tout petits, ce sont des individus à part entière, avec une vie qui leur est propre et qui n'est pas totalement dépendante de nous. Nous ne pouvons pas savoir tout ce qu'ils pensent, mais nous pouvons essayer de les comprendre, en respectant leur liberté et leur autonomie de pensée. La préadolescence n'est que l'une des étapes d'un parcours qui a débuté à leur naissance.

Une étape pour votre fille, mais également pour vous,

marquée par une séparation et une nouvelle identité. Pour se démarquer de ses références d'enfant, votre fille a besoin d'affirmer des modèles opposés aux vôtres, qui lui permettent de se sentir en adéquation avec ce qu'elle sent émerger en elle. Voilà pourquoi vous la percevez comme si différente et étrangère.

C'est une phase de grande transformation nécessaire car, pour devenir des individus autonomes, nous devons briser les liens de notre enfance. La transformation de votre fille vous apparaît sans doute comme d'autant plus douloureuse que vous aviez un lien très fort avec elle et, donc, plus difficile à couper. En tant que père, vous aussi êtes confronté à une phase de transformation de ce lien de possession et de protection absolue, qui caractérisait l'étape précédente. Vous sentez-vous capable de supporter cette perte et de laisser à votre fille un espace pour d'autres références que les vôtres, y compris masculines ?

D'une façon générale, tout cela n'est pas si évident. Se disputer est plutôt bon signe : c'est la preuve qu'il existe un dialogue. Je crois qu'une acceptation silencieuse de ce que vous dites serait beaucoup plus inquiétante.

Ne vous laissez pas atteindre par ses provocations, essayez plutôt de savoir quel écho cela suscite en vous. Peut-être retrouverez-vous ainsi une partie oubliée de votre adolescence. Ayez davantage confiance, laissez-vous aller et tenez la bride un peu moins haute. Vous ne perdrez pas votre autorité pour autant, tout ce que vous risquez, c'est de découvrir et d'offrir à votre fille une part plus authentique de vous-même.

Adolescents et joints

Récemment, j'ai découvert que mon fils de dix-sept ans fumait des joints, mais j'ai peur qu'il ne prenne également d'autres substances.

Pour le moment, je n'en ai parlé qu'avec ma femme, qui m'a conseillé de m'entretenir seul à seul avec lui. Je suis tiraillé entre l'envie de l'enfermer à double tour dans sa chambre et de lui donner une bonne raclée et le désir de suivre les conseils de ma femme.

À la maison, mon fils a un comportement très provocateur. Il conteste tout ce que nous lui disons et il a toujours une bonne raison pour faire exactement le contraire de ce que nous lui demandons. Il n'y a pas si longtemps, c'était un enfant tout à fait normal. C'était un bon élève, il avait des amis et me semblait un enfant serein. Depuis un an, je ne le reconnais plus, il a changé même dans sa façon de parler.

L'adolescence est une phase de relations conflictuelles à laquelle il est important de se préparer émotionnellement. D'un côté, un fils qui doit se séparer de ses parents pour devenir grand, de l'autre, sa famille qui, de façon plus ou moins consciente, souffre de ce changement, vécu comme une perte. Plus les enfants sont proches de leurs parents, plus il leur est difficile de couper le cordon ombilical et de penser par eux-mêmes. Le jeune adolescent est attiré vers le monde extérieur, mais les déséquilibres émotionnels auxquels il est soumis, en raison d'une structure mentale en pleine évolution, rendent tout dialogue difficile, d'où des conflits auxquels succède éventuellement une demande de réassurance et d'affection, comme lorsqu'il était petit.

C'est le moment de lâcher la bride, de lui montrer que vous êtes proche de lui émotionnellement, et de lui laisser tout l'espace nécessaire pour qu'il puisse vivre de nouvelles expériences, au risque de se tromper. Parlez à votre fils de ce qui vous tourmente, mais respectez son besoin de vivre de nouvelles expériences. Voir grandir ses enfants est toujours une épreuve douloureuse et effrayante pour des parents. Je crois que votre fils a besoin d'un père disponible et à l'écoute, même si, actuellement, tout dialogue entre vous est pour ainsi dire impossible. Les adolescents ont besoin de sentir que les adultes les estiment et les respectent, qu'ils acceptent leurs idées et leurs choix. À défaut de cette estime et de ce respect, l'adolescent peut se sentir rejeté, abandonné, ce qui le rend fragile et peut le conduire à vivre des situations à risque. En montrant à votre fils que vous vous intéressez à ce qu'il pense, vous ne perdrez pas pour autant votre autorité ni le droit de lui faire part de votre avis.

Ne vous attendez pas à remporter forcément la partie. J'espère que vous trouverez les mots nécessaires pour expliquer à votre fils que vous respectez son évolution et qu'il peut compter sur votre disponibilité et votre écoute. Un jour ou l'autre, je suis sûre que vos efforts porteront leurs fruits.

Table des matières

Préface 9

La grossesse 11
Je veux accoucher chez moi – Une grossesse angoissante – Je ne veux pas de cet enfant – J'ai perdu mon enfant – Mon enfant est angoissé depuis que je suis enceinte

L'adoption 19
Comment lui dire qu'elle a été adoptée ? – Il met tout et n'importe quoi dans la bouche – Il ne cesse de se dandiner – Deux comportements différents à l'école et à la maison – Il souhaite retrouver sa vraie maman – Un enfant passif

Les premiers mois 31
Lait maternel ou lait industriel ? – À quel âge mettre son enfant à la crèche ? – J'ai peur de détester mon enfant – Comment occuper un enfant de dix-huit mois ? – La mort subite du nourrisson

La symbiose, la séparation et l'autonomie 41
Un pouce pour combler le vide – Je n'arrive pas à laisser mon enfant seul – Elle ne dort plus depuis qu'elle a jeté sa

tétine – Ma nièce a changé – Mon bébé évite le regard de sa maman – Je parle sans cesse à mon bébé – Il ne supporte pas mes problèmes de dos – Les larmes d'une mère qui doit laisser son enfant – L'angoisse de la crèche – Un sevrage difficile – Comment le préparer à la crèche ? – Nous n'osons plus sortir sans elle – Il n'a aucun sens des limites – Il veut les clefs de la maison – Des larmes pour dire au revoir – Comment habiller des jumeaux ? – Il refuse de faire ses besoins en mon absence – À onze ans, elle se comporte comme un bébé – Elle ne veut pas prendre son bain

Le sentiment d'abandon et la mort 71
Comment aider les proches d'un suicidé ? – Peut-il voyager avec nous à un an ? – Il m'ignore quand je rentre à la maison – Comment aider notre fille à surmonter l'épreuve de l'hôpital ? – Je suis une mère âgée – Angoissée depuis la mort de sa grand-mère – A-t-il compris que son grand-père est mort ? – N'est-elle pas attachée à son père ?

L'agressivité et les comportements autoagressifs. Opposition, hyperactivité, timidité 85
Il ne tient pas en place – Il maltraite le chat – Colère et tyrannie le jour, peur la nuit – Les enfants sont aussi violents que les adultes – Un comportement sadique – Un enfant agité – Des comportements hostiles et méchants – Une colère contenue – Un petit garçon tyrannique – Chaque fois qu'il revient de chez son père, il me traite mal – Comment aider un enfant qui s'automutile ? – Un comportement à risque – Des vacances gâchées par son comportement – Ma fille me déteste-t-elle ? – Il est violent avec les autres enfants

Les peurs et les manies 111
Il a peur du dentiste – Faut-il parler de la violence aux enfants ? – Ma fille ne supporte pas de rester seule – L'impact du 11 Septembre sur les enfants – Comment parler de la

guerre ? – Faut-il le laisser refaire de la moto ? – Des rituels étranges – Un amour excessif de l'ordre – Un collectionneur en herbe

Le sommeil 127
Il refuse de dormir dans son nouveau lit – Un enfant insomniaque – Elle veut dormir avec nous – Elle n'arrive pas à se séparer de moi

L'alimentation 135
Combien de temps peut-on prolonger l'allaitement maternel ? – Une adolescente qui refuse de manger – Que faire face à l'anorexie ? – Sa mère lui remplit sans cesse la bouche – Un régime monotone – Elle rejette mon lait

Les maladies, les maladies psychosomatiques et les handicaps 147
Comment expliquer son brutal changement d'humeur ? – Il fait encore pipi au lit à trois ans – Il vomit à la moindre contrariété – Handicapé par l'encoprésie – Il a beaucoup changé depuis le départ de son père – La mort du père et l'encoprésie – Y a-t-il une solution au météorisme ? – Notre combat avec un enfant handicapé

Le langage 163
Un langage incompréhensible – Pourquoi bégaye-t-il ? – Un langage chaotique

La réalité et l'imagination 171
Pourquoi ne veut-il plus dessiner ? – Il reproduit en jouant des scènes vues à la télévision – Faut-il dire aux enfants la vérité sur le père Noël ? – Perd-elle pied avec la réalité ?

Les mensonges 179
Pourquoi ment-il ? – Je l'ai accusée à tort de vol – Un garçon

timide qui invente des histoires – Un adolescent voleur – Ses mensonges m'inquiètent

La sexualité 189
La curiosité d'une mère – Il achète des revues pornographiques – Le jeu du docteur – Qui doit prendre en charge l'éducation sexuelle des enfants ? – Comment mettre en garde les enfants contre les pervers sexuels ? – Quel comportement adopter face à un enfant qui se masturbe ? – Comment parler de sexualité avec ses enfants ? – De drôles de jeux – Une grand-mère au centre de toutes les attentions – Elle se déguise en garçon

L'école 205
Un échec scolaire douloureux – Elle ne fait aucun effort – Comment préparer son enfant à un examen psychologique ? – En échec scolaire suite à un faux départ – Le mal-être d'une petite fille – Un camarade de classe violent – Elle a peur d'aller à l'école – Lucas trouve l'école ennuyeuse – Elle a dit non à l'école – Une enseignante seule et déçue – Il n'accepte pas les règles – Le soutien scolaire d'un enfant handicapé – Elle ne travaille pas – Un élève trop démonstratif – C'est moi qui lui fais ses devoirs ! – À trois ans, il préfère les adultes – Il est très lent à l'école – Elle abandonne tout en cours de route – À qui revient le mérite ? – Lettre d'un proviseur – Il perturbe les cours

Les pères 239
Un père au foyer – Passer des pactes avec son papa – Les craintes d'un jeune papa – Comment reconquérir mon enfant ? – Vivre seul avec son fils – J'ai lu son journal intime – Mes enfants refusent tout contact physique avec moi – Comment annoncer mon remariage à mon fils ? – Je ne m'entends pas avec la nouvelle compagne de mon père – Un enfant a aussi besoin d'un père – Un désir de justice –

Victime d'une accusation infâme – Elle veut un enfant mais pas de mari – Un enfant pris en otage après le divorce de ses parents – Sa mère lui donne une mauvaise image de moi

La difficulté d'être mère 263
Une maman débordée – Une mère inexistante – Vivre pour soi – Une mère peut-elle provoquer elle-même les maladies de son enfant ? – Une naissance impensable – Je ne supporte pas mes enfants – Un lien qui bloque – Peut-on détester son propre fils ? – La dépression postnatale – Une envie de fuir

Les relations entre frères et sœurs 283
Je voudrais qu'ils soient frères et amis – Il souffre de l'attention portée à sa sœur – Est-ce que les enfants sont jaloux ? – Perturbé par la naissance d'un frère – Elle garde férocement son petit frère – Après la naissance de son petit frère, il a connu toutes sortes de mésaventures

Les grands-parents 295
« Mamie, je me sens si seul ! » – Un enfant trop sage – Je suis aussi la grand-mère du lapin – Une grand-mère séductrice – Ma fille traite mal ses enfants – Il sert de bouclier à sa maman – Elle refuse de mettre des chaussures – Quels jeux peut-on lui offrir ?

La violence et la maltraitance 309
Que faire face à un enfant maltraité qui nie ? – Une colère incroyable – Je reproduis avec ma fille la violence de ma mère – Comment réagir face à une dénonciation d'inceste ?

Les séparations et les divorces 317
J'aimerais lui présenter mon nouveau compagnon – Elle ne parle jamais de son père – Priver un père de son droit de visite – Comment l'aider sans prendre la place de sa mère ?

– Il ne veut plus aller chez son père – Il me reproche de ne pas l'avoir gardé avec moi – Comment lui faire comprendre que je ne suis pas une marâtre ? – Depuis que je suis séparée de mon mari, ma fille n'en fait qu'à sa tête – Mon fils ne veut plus vivre avec moi – Elle provoque des malentendus entre nous – Comment lui expliquer que je souhaite me remarier ? – Il est irritable depuis que sa mère lui a présenté son nouveau compagnon

L'adolescence 337
Une adolescente paralysée par l'angoisse – Une préadolescente triste et seule – Je suis blessée par les propos de mon père – Le dialogue est coupé entre nous – Une adolescente provocante – J'ai des problèmes avec ma mère – Je ne reconnais plus mon enfant – Faut-il être rigide ou compréhensif ? – Je n'ai plus d'autorité sur ma fille – Adolescents et joints